思想觀念的帶動者

文化現象的觀察者

本土經驗的整理者

生命故事的關懷者

心靈工坊 PsyGarden

Caring

生命長河，如夢如風
猶如一段逆向的歷程
一個掙扎的故事，一種反差的存在
留下探索的紀錄與軌跡

# 民主藝匠

## 公眾、赤貧家庭與社會體制如何結盟，攜手改變社會？

Artisans de démocratie

De l'impasse à la réciprocité :
comment forger l'alliance entre les plus démunis et la société?

原著

**約納・羅生福（Jona M. Rosenfeld）**

**唐弟予（Bruno Tardieu）**

譯者

**楊淑秀**

# 目錄

【推薦序二】

# 民主是培植自由、平等、博愛的沃土

陳建仁（中華民國副總統）

出生於法國昂熱（Angers）的若瑟．赫忍斯基神父（Joseph Wresinski, 1917-1987），從小在極端貧窮中長大。他在一九四六年被祝聖為神父，一九五六年創立「第四世界運動」來對抗赤貧。他的堅定信念吸引世界各國的人，紛紛投身這個跨宗教、跨國界的運動。他以最貧窮的家庭為核心，將不同社會階層、不同政治理念、不同宗教信仰的人結合起來，共同思考並實踐「對抗赤貧」，他辭世後全球對抗極端貧窮的努力仍在持續發展。赫忍斯基神父說過：「哪裡有人被迫生活在赤貧中，那裡的人權就會被忽視、被剝奪，團結奮鬥使人權受到尊重，是我們神聖的義務！」

《民主藝匠》這本書描述在三大洲六個國家的十二個赤貧者結盟的故事，娓娓道出許許多多有正義感、決心、毅力的小學老師、教育廳長、工程師、學生家長、新聞記者、家庭主婦、市議員、醫院檢驗員、歐盟官員、小型企業主、人權律師、鄉村牧師、外交官和大學教授，分別努力在原本沒有連結的赤貧社區，創造公民結盟、超越社會排斥，在看似「山窮水盡疑無路」的絕望中，闖出「柳暗花明又一村」的新局面！

一位小學教師在法國里爾的貧民社區成立「街頭圖書館」，強化貧困地區的家長與學校老師的親師合作，加上教育廳長積極促進學校與貧窮家庭建立互助互信的夥伴關係，使赤貧兒童得到了平等的學習機會。三位在法國電力公司巴黎總部任職的工程師，強烈感受到貧困用戶被斷電的困擾，便透過電力公司與第四世界盟友的對話，進一步分析公司電腦資訊以分辨因貧窮而被斷電的用戶，再提供底層用戶不斷電的貼心服務，電力公司也重塑了良好的公眾形象。一位法國學生家長聯盟的主席，協助赫忍斯基神父為「法國社會經濟理事會」撰寫的《極端貧窮與經濟社會的不穩定》（Extreme Poverty and Lack of Basic Security）報告書，進而推動法國《最低收入保障法》（Guaranteed Minimum Income Law）的立法，以確保每個公民擁有最低收入保障、社會保險以及融入社會的權利。

一位瑞士知名報社的記者，透過對貧困狀況和底層生活的完整報導，讓極度貧困的家庭開始被當作公民來看待，促成弱勢群體有能力自我保護和表達意見，建立足夠的社區支持互助網絡。一位加入第四世界團體的波爾多市家庭主婦，在爭取國會議長接見參加「第四世界兒童代表大會」的小朋友之後，使得市政當局開始資助該市對抗赤貧的行動計畫，也讓底層市民得到聆聽、尊重和支持。一名法國醫院的檢驗員及工會領導，努力和醫院的臨時清潔工建立友誼，促使他們成為醫院工會組織的成員和幹部，一起完成改善醫療品質的使命。

一名歐盟官員在發現赤貧世界的痛苦後，積極說服歐盟各部門加入對抗赤貧行列，包括社會、文化、經濟、區域政治、教育等各領域，使得「第四世界」成為歐盟執委會和歐洲議會的日常語彙。一對法國細木工坊的小企業主夫婦，雇用了一位技術最不成熟的赤貧工人，努力尊重護衛他在教育、家庭生活、居住、公民權與社交關係的自主權，昇華了木工坊內部的氛圍與更人性化的工作環境。一名瑞士的人權律師，在聆聽一對遭受不公平對待的赤貧夫妻的困境之後，毅然決然為他們爭取孩子的監護權，努力對抗瑞士聯邦法院以爭取赤貧公民應該享有的充分基本人權，甚至將案件送到歐洲人權法院，遭到強制寄養的孩子終於回到父母身邊。

一位英國的鄉村牧師，在傾聽備受排擠的流浪家庭的遭遇後，認真對待他們陳述的處境，努力協助他們得到街坊鄰居的接納，也使得他們被排斥的孩子找到合適的教育機構。一位國際外交官全力協助第四世界運動與聯合國建立聯繫，並取得在聯合國的第一級諮商地位，促使聯合國各分支機構，包括人權理事會、兒童基金會、教科文組織、發展計畫署等，都和第四世界運動密切合作，並推動第一個消滅貧窮的十年行動計畫。一位以色列的社會工作學教授，與赫忍斯基神父相遇相知到相輔相成，努力研發出社會學者與貧窮家庭及共事組織的「夥伴關係」概念，證明社工人員和赤貧家庭可以彼此學習、互相幫助，進而打破專業與私領域之間壁壘分明的區隔。

這十二個感人的故事，一再強調極端貧窮會使人飽受不正義、無力感、羞恥、屈辱、被排斥的經驗。對抗赤貧最優先的使命是要觸及到最貧窮和最被忽略的人，以他們已經做過的努力為基礎，與他們建立連結，也讓他們彼此建立聯繫。唯有確保赤貧者位居對抗赤貧計畫的核心，聆聽他們對自已及孩子的夢想及願望，才能達成相互的理解、避免社會排斥。當不斷被社會排除在外的人們，能夠平等的對社會貢獻自已的知識與經驗時，極端貧窮才會被消滅。聆聽、體會、同理底層公民的心聲，民主才能真正滿全！

這些故事印證了赫忍斯基神父的一段話：「極端貧窮及社會排斥是人為的，只要金錢的力量被視為最主要的價值，這個世界就會被貧窮和暴力所束縛；當人性尊嚴成為我們最主要的價值，這個世界就會被轉化，我們也才能夠享受和平。」如果社會體制能夠為赤貧公民變得更平易近人、更公平正義，社會體制本身就會經歷更深廣的轉化，重新發現社會體制存在的初衷和價值：「確保每一個人無論身份地位如何，都享有平等的尊嚴，都應該受到尊重，沒有任何人可以用任何理由加以剝奪。」當赤貧公民的民主得到保障，自由、平等、博愛也才能落實！

《民主藝匠》是一本敘述關懷赤貧弱勢、努力創造連結、整合社會力量、改變社會體制、有效對抗赤貧的好書。每個國家、每個城鄉、每個社區都有被忽略的、被排斥的赤貧者，如果有很多善良而正義的公民，能夠挺身投入與赤貧者的雙向交流、相互尊重、彼此學習、共商對策，就可以使赤貧的家庭日益減少，社會也日益祥和！希望這本書能受到讀者們的青睞，也能給民主自由的台灣帶來更平等、更博愛的蛻變！

【推薦序二】

# 划向深處去

孫大川 Paelabang danapan（監察院副院長）

坦白講，第四世界運動的思想和故事引進到台灣應該已經有三十個年頭了；但，令人遺憾的是，它似乎仍是一個遙遠而陌生的名詞，沒有給我們的社會帶來太多行動和改變的靈感。在閱讀本書第一部的第三章時，我感觸特別深刻。就在我們剛開始介紹第四世界運動的那一年（一九八八），法國國會多數票通過了《最低收入保障法》，這是根據若瑟神父在前一年提出的《極端貧窮與經濟社會的不穩定》報告書——又稱為《赫忍斯基報告》（the Wresinski Report）——制定的，也就在這一年的二月十四日若瑟神父病逝於巴黎。這一章的訪談中，安德魯（Jean Andrieu）詳細地回憶了他和若瑟神父的相識、論辯，以及後來如何共同說服其他委員、推動法律案通過的過程。這個公共政策的形成，因為若瑟神父和第四世界運動持久志願者的參與，有著跟一般社會救助體系完全不同的本質、人觀與方法論。「極端貧窮」者的見證，讓這個法案的「立足點」走得更深、更遠。直截了當地說，貧窮議題牽涉到人權的侵犯，且在進行評估或對抗貧窮的行動時，絕對必須有窮人全面的公民參與權。若瑟神父說：「重點不在於他們不再貧窮，而在於他們是完整的人，他們應該能夠活得更有尊嚴、更像人，就像你我一樣。光說我要給他們最低收入保障，給他們錢，給他們住的地方，是不足夠的。」第四世界運動的革命，要求的不是單方面貧窮人的改變，而是所有人的改變。從這個角度說，若瑟神父的想法是非常激進的。法國、歐盟乃至聯合國對抗貧窮的政策與行動，一九八八年以後都深受《赫忍斯基報告》的挑戰與影響。

我國早在一九八〇年即制定《社會救助法》，目的是「為照顧低收入戶、中低收入戶及救助遭受急難或災害者，並協助其自立」（第一條），而其所稱的社會救助，「分生活扶助、醫療補助、急難救助及災害救助」（第二條）。該法明顯地以「救助」的概念為核心，第一章〈總則〉除前引第一、二條外，集中闡明最低生活費標準的計算方式、低收入戶資格的認定、家庭計算人口範圍以及家庭總收入計算總額等等。第二章之後，即分別從「生活扶助」、「醫療補助」、「急難救助」、「災害救助」等內容範疇一一訂定相關條文。包含〈附則〉，整部法案共九章。該法一九八〇年公布後，直到一九九七年才開始修訂，至二〇一五年共修訂十次。對照台灣一九八〇年代以後社會、政治、經濟、兩岸和國際關係的劇烈變化，民主化的進程的確將農民、勞工、身心障礙者、原住民以及其他弱勢族群，逐步納入社會安全體系的保障裡，這當然是台灣民主發展過程中，非常珍貴的果實。

但這正是第四世界運動質疑和憂慮的起點，法律如果和底層的人民脫節，便喪失了它的活水源頭，反而成了一種障礙，遮蔽我們的目光，讓我們看不到真正需要的人。就像許多人很難接受赤貧者存在的事實一樣，法條成了一道圍牆，將「社會排除」法制化。台灣目前的狀況是：以最低生活標準為基準的所謂中低收入戶，有比較清晰的輪廓；農民、勞工、身心障礙者、原住民甚至新移民等，皆有各自的「子民認同」，力量或有強弱之別，但都有能力集結意志，參與並影響政府的決策與資源的分配。接下來的問題是：在這樣的情況下，台灣真的還會有第四世界的子民嗎？我們的社會真的還有法律照顧不到的赤貧者嗎？就如安德魯當初對若瑟神父的質疑，極端貧窮對多數人來說，似乎只是一個抽象的概念。看起來一九八八年之後，我們對第四世界運動的引介，並沒有讓台灣的社會大眾經歷類似巴黎、法國、歐盟乃至聯合國那樣的洗禮。我們仍然描不出赤貧者的輪廓，我們還是執著於貧窮線的劃定和社會救助的信仰，我們更關心「定義」而不想深入「事實」。

《民主藝匠》在台灣出版，或許可以是另一個新的起點。約納・羅生福（Jona M.

Rosenfeld）和唐弟予（Bruno Tardieu）兩位編著者，非常細心地挑選了十二個不同類型的例子，驗證赤貧家庭、第四世界盟友和政府體制，如何結盟並攜手改變社會現狀的故事。前言、第一部的導讀和整個第二部，再加上附錄，則是編者詳盡的分析與綜論，是以赤貧者為中心，結合持久志願者及盟友的實踐經驗，累積建構起來的一套知識論。兩位作者顯然有意將它寫成一本行動指南，鼓舞大家從自己的改變做起，改造社會。「民主」不單是主權在民的政治體制改造，也不單是個人自由與權益的伸張追逐，它更是一種維護人性尊嚴的卓越技巧，需要學習和培養。

今年（二〇一七）十月為了紀念若瑟神父一百歲冥誕、第四世界運動創立六十年、巴黎自由廣場「拒絕貧窮」立碑三十週年，我們籌辦「貧窮人的台北」系列活動。準備過程中有機會重新檢視持久志願者楊淑秀女士整理的三十年來第四世界運動在台灣推展的點點滴滴，驚覺它穿石的力量。三十年的醞釀或許沒有獲得驚天動地的迴響，但是它堅實地見證了赤貧者在台灣的存在。問題不在它們有多少人？範圍有多大？輪廓清不清楚？重要的是我們要以什麼樣的態度來面對他們。安德魯在親自拜訪第四世界運動的出發地諾瓦集（Noisy-le-Grand）[1]之後，他反省說：

是的，那是我們瞥見的一個通道，一個進入隧道的入口。你會告訴自己：進入隧道裡面，是因為你想看看是否能找到盡頭；不過，你又懷疑，到底有沒有盡頭？在諾瓦集社區裡，我彷彿進到隧道裡面，然後就像我後來一直認為的一樣，我告訴自己：這隧道的彼端是另一個世界，只有改變我們的社會，我們才能走出隧道，沒有其他出路。2

換句話說，我們和貧窮人雖然身在不同的路徑上，但從「人」的角度說，我們同樣走在追求人性完滿的旅程中，不是「二」，而是「一」。為了從隧道裡走出來，我們必須將極端貧窮的人放置在一個更寬廣的價值參考架構上（比如人權），以便認出我們應該共同擔負的責任。值得注意的是，此一價值系統裡的參考架構，不能只是一個概念或法條，安德魯進一步地說：

沒錯，我們的價值系統裡有幾個重要的引導指南，比方《世界人權宣言》，但誠如你意識到的，「宣言」與「事實」相距甚遠。「宣言」確實存在，然而有一群人卻與宣言的內容完全掛搭不上；對他們來說，這個「宣言」並不存在。

所以，第四世界運動在台灣的微弱存在，為我們預留了一個法律制度外與貧窮世界更深對話的可能。根據《民主藝匠》的教導，貧窮知識的建立，必須來自於貧窮人的經驗本身，因而我們需要累積更多相關貧窮人的紀錄與證言，培養耐心和更純熟的溝通技巧，藉以團結貧窮人的家庭、學者、企業家、媒體、學校、家長會、工會、民間社團、立法者、政府官員以及持久志願者，共同打造一個更能活出人性尊嚴的社會。若瑟被祝聖為神父時，選了《路加福音》的一句話作為他的座右銘：「划向深處去，撒你們的網捕魚吧！」划向深處去，意味著離開自己熟悉、自以為是的地方，邁向充滿困惑的人性之海，成己成人。

1 Noisy-le-Grand：三十年前我在翻譯若瑟神父的小傳記時，就決定將 Noisy 依法語的讀音翻作「諾瓦集」。「瓦集」是指不成「社會」的聚合，是烏合之眾；而「諾」則顯示對這個地方「許諾」的開始。我一直很歡喜這個譯法，就像我以 Flamish 語譯讀我住過的比利時中南部美麗大城 Namen（Namur）為「納悶城」一樣。

2 此處的引文，對照英文版，略有更動。下同。

【各方推薦】

# 真正的民主

王增勇（政治大學社會工作研究所教授）

赤貧者往往不被看見，民主社會裡沒有他們的聲音，但赤貧者的聲音需要被聽見，因為他們用生命對我們所處的社會有所洞察，在不同社會位置的我們，無論你是本書所提到的教授、官員、工程師、律師、企業家、牧師、外交官等，都可以與他們聯合改變我們的社會。這才是真正的民主，對解嚴三十年後的台灣社會，這是多麼重要的提醒！

# 日常生活裡的助人自助者

陶蕃瀛（台灣福氣社區關懷協會理事長、靜宜大學社會工作與兒童少年福利學系副教授）

十二個真實感動人心的故事。提醒著我一天十二個時辰，都要不忘初衷。看清楚體制如何困住窮人和每一個人，不論貧富。

一個真正的社會工作者是一個在日常生活裡的助人自助者。我會把這一本書放在書桌每日可見的明顯位置。不時翻閱，每個月重讀一個故事，每年重讀一回。

希望有更多關心貧富不均與貧窮議題的社會工作者、教育工作者和政治家能讀到這一本真實的好書。

# 扭轉劣勢是可能的

陳來紅（台灣主婦聯盟生活消費合作社創社理事主席）

社會排斥的生滅，唯在人人識？不識得？生命的無常，而生，而滅。

經歷或肯易身而處於赤貧，第四世界運動法國前副主席法蘭絲說：「我在貧民窟生活過，我知道沒電是什麼滋味。」並指出法電員工自發性早已湊錢為底層家庭支付電費。法蘭絲的體驗認知和法電第一線員工的具體行動，扭轉了法電決策者的價值觀，最貧窮的公民在最酷寒的冬夜，終於擁有法電和社會的溫暖。……三個工程師動員法電的故事，啟示我們——關鍵給力，扭轉劣勢是可能的。

# 莫忘初衷

蔡怡佳（輔仁大學宗教學系系主任）

《民主藝匠》是處處令人驚歎的好書，提醒我們成為人、成為他人之鄰人，以及種種體制與社會之初衷，並揭示了可付諸實踐的知識與行動的方法。書中記錄了超越階層的結盟，在生活安穩者與赤貧者相互交流傾聽、彼此為師的過程中，如何成為更新視野與改變體制的活水泉源。本書對「民主」提出深刻的洞見：在追求立基於全民公義的民主路途上，如果少了赤貧者的聲音，只是虛假的民主。

# 從心傾聽、與他人連結

陳淑芬（現代婦女基金會副執行長）

在現在所處的世界，赤貧問題似乎複雜到難以定義，遑論解決。第四世界卻能從榮耀赤貧者的生命經驗開始，還給他們尊嚴，樹立了助人工作、社會連結及對抗赤貧的新典範。《民主藝匠》教我們與社會排除訣別，我們每一個人，不論社會角色與階級，都能從心傾聽、與他人連結，在日常生活中找到改變社會的位置與方法。

# 真知，才能相助

顧瑜君（東華大學自然資源與環境學系教授）

「如果你竭盡心思去認識窮人，你就能夠有所成就！」為什麼要了解窮人，聽他們說話？我們每個人都與窮人風雨同舟，窮人以受苦的生命洞察我們習以為常的社會不公與排斥，以及我們的無知與漠然。很多時候窮人被視為目不識丁、沒有知識的愚夫愚婦，事實上，他們身上有經驗之知，有靈魂之知；我們必須虛心求教於「無知的知者」、需要求助於窮人，從窮人的經驗獲得轉化各種社會關係的知識，這樣的知識，是引領我們朝向民主的基礎。

【譯者序】

# 到根底去，取活水來

一九九〇年夏天畢業，家鄉的稻子收成後，便加入第四世界運動，飛往法國受訓。作為華人世界第一位持久志願者，法語還在牙牙學語的階段就立志要將這個運動的經典著作一一翻成中文；之所以有這樣的傻勁，純粹是因為想要和同胞分享自己找到的生命活水。

一九九四年和加拿大籍的先生艾山結婚後，曾經離開第四世界運動一段時間，建立家庭，生兒育女。七年後，重回第四世界運動總部，帶著當時仍在襁褓中的么兒，繼續執筆翻譯。

二〇〇五年至二〇〇九年，輔仁大學出版社先後出版了兩本若瑟神父的著作：《讓赤貧節節敗退》與《給明天的話》。二〇一〇年，熱妮葉佛・戴高樂・安東尼奧的重要著作《希望的祕密》則由大陸黃山書社出版，這本書詳述戴高樂將軍的姪女與第四世界一起爭取正義與友愛所踏出的希望之路。二〇一三年底，多虧蔡怡佳老師等朋友協助翻譯，《親吻窮人》終於由心靈工坊出版。

《民主藝匠》中文版的誕生則是另一則故事。

二〇〇五年夏天，我和同為持久志願者的先生及四個孩子，從法國第四世界運動總部搬回台灣，特地選擇花蓮傍山的部落住下，四個孩子在社區上學，我則在社區的幼稚園當故事媽媽，一家六口，慢慢在社區生了根。

猶記得第一次去孩子們的學校參加親師會議，忘了自己在開會時說了什麼大話，會後在校門口，一個家長豪邁地問我：「你有見過低收入戶當家長會會長嗎？我就是。」一很特別的見面禮。日復一日，他和妻子靜芳，慢慢成為志願者投身之路的良師益友。

二〇〇九年，我們開始在社區成立讀書會，當時《民主藝匠》只有英法兩種版本。讀書會成員除了志願者，還包括靜芳與劭華、社區的陳媛英老師、明義國小的許慧貞老師、已退休的孟武盛老師及第一線的社會工作者。這本書的中文版之所以誕生，首先要感謝沒有機會學習外語的成員；為了讓大家都能參與這本書的閱讀與討論，幾個志願者勉力動手翻譯。翻譯幫助我們深度閱讀，增加我們分享的能力。這是否再次印證：對窮人好，就是對大家好。

本書從翻譯到出版，或許是第四世界處世的寫照，一件事情之所以能夠成就，總是要花很多時間，倚靠眾人的力量。出版這本書，也是一個結盟的過程，許多朋友熱心義助翻譯或校正，包括台灣的陳彥蓁、林聖齡、陳香綾、吳明鴻，北京的孫葉竹、劉潔、楊亮，西安的夏李，旅居里昂的張瑞玲，在美國的中國留學生羅墨紫等。

本書的翻譯前後經歷了八年，因為台灣第四世界家庭的慷慨，我們對翻譯第四世界的言語有了新的領悟。如若瑟神父所言：「他們毫無保留地教導我們什麼是赤貧。」耳邊常常想起劭華說過的話：「窮人肚子空，腦袋不空。」靜芳在寫給第四世界運動前祕書長白雅簡（Eugen Brand）的一封信中，則分享了這樣的感慨與追問：

親愛的祕書長：

生命存在的價值是什麼？面對眼前的這個世界，你的眼中看見了什麼？

窮人默默承受了社會一切的不公義，這不公義有時來自人與人之間的對待，有時則是制度帶來的，很多時候有錢判生、沒錢判死，窮人生命的延續被當成是一種多餘，越窮越自卑，越感到自卑就越無法融入這個功利的社會。

二〇一一年七月一日，台灣的《社會救助法》有了一些改變，當然，這個改變對於弱勢家庭是有幫助的，但是人心卻無法跟著文字改變，因為部分人沒有瞭解到窮人的難處，或視而不見，不願去接觸。

地球暖化是個危機，因為知道後果嚴重，所以人人都知道也會去節能減碳。如果人人都知道讓自己的同胞處於不公義也是種危機，意識到人人都有責任，會不會在面對處境困難的同胞時，心態會有積極的改變，不再輕視、嘲笑、排斥或無視？

社區一位六個孩子的媽媽，在台灣領有政府的補助，一些社區家長和學校的老師都認為她不夠愛她的孩子，他們看不見她的難處，更看不見她的努力，這六個孩子的媽媽曾在夜市裏打工，下班時已是深夜，星期六、日跟著外燴端盤子，得空還會去包檳榔，人們看見的卻是她沒盯孩子的功課，沒照顧孩子洗澡，可否問問，怎樣才是愛孩子的表現？……

赤貧的過來人深知面對偏見、面對不義、面對赤貧，誰也無法單打獨鬥。所以台北的賜貴告訴我們：「每個人都是一粒沙，團結起來才不會風吹沙。」所以劭華說：「第四世界就像串珍珠，每個人都是一顆大珍珠，串起來就是一條美麗的項鍊。」這正是《民主藝匠》的真義。

多年來一直把第四世界有貧困經驗的成員 militant 翻譯成「活力成員」，最近這幾年深深領悟到，赤貧的過來人真是這個社會的「活水成員」，他們是我們思想和行動的活水源頭。是的，台東的鄭漢文校長常引用余德慧老師的智慧之語：「到根底去，取活水來」。是的，老子不是說過：「上善若水，處眾人之所惡」。

最後，深深感謝華人世界所有與貧困同胞結盟的朋友，這本書正是為你們而翻譯的，感謝心靈工坊團隊，藉著這本書的出版，讓孤立無援的同胞贏得更多新朋友。

楊淑秀於蒙特婁

【英文版序】

# 國際第四世界運動

唐弟予

本書第一部講述了十二個故事，第二部則以這些故事為基礎，汲取行動教導和政策啟示。這些故事所描述的經驗，不僅出自國際第四世界運動，也出自運動的「盟友」所歸屬的許多不同組織和機構，第四世界運動的行動和哲學在一些西方國家廣為人知，在此簡短介紹，以饗對這個運動仍不熟悉的華人讀者。

## 第四世界的成員與行動

第四世界運動是一個國際性的非政府組織，致力於根除極端貧窮，維護人權。擁有遍佈全球的二十萬名成員，約有一半的活水成員是赤貧的過來人，另一半成員則是來自各行各業的盟友；此外，全球共有四百六十位長期投身的持久志願者，他們來自五大洲，擁有不同的職業訓練、宗教和社會背景，前往三十四個國家投身，派駐在非常貧困的社區和村落，和底層同胞同行，並記錄他們從窮人與社會夥伴身上學習到的一切，希望藉此累積經驗，幫助這個社會擺脫赤貧的磨難。這個運動也建立了「克服赤貧持久論壇」（The Forum on Overcoming Extreme Poverty），通訊成員遍佈全球一百二十個國家，並和超過兩千個草根組織建立連結。

從一九五七年至今，第四世界運動走過了六十年的風雨，展開的行動始終保持兩個初衷：一方面與赤貧家庭和社區緊密連結、同舟共濟，一方面與社會、公眾和各組織合作。

1. 這個運動最根本的工作是生活在赤貧家庭之間，恢復他們的基本權利與責任，打破他們孤立的處境。為此，必須投入教育和文化的行動，包含在貧困社區進行的街頭圖書館、藝術與詩歌工作坊、電腦工作室、家庭式的學前學校、第四世界平民大學、青年培訓中心、家庭度假中心、國際交流與跨國凝聚[1]。

另外，和赤貧者同行最根本的工作也是為了讓他們獲得最基本的安全：得以擁有家庭生活，不致骨肉分離，獲得並保有合宜的住房、健康、教育、培訓和就業、參與社群生活、學習表達並捍衛自己的權利等。這些行動皆有助於脫離赤貧

（Rosenfeld, 1989）。在第四世界行動研究中心的幫助下，這些行動受到定期的評估，並追問：這樣的行動是否觸及到最貧窮的同胞？它是否造福整個社區？它是否有助於最窮的人和其他人一起贏得自由、承擔責任並邁向幸福？第四世界的持久志願者也記錄他們從窮人身上學到的一切，記錄他們和窮人一起工作、生活與共同承擔的日常。

2. 至於和社會與公眾一起合作的部分，則包含了：倡議、研究、認識並使世人理解至貧者的生命；在地方與國際層級維護他們的權益，並和每個生活圈的公民結盟。這樣一來，公眾和社會的其他組織和機構都能獲得靈感與必要的裝備，參與這場奮鬥，與赤貧同胞同行。這個層次的工作由這個運動的每個成員一起完成，亦即有赤貧經驗的活水成員、盟友和持久志願者。這本書嘗試分析的便是第四世界運動在這個層次的作為。

1 譯註：若瑟神父意識到：「人們越是貧窮，他們居住在地球上的權利越是被剝削，他們就越需要穿越各大洲，凝聚彼此的力量。可惜的是，他們擁有的權利越少，就越不自由，因而越沒有辦法團結起來，去引領一場任何性質的共同奮鬥。」（法國文獻 Documentation française, 1989）職是之故，第四世界運動在國際層次，不斷創造相遇的機會，一九八七年十月十七日首次世界拒絕赤貧日，若瑟神父在自由人權廣場接受記者訪問時說道：「第四世界的祕密，就是凝聚眾生。」

## 源自歐洲

第四世界運動誕生於一九五七年，由若瑟．赫忍斯基神父和諾瓦集貧困區的家庭所創立，他和這些家庭一起生活在巴黎近郊一個為無住屋者所搭建的緊急收容營區：「貧民窟就在一條泥濘道路的盡頭，兩百五十二個家庭生活在一片與世隔絕的荒地。他們的棲身之所是排排站的拱頂鐵皮屋，沒水沒電，也沒人來收拾垃圾。……在那裡，有百分之五十四的男人找不到工作，百分之七十的家庭缺乏必要的資源和固定的收入……若瑟神父剛到那裡的時候，三分之一的兒童失學在家，而學校並沒有試著去找他們來上學。這些長期處於不利處境的家庭日日盤桓在泥濘中；圍繞在他們身邊的社會，除了施捨，不願意承擔其他的責任。」（Fanelli, 1990, 134-135）

貧困區的兩百五十二個家庭僅有兩個供水幫浦，嬰幼兒不是在冬天死於寒冷，就是在夏天死於脫水或暑熱。若瑟神父出身赤貧，他在貧困區的子民身上認出自己，這些家庭經歷的自卑，他也體驗過：

我和這些家庭一起生活在令人無法忍受的處境。因為苦難看不到盡頭，那種生活壓得你喘不過氣來……。六個月，還可以忍受；一年，你熬不過；兩年之後，如果不是反抗，就是放棄，再不然，就是和這個族群一起沉到谷底。出於這樣的恐懼，誕生了第一個協會，那是一個分攤日常悲劇的方法。其他相繼而來的舉措都出於同樣的緣由：活生生的現實、過多的不公義，還有害怕一起被赤貧滅頂的恐懼。一切都源自共享的生活經驗，從來就不是理論。……（若瑟·赫忍斯基，《親吻窮人》，台北：心靈工坊，二〇一三，頁二三二）

在諾瓦集貧困區，我深知自己面對的既不是人們當時所謂的相對貧窮，也不是純屬個人性質的困難，而是一個赤貧的集體事件。我在當下馬上感覺到自己走到了一群子民面前，形勢比人強，無法言傳。在所有人只看到社會性案件的地方發現一群子民，在其他人否認社會真相的地方看到一個歷史性的身分，這和以色列子民以及他們離開埃及、穿越西奈沙漠的漫長旅程可以等量齊觀。和一群赤貧子民並肩同行之際，我們要求當代歷史不再忽視他們的存在，拒絕歷史將這群子民丟進入冷宮，不聞不問；拒絕他們被視為個別的案件來對待，並堅決主張有一群子民在當代社會的陰影下生存著。」（若瑟·赫忍斯基，《親吻窮人》，台北：心靈工坊，二〇一三，頁一二七—一二八）

若瑟神父和這群子民組織起來，處理垃圾，分發郵件，修葺牆面，開辦一所煤炭合作社，建立一個家庭中心，蓋了一座小教堂，甚至還開了一間美容院；他們還創建學習中心：一所幼兒園，一處街頭圖書館，以及和美國 3M 製造業合作的青年工作坊，與此同時，他們也建立了一所專門研究貧窮的機構，試圖和社會保持連結。

## 正名並擴展成一個國際性的運動

首先，若瑟神父為這群子民找到「第四世界」這個稱呼（Labbens, 1969），藉此指出在法國這樣的富裕國家，赤貧繼續肆虐底層，而且涵蓋各種族群。歷來已經有各種名詞用來標示底層，例如「下層無產階級」（Lumpen Proletariat）或「下層階級」（Underclass）。使用「第四世界」這個名稱，是為了尋找一個正向的身分。「第三世界」是冷戰時期創造出來的名詞，意指貧窮國家擁有較少的政治權力，但他們卻代表著西方和共產國家以外絕大多數的世界人口；正如法國大革命時期的第三等級（the Third Estate，統稱被統治階層，負有納稅等封建制度下的義務卻無權利可言），和屬於第一、第二等級的教士與貴族相比，他們也顯得無權無勢。「第四世界」一詞也來自法國大革命，意指當時的第四等級。這個名稱出自一七八九年法國首屆國民議會議員杜傅尼・德・維力耶（Dufourny de Villiers）出版的《第四等級陳情表》（*Cahiers du Quatrième Ordre*），杜傅尼提醒大家，第四等級是如此窮困，以至於無法參與諮詢民意的全國性活動，正因為如此，舉國上下更應該要去探求他們對社會的貢獻（Dufourny de Villiers, 1967）。一直到今天，仍有一群公民被剝奪基本人權，我們還是不懂得借助他們的貢獻來實現真正的民主。

慢慢地，開始有少數幾個志願者來到諾瓦集貧困區，加入若瑟神父的行列，首批志願者幾乎都不是法國人，因為對大多數的法國人來說，貧民窟的存在讓他們覺得十分尷尬。很快地，若瑟神父要求這些外國志願者回到自己的國家，回到英國、德國、荷蘭、比利時、義大利、瑞士和美國，去發現自己祖國相似的赤貧處境。成為一個國際性的運動，是抵抗歐洲國家在五、六〇年代否認赤貧存在的一種方式。後來，世界各地有越來越多生活在貧困中的人民和若瑟神父聯繫，問他怎樣才能加入這個運動，組織自己的社區，一起對抗難以忍受的處境。第四世界運動幾乎在每個國家都遇到相同的挑戰，也就是說，各國政府或地方當局面對極端貧窮的手段，就只是拆遷與驅散聚居一處的底層百姓。

## 基本原則

赫忍斯基認為，站在第一線日夜奮鬥的人，正是那些生活極端貧困的人；而且他們手中握有一把最關鍵的鑰匙，能夠打破貧窮的惡性循環；如果超越表象，你便會看到他們拒絕並抵抗硬加在他們身上的生活條件：「一個出身赤貧的人，他的家庭總是飽受打擊，在窮於應付的情況下，永恆的焦慮和持續的羞辱巴著他不放，沒有人會希望自己生活在水深火熱中……。貧窮、缺吃少穿、被掌權者壓迫，都是難以承受的重負。然而，真正令人難以忍受的卻是鄙視，別人不斷提醒你說，你樣樣不如人，你是個沒有用的廢物。」（Wresinski, 1992, 16）。排斥與輕視弱者的邏輯之所以根深柢固，是因為這種邏輯深信窮人是心甘情願如此的；可是赤貧者讓我們知道，他們日日夜夜艱苦抵抗種種不人道的對待。也因此，能夠打破這種錯誤邏輯的，正是赤貧者本身。

若瑟神父也明白，我們都很容易把手指指向別人，說別人才是極端貧困的罪魁禍首，所以，也只有當每個國家和國際體制以及所有公民都了解到最窮的同胞生活在多麼不人道的處境中，只有當我們「以他們的思想做為各種政策的指標，以他們的盼望做為各種行動的標竿」，事情才會發生改變。

一九六〇年代初期，第四世界運動和它的研究中心在歐洲各地提出並傳播了一個重要的想法：極端貧窮不僅是缺乏物質資源，它更導致了社會排斥（Miller, 1998）；意即赤貧者被排除在所有的安全網之外，當其他人都在享受社會生活的時候，赤貧者卻被切斷了所有參與的機會。第四世界也指出：社會政策、社區組織和各種體制很容易偏向窮人中比較不窮的那些人，因為和這樣的群體工作比較容易成功，計畫也容易實現，但此舉卻讓我們離最貧窮的同胞越來越遠，造成許多所謂的「吸脂效應」（skimming the cream off the top，指專挑精華部分來操作）。

第四世界運動先後在歐洲與聯合國的政策議程中引進新的概念：極端貧窮侵犯人權，不僅是公民權、政治權，還包括經濟、社會和文化權。的確，極端貧窮就是「人權不可分割最有力的證據」（Wresinski, 1994），這些想法成為動員民間社會和各種體制的基礎。在此之前，即使極端貧窮被注意到了，也只是被當成次要的議題。

一九八七年十月十七日，來自世界各地的十萬名人權護衛者聚集在巴黎自由人權廣場，他們為極端貧窮的犧牲者獻上了一塊紀念碑，碑文寫著：**哪裡有人被迫生活在赤貧中，那裡的人權就受到侵犯。團結起來使人權受到尊重是我們神聖的義務。——若瑟．赫忍斯基神父**。這便是世界拒絕赤貧日的開端。

## 影響力

國際第四世界運動對成千上萬的赤貧家庭產生了顯著的影響——即使仍然不足——使這些家庭不再認為赤貧是不可改變的宿命，而且，他們可以自豪地告訴下一代，他們是多麼拚命地為人性尊嚴在奮鬥。

在一些歐洲國家，第四世界運動大大影響了公眾對貧困的看法；面對極端貧困，它也啟發了一種新的語言和新的政策與立法；在法國，若瑟．赫忍斯基神父於一九八七年在法國經濟社會理事會發表的《極端貧窮與經濟社會的不穩定》報告書，最能表現他行動與思想的巨大影響力。除了將極端貧窮定義為人權的侵犯外，這份報告也對終結赤貧提出了政策上的建議，它是法國多部法律的源頭，例如一九九八年的《對抗排斥的基本法》，二〇〇〇年通過的全民健保法（CMU）以及二〇〇七年的《可抗辯居住權法》（簡稱達洛法，DALO）。

聯合國也因為若瑟神父的建議，投入極端貧窮與人權的研究（Despcuy, 1996），引用若瑟神父對赤貧的定義；第四世界也促使聯合國大會於一九九一年決議每年十月十七日為世界拒絕赤貧日，此舉也引發聯合國系統第一個消滅貧窮十年計畫（一九九七—二〇〇六），並與聯合國機構開展多項合作，發展面對赤貧的新路徑；聯合國的好幾個出版品記載了這些夥伴關係，例如《觸及最貧窮的人》（聯合國兒童基金會，一九九六）、《文化：擺脫赤貧之道》（聯合國教科文組織／非政府組織，一九九七）、《貧窮拆散骨肉：一個人權的挑戰》（聯合國兒童基金會，二〇〇四）、《關於人權與極端貧窮問題的指導原則》（聯合國人權理事會，二〇一二）。

第四世界運動在聯合國兒童基金會、聯合國教科文組織、國際勞工組織、歐洲委員會、世界銀行、國際貨幣基金組織等派有代表，在聯合國經濟理事會擁有第一級的全面諮商地位，並在歐盟有常駐代表。

（翻譯：夏李、楊淑秀，校正：楊淑秀）

# 書序

奧莉雯・德佛絲[1]

羅生福教授在序言中問道：「為什麼要寫這本書？」唐弟予補充：「為什麼要導讀自己會說話的故事？」兩位作者都提出問題，每個問題都可以自成一書，每個人提出的答覆所建構的元素又都開啟了新的追問。我很榮幸在此補充第四世界運動創始人若瑟・赫忍斯基神父的一些想法，他從赤貧深處來到我們中間，沒有他的話，不會有這本書，也不會發生書中的故事。

若瑟神父似乎認為，人類可以透過共同生活和加深對重要問題的理解，逐步邁向和平、共融與正義，而這些問題的答案就是人類這趟冒險之旅的終極目標。因此，若瑟神父傾向於談論行動背後的原則與價值觀，而非提供答案，本書就是這種態度和實踐的成果。本書除了啟發我們與至貧同胞同行時「如何臨在」（how to be）、「如何思慮」（how to think）、「如何行動」（how to act）外，也指出一般人能夠做到看似不可能的事情：與底層同胞重新連結，若瑟神父稱他們為「被赤貧淹沒在海底的人類」[2]。我們在此特別強調「一般人」，而不只是非凡的人物，羅生福教授相信這一點。他們兩人志業相同，還未相識就已默會結盟。若瑟神父畢生致力於重建人類應有的面貌，目睹底層同胞被赤貧磨損得難以辨識真貌，他以一種超越常人的毅力，重建他們做人的尊榮，這樣一來，也重建了所有不忍同胞受苦的尋常百姓的尊榮。如他所言，「至貧者的生存全靠他們自己與那些願意和他們同舟共濟的尋常百姓」。

一九五〇至一九六〇年代，當若瑟神父在西歐為此奮鬥時，羅生福教授在世界的另一端，以美國和以色列為探索基地，發展他日後稱之為「學習成功經驗」（learning from success）的方法論。因為，有一些個人及社群成功地遏止了極端貧窮，該如何善用他們的成功經驗來幫助其他人？這是他們倆一九七〇年在瑞士第一次碰面時探討的主題，當時我擔任他們的口譯，不忍底層同胞遭受極端痛苦是他們的共同語言，他們共同

1 譯註：奧莉雯・德佛絲（Alwine de Vos van Steenwijk, 1921-2012），五〇年代末期荷蘭派駐法國的外交官，後來加入若瑟神父，成為首批持久志願者，時任國際第四世界運動主席。

2 譯註：「被赤貧淹沒在海底的人類」，法文原文是 Ce sous-la-mer de l'humanité que repésente la misère，英文譯為 those trapped in the underwater of humanity。

的信念則是赤貧之苦是可以避免的，最重要的是，他們都相信，想知道如何採取行動以徹底免除這種痛苦，就必須從生活中汲取教導，而非從預設的理論中追索。

以生活經驗為基礎來建構理論，而非從預設的理論去觀察生活，使得羅生福成為社會科學領域相當前衛的研究工作者。他認為社會科學很少對政治或人類生活產生直接的影響，它總是透過中介機構及入世淑世的志士仁人為媒介，間接產生影響。正如若瑟神父經常提醒我們：「介於科學與政治之間的，是人民。」一整個世代的研究工作者似乎忘記了這點，因此，今天有些研究者自我詰問：為什麼一輩子真誠獻身於貧窮的研究，卻看不到窮人的生活發生根本的變化？為何如此？他們是否白忙一場？羅生福深知癥結在於第一線的投身者，他稱他們為「社會工作者」。

他知道如何與第一線的人建立兄弟般的情誼，這讓他可以非常真誠地說：「我也是一名社會工作者。」正是站在這樣的基礎上，他將科學知識轉化為行動，從行動中學習，並回過頭來豐富科學知識。我們這個時代，特別是窮人，非常需要這樣的學者。也因此，羅生福教授和若瑟神父成為志同道合的夥伴，並不令人感到意外，他們像兄弟般一起往前邁進，沒有任何語言的藩籬可以阻礙他們。

如果再次追問為什麼要寫這本書？，也許若瑟神父會說：「是時候了，要向每位公民重申，每個人都有能力改變赤貧同胞的處境，改變讓他們不得翻身的體制與結構，大家必須了解到，只要精誠團結，我們就有辦法改變這個世界。」

「為什麼要導讀自己會說話的故事？」唐弟予自問，其實他心知肚明；他也知道為什麼是由他來做這件事，不過，他自己不好說；我們就替他說個明白。

和羅生福教授一樣，唐弟予既是學者也是科學家，他加入了若瑟神父創立的志願者團體，就像其他持久志願者一樣，他自由地奉獻自己，只為了讓底層同胞擺脫赤貧的桎梏、贏得自由，這樣一來，也就確保了全人類的自由。為了獲得這樣的自由，首先要根除排斥，因為排斥使得至貧者陷入一種比貧困更嚴重的孤立狀態，我們甚至聽不見他們的聲音，若瑟神父以親身經驗提醒我們，必須盡一切力量打破這種孤立：

> 如果仔細觀察，我們會感到驚訝，甚至不安，因為赤貧社區看起來鬆散、缺乏凝聚力；想要闡述底層的團結關懷，想要描述他們之間的情誼，得發揮想像力，某些作者使出渾身解數，形容弱肉強食是窮人唯一的生存之道，說他們會像豺狼一樣撲向最後一塊肉，或搶奪最後一塊布來遮身蔽體……在赤貧的底層，理想肯定處處都在，只不過理想與現實大相逕庭，令他們無法組織起來相互扶持，無法活出理想……這就是赤貧造成的悲劇，無以復加；因此，剝奪一個人的文化比不給他飯吃更嚴重，他找不到實踐理想的途徑，這就是為什麼至貧者沒辦法跟別人一樣……我

們都需要他者，才能塑造人格、心靈和智慧，但是，我們一直沒有成為窮人的依靠，正因為我們沒有成為他們的兄弟，他們才會變成孤獨者，「孤獨者」三個字，已道盡一切。

若瑟神父最深切的牽掛之一就是還原赤貧者的真相，所以他才會說：「他們在一邊，我們在一邊，即使我們也經歷過痛苦，跟他們相比還是天差地別。」稍後，同樣以過來人的經驗，他才慢慢告訴我們，儘管赤貧如無情風雨到處肆虐，大地依然遍地生機，他跟我們談創意、談哲學，談赤貧子民即使屢遭滅頂仍懷抱著希望，他認為事實上：

如果我們願意，那麼，今天仍生活在赤貧中的同胞，明天就會變得不一樣，一切都取決於我們。如果第四世界的子民從盤古開天到現在，一直是個孤獨者，如果我們讓他遭受的孤獨是一切苦難的根源，那麼，讓我們給出豐厚的愛，給出機會……讓他得以編織理想、活出理想，能夠愛、思考並創建未來，因為我們願意去愛，有朝一日，赤貧不再。

這不是若瑟神父在自我陶醉，他知道一切都有可能，但有一個前提：「打從第一次相遇，我們最深的動機就應該聚焦在人性尊嚴、愛與責任，唯有如此，才能在同胞身上認出自己，才能在度人中度己，在立人中立己……唯有如此，我們才有能力跟至貧者說：『我的同胞，你的尊嚴、你內在的愛、你希望為別人提供的服務、你對自身處境的意識，是我走向你最深的緣由，是我請求你原諒我介入你生活的唯一理由。』若非如此，我們的種種介入只是徒勞。」

若瑟神父之後，繼續有人前仆後繼，勇敢地指出這點，勇敢地走向「世界最底層」，試圖打破孤立，在隔絕兩個世界鴻溝之上搭建橋樑，並以同等的關切走向那些願意與赤貧同胞重逢的盟友，唐弟予就屬於這群志士。他在本書介紹的這些故事當然會自己說話，但是，我們有必要認識這位築橋的工程師，這位讓故事得以誕生面世的功臣。

與羅生福、唐弟予和若瑟神父相遇，與本書的每一位善行者相遇之後，我們的確有理由相信：精誠一致，沒有不可能的事。而且，故事將繼續，因為我們在路上遇到的每一位公民，都有能力創造新的故事。

（翻譯：張瑞玲，校正：楊淑秀）

【前言】

# 為什麼出版這本書？

約納・羅生福

所以，你們可憑他們的果實認識他們。

——《瑪竇福音》（《馬太福音》）七：二十

很多年前，我在芝加哥大學讀書的時候，一句非比尋常的宣傳口號吸引了我：「他們都說辦不到，永遠辦不到；今天，我們辦到了。」多年來，這句話在我腦中縈繞不去，因為它說出了我對社工使命的理解：成為社會發明家，為那些沒有受到善待的公民做出貢獻，也就是那些大家都認為無可救藥而撒手不管的人；為此，必須蒐集並掌握社會工作最本質的專業知識[1]。

後來，在一九七〇年一場以被社會邊緣化的家庭為主題的聯合國研討會上，國際第四世界運動的創立人若瑟・赫忍斯基神父和這個運動的主席奧莉雯・德佛絲，向我介紹了這個運動的各項事工。我發現他們做了許多人，包括我自己，都渴望去做的事情。一開始這只是一種直觀，不過，正是這樣的意識覺醒，讓我往後對這個運動的興趣不曾稍減，而且彼此一直保持著密切合作的關係。

儘管認識有限，我仍然被這個自由獨立、不斷成長的組織所震撼：他們奮鬥的目標就是影響這群被主流社會所排斥的赤貧家庭，讓他們的生命發生改變。他們的目標始終如一：改變窮人的非人生存條件，讓他們脫離「社會死亡」（social death）的處境，重新參與這個社會，進而改造並轉化這個世界。他們的法門多采多姿，跳脫約定成俗的想法、做法與已知的方式，這裡我只選擇四點來說明。

- 最重要的第一點是，第四世界運動的成員貼近最貧窮、最被孤立的社區，不僅融入當地的生活，也和赤貧家庭成了鄰居、夥伴，一起展開行動。他們尊重這些家庭，當然也因他們的處境感到義憤填膺。他們共享日常生活，一起為改變現狀而

1 譯註：羅生福的博士論文《社工員與個案間的陌生感》（Strangeness between helper and client: a possible explanation of non-use of available professional services, Social Service Review, 38 (1), 1964）。

奮鬥。

- 其次，為了終結社會對這些家庭的排擠，這個運動的成員相信每個人的潛能，所以積極動員個人和社會體制，這些個人和體制也盡己所能，在自己的崗位上試著讓同胞擺脫赤貧，儘管顛簸，有時小心翼翼，有時大膽奮進，但不曾間斷。
- 第三點，上述兩種方法種下了希望的種子，種子長成之後，嶄新的關係造成雙贏的局面，不僅讓原本遭受排擠的家庭得到益處，連原本排擠他們的體制也獲益匪淺。
- 最後一點，在我看來，這些事工最了不起的地方在於他們喚醒了一種倫理方面的嚴格要求，一種經常沉睡的良知良能，也就是他們召喚我們變得更文明、更人性，這既是民主的初衷，也是民主的終極目標。

必須要強調的是，這種為人處世的態度、思考與行動的方式，並非出自一種意識形態，而是來自共享的生活，來自他們和受到赤貧斲傷最深的家庭一起奮鬥的過程中，累積出來的實踐知識和團結互助的經驗。這讓他們可以不斷從這些家庭身上學習：用這些家庭的眼睛看世界，了解他們極度敏銳的內心，知道他們堅定拒絕強加於身的處境，領會他們對明天可能會更好有著無可摧毀的盼望。這麼多年來，能與第四世界運動的成員合作是我的榮幸。我們合作的主要目的，是解釋那些長期投入所獲得的成就，將其背後沒有明言的價值、原理原則轉化成「可操作的用詞」（可付諸實踐的知識），希望有益於涉身在「未被妥善對待的群體或社區」之中的所有人，包括一般公民、學者、社會體制和這些赤貧家庭本身，能夠有機會從第四世界成員身上學習這些歸納出來的實踐知識，這些被我志同道合的同事德拉克（David Drucker）稱之為「手藝」（craft）的知識。我認為必須找出清晰的語彙，來描述那些幫助貧窮家庭脫困的行動方法，才不會讓大家有霧裡看花的感覺。

我最初的努力是將第四世界運動持久志願者最重要的手藝，用最簡潔易懂的方式加以描述，也就是他們直接跟這些家庭來往的行動之道（而不是他們與社會體制的來往，也不是他們的研究或者寫作）。我與伯爾納德（Bernadette Cornuau）、加布萊克（Brigitte Jaboureck）與何瑪莉（Mary Rabagliati）這三名來自第四世界運動行動研究室的成員一起合作，最後我們完成了一本名為《出離赤貧》（*Emergence from Extreme Poverty*, Rosenfeld, 1989）的行動手冊。從成功的實踐故事出發，可以闡述這些持久志願者和家庭一起展開行動時內心懷抱的價值、策略與法門，讓這些行動之道可以被組織內外的人廣泛運用。

完成這項工作後，從成功的行動之道學習及學習成果依然讓我深深著迷。我一直希望可以從成功的經驗學習，現在我知道這是可行的，我們可以從中萃取出有用的實踐知識，真正幫助到每個願意為正義投身的人，包括那些助人者、專業人員，甚至是一般公民。我當然也特別想到我在布魯克達研究中心[2]的同事們。

接著我問自己另一個問題：第四世界運動如何影響甚至改變那些曾經傷害過赤貧家庭的社會體制？第四世界又如何讓這些體制徹底地反思自己的行為，進而正向回應自己先前拒於門外的族群？身為社會工作者，我認為從他們身上學到這種行動之道非常重要，這樣一來我們就可以豐富實踐知識的寶庫，讓那些希望在組織層面影響政策的社區工作者、社運人士和社福工作者從中獲益。因為長久以來，我一直思考一個問題，我認為傳統的倡議邏輯存在著深刻的矛盾，也就是手段與目的失調，倡議者的目標是社會體制能夠變得更開放、更願意對話、更加民主與人性化，但手段卻是遊說、壓力團體、賦權培力（empowerment）、基進社會工作（radical social work）和消費者保護主義。過去，我很喜歡這些倡議團體，也常加入他們的行列，我欣賞他們的義憤填膺與積極投入。但是，我並不認同他們所有的行動。有時候我認為他們應該採取一種減少敵意的路徑，也就是說，行動應該基於交流互惠和坦誠對話，這樣才能呼喚出雙方友愛的渴望，成為彼此的守護者而非反對者。社會改革的一個重要面向，就是喚醒民主精神，這種精神仰賴人性、公民品質和責任感。這需要我們時刻準備運用一種「脆弱的力量」（the strength of fragility），所謂「弱者道之用」。這力量不僅是勇敢地隨時準備承認自身的缺點，也承認我們希望服務的群眾以及我們想要改變的社會體制有缺點。

我發現第四世界運動與體制來往時很少使用對抗、衝突的手段，但我始終不知道他們究竟運用了什麼樣的方法。我意識到，為了深入學習這個運動的手藝，需要徹底了解另一種重要成員——盟友。所謂盟友，是各個生活圈的一般公民，也是這個運動的成員，他們因為貧窮繼續存在世間感到忿忿不平。透過與其他成員的合作，他們動員或轉變了社會體制或社群，讓他們反身保護那些曾經被他們忽視或排擠的個人或家庭。面對這種人為產生的社會排斥，這種被體制排擠的群體和體制之間的隔閡，這些盟友不是在一旁空感無助、內疚或驚慌失措，而是推進了重要的轉化，在兩者間重新建立連結，在平等互惠的關係中互相交流，豐富彼此。

為了更深入了解盟友如何將知與行充分融合，我加入唐弟予的團隊，他是我的朋友，也是志同道合的夥伴。身為第四世界的持久志願者，他負責全球盟友間的連結與陶成。我們一同醞釀並攜手編纂這本書，企圖指出盟友如何有效地接近各種社會體制，並

---

2 譯註：布魯克達研究中心（JDC-Brookdale Institute）是以色列人類服務應用科學的前衛研究機構，它首要的目標是透過全國與地方層次的計畫與評估，來改善以色列的社會服務實務及政策。

且幫助他們立人立己，不但為赤貧家庭貢獻一份力量，也從這些家庭的生命深井汲取活水。

這場冒險行動讓我們有了三個驚人的發現：

- 首先，我們知道從盟友的行動之道汲取的經驗充其量就是一些建議，肯定仍不周全，儘管如此，在這個難以捉摸的工作領域仍然奠定了進一步學習的基礎：對於幫助體制改變並且使之益加「便民」的必要能力，能夠指出其背後的本質。

（Rosenfeld and Sykes, 1997）

- 其次，我們發現盟友和其他社會組織接觸的法門是可以效法的，就像第四世界持久志願者和貧窮家庭的來往之道一樣。當然，還有其他法門值得探索，例如赤貧家庭如何脫離困境；這些寶貴的經驗所累積的教導正是大家望眼欲穿的實踐之道，其中還包括：這個運動的三種成員——有赤貧經歷的活水成員、持久志願者和盟友——如何以團隊合作的方式展開行動；以及活水成員脫離赤貧後，如何承擔責任，尋找處境更艱難、更被孤立的同胞，並替他們代言。
- 最後，其實一開始我們沒有料想到，在這趟旅程中，那些願意和我們攜手同行的人會是那麼令人欽佩、讓人敬愛，並在我們的心中烙下如此深刻的痕跡。我們確實非常榮幸能夠認識並近距離接觸這些故事中的盟友，以及那些默默貢獻，名字卻沒有被提及的朋友們。

基於我自身的體驗，我想告訴那些希望發掘第四世界運動不同面向的朋友：這場探索之旅必有豐厚的回報，這甚至是一趟自我發現的旅程，在和這群人合作的過程中，你很可能會變成更好的人。

（翻譯：墨紫，校正：楊淑秀）

【第一部】

# 十二個結盟的故事

【導讀】

# 十二篇故事背後的故事

唐弟子

盟友是願意走進赤貧者生命歷史的一群人，他們也讓赤貧者走進自己的生命歷史、走進自己的家庭與生活圈，這樣一來，他們跟自己的子孫所訴說的歷史，便只有一部人類共通的歷史。

——若瑟．赫忍斯基

其實，這些故事本身就會說話，為何還要導讀呢？有些讀者可能會選擇直接走進故事，認識主人翁如何開出路來，如何超越社會排斥，進而與赤貧者結盟。其他讀者則可能想要瞭解每篇作者的動機、方法、當初的抉擇以及他們的基本原則和觀點，這也是可以理解的，因為講故事不可能沒有立場。那我就來為這些朋友講講故事背後的故事。

## 那些沒有說出來的故事

在對抗赤貧這場奮戰中，為了解第四世界運動如何動員眾生加入至貧同胞的行列，羅生福教授和我決定要採集一些故事，故事裡面的每一位善行者長期動員自己的生活圈或所屬的體制，最後都成功了。我馬上就意識到這些故事會是很重要的基礎，可以用來學習和描述第四世界運動的行動之道。我也認為將其出版會給別人帶來勇氣，也會顛覆大家面對赤貧時那種根深柢固的宿命論：「我無能為力。」、「那是政府的事。」、「已經有許多慈善組織在幫助他們了。」、「當然，總得做些什麼，但是，沒有用，就像螳臂擋車，注定要失敗的。」或者「沉痾難治，整個系統都得改變，我沒有那麼大的本事。」

我曾經負責連結國際第四世界運動在世界各地的盟友，我知道那些「成功」的故事是存在的：有不少公民、團體和機構與至貧同胞結盟，他們一起開闢了一些可行的新路徑，在赤貧的源頭下功夫，克服了社會排斥，使窮人的生活條件得到了根本改善。在一連串的失敗和沮喪的汪洋中，這個世界繼續把拋棄弱者視為理所當然，這些成功的故事就變成一個反例，特別令人深思，同時表明了想要終止貧窮和社會排斥，個人、團體和機構都可以發揮積極的作用。既然消除極端貧困和排斥並非不可能，那麼，我們每個人，包括人類做為一個整體，都應該學習如何做到這一點，就如同我們曾經學會如何與毀滅性的瘟疫搏鬥並戰勝它們一樣。

我知道有成功的故事，但是想把它們公諸於世並不容易，因為故事的主人翁要先克服為善不欲人知的謙虛，還要找到合適的話語。有很多詞彙和觀念可以描述實力相當的雙方如何建立夥伴關係，但是，想要描述弱者和強者如何結盟，就非常稀少了，因為這群最為弱勢的群體通常被厭棄，而強者卻有著豐富的人脈；想讓兩者平起平坐，聽起來有點異想天開。

## 從底層的眼光來看，結盟是一種絕對的必要

收集這些故事的難處不在於醞釀故事的背景思想不夠清晰，事實上，早在一九七七年，於巴黎的一次公開集會上，若瑟．赫忍斯基神父就描述了這個寬闊的視野：「我們不但向政府，也向所有公民發出呼籲，因為，是他們決定了整個社會最終發展的方向和抉擇。面對排斥，第四世界召喚我們締結新的社會關係，也就是被排斥者與被接納者間的結盟；這個結盟必須轉化政治生活、改變時代思想，更新體制與立法的精神、更新我們的宗教生活。」（赫忍斯基，一九七七）。

或許，大多數的人看不出這個結盟的必要性，但是對至貧家庭來說，這卻是攸關生死的問題，他們因為極端貧困飽嚐孤立之苦，即便是與外界的連結都演變成一種受制於

人的救濟關係，「我母親身邊只有施捨者，沒有朋友。」赫忍斯基這樣說過，在他窮困的童年時光：「當外人前來我們家發放物資時，他們對我的母親至少還會道一聲好；但是，如果我們在市區遇見同樣的那些人，他們對我們就視若無睹。」同樣的，達西爾先生，一個家境極度貧寒的父親，他的女兒曾經問他什麼是「無知的受害者」，後來他告訴我說：「無知當然很苦，但最苦的是被漠視。」

在生活穩定者與被排斥者之間結盟，此舉讓許多人重獲尊嚴，重拾行動和思考的能力。多虧了這樣的結盟關係，第四世界這個運動才得以問世。早在一九五七年，赫忍斯基與兩百多戶住在巴黎近郊「諾瓦集無住屋者營區」的家庭，就曾經試著組織協會，可惜沒有辦成，因為當局不肯批准；官方認為這些貧困區的居民不可靠，沒有資格成為協會的理事會成員。所以這些家庭不得不去貧民窟之外找一些願意加入協會的「體面」人士，有了這樣的結盟，第四世界運動才得以正式登記，開始公開生活。

## 沒有盟友無法成事

在一九八〇年代，我被派遣到美國，我注意到紐約人對窮人極度缺乏信任，也開始意識到和其他人結盟的必要性。當時，我們全家住在紐約，我在當地最貧窮的社區展開行動，認識到這些住在貧民窟的孩子與他們的父母是多麼渴望能與「外界」建立關係、友誼和連結。為了建立這樣的連結，有一天，我決定去拜訪一所位於富裕社區的學校，詢問能否去那裡跟學生談談我認識的貧困兒童以及第四世界的「塔波里」（Tapori）兒童運動，這個兒童運動成立的宗旨是為了讓貧困的孩子與其他生活圈的孩子相互學習、建立友誼。學校校長雖然接待了我，但馬上回覆道：「我不能讓敝校的學生接觸貧民窟的生活，我不能讓他們碰到暴力、毒品和色情，否則學生家長一定會抗議的。」這是我這輩子經歷過最短的一次會面。過去，以工程師和學者的身分出現，我總是被認真接待，別人對我言聽計從。但是，當我以第四世界志願者的身分，以貧困區的家長和孩子的名義現身時，就突然失去了信譽。這還不打緊，最糟糕的是，這些想要與人為善、渴望與人建立連結的兒童與家庭，只引來他人的恐懼。

這位校長可能從經驗中體會到，談論貧窮常會讓兒童感到困惑或害怕，因為不知道該如何面對，這我能理解。我小時候有過類似經驗，兒時，我們在鄉下有一間度假別墅，旁邊住了一戶人家，他們住的是茅屋，我們都叫那間小屋「豬圈」，這戶人家出入都得經過我們家的花園，看到他們，我總是感到一種莫名的害怕與困惑。

有一個朋友聽說校長回絕了我的請求，她的孩子正好在這所學校就讀，而且她不僅認識也非常欣賞塔波里兒童運動。她不肯就此罷休，於是登門找校長懇談。我聽說她沒有提出新的理由，只是以自己的名譽為擔保，要求校長答應我的要求。幾週後我便到這所學校介紹街頭圖書館和塔波里，那套用來介紹的幻燈片是我和貧困區的小朋友及他們的家人一起製作的，我甚至還請該校的學生去街頭圖書館教社區小朋友如何使用電腦。後來他們參與了一個為期三年的計畫，目的是讓不同生活圈的小朋友透過建立一個電腦數據庫相互學習，此舉對參與其中的貧困兒童產生了極大的影響（Schön, Sanyal, Mitchell, 1999, 289-313）。這樣的連結對貧民窟的家庭而言是一次不小的勝利，他們對溫柔親切與友誼的渴求之心為他們贏得了這場勝仗，但若是沒有這位家長的結盟，也就是這位富裕學校的學生家長挺身相助，他們可能再次撞到高牆，無功而返。

## 一個連結全球的盟友網絡

這些經驗使我意識到，要在不同生活圈創造相遇是多麼困難，因為彼此的世界有著天壤之別。這層體會使我更加激賞第四世界運動的盟友，他們試圖在自己的生活圈和赤貧的天地之間搭起橋樑。這對他們來說是怎樣的挑戰？是誰、是什麼讓他們堅定不移，屢仆屢起？若瑟神父過世後，我和我的同事安妮．莫內負責協調第四世界的盟友網絡。為了瞭解盟友團體是怎麼發展起來的，我們研究了若瑟神父生前和盟友的眾多通信手稿與演講錄音；我們當然也必須從盟友的角度去瞭解，只是大多時候，盟友分享的多是挫敗的經驗。在若瑟神父過世之後，全球的盟友召開了一次深根會議，盟友代表齊聚一堂，思考彼此的投身；為了深入理解這個結盟的本質，大會決定每位盟友都要書寫個人「日誌」，記錄每天為了克服社會排斥所做的努力，包括每天的觀察、讓人義憤填膺的事件、自己的看法、採取的行動與立場以及自己和別人的相關對話等。

盟友們開始記錄，並將這些在背景迥異的情況下書寫的珍貴日誌交給我們，他們的文字見證赤貧者在他們的生命中取得重要的位置，以及原本分離的不同世界是可以重新連結的，當然，他們也指出，不同生活圈的鴻溝如此巨大，由此衍生的誤解與恐懼也變得根深柢固。由此，我們更能看出這些盟友是以無比敏銳的心思、耐力與創造力試圖跨越鴻溝，當然，也看到他們內心的掙扎與克服難關的勇氣。顯然，他們之所以可以在這條路上持續奮進，是因為他們並非單打獨鬥。我意識到過去若瑟神父不知投注多少心力來支持這些盟友，如今，我得接下這個責任。閱讀若瑟神父和盟友的談話紀錄讓我受益良多，我發現，這些談話夾雜著耐心、理解、溫柔和忿忿不平。我意識到他是多麼關愛每一個有勇氣與窮人結盟的朋友；我看到這個生於赤貧且飽受排擠的男人毫無報復之心，反而是我這種不知赤貧為何物的人以懷疑之心在揣測窮人，也因此不自覺地豎起高牆。事實上，他和他的子民對所有人——包括「富人」——寄予厚望，這種無比強大的信心解除了我們的恐懼。

## 將故事公諸於世

我們在陸續收到的日誌中看到了故事，但這些內容基本上是私密的，現在要把故事發表出來，是另一種挑戰。盟友不想公開這些故事至少有三個原因，首先，盟友不想居功，很多盟友說：「我沒做什麼。」確實，沒有任何人可以單獨成就什麼；沒有其他人的投身——其他同事、整個體制、第四世界的志願者、生活在貧困中的家庭——什麼事也不可能發生。認識到這種相互依存的關係是這些盟友投身的重要特徵，這是研究過程的第一個發現。第二，他們擔心，這個腳步匆忙的世界會認為他們的作為毫無意義，因為世人總是期待立竿見影的成果，而他們所採取的路徑卻是漫長的轉化之旅，個人與社會的轉變都需要時間。最後，他們深怕自己越俎代庖，認為以非窮人的身分來談論貧窮這個議題似乎不妥。

羅生福教授幫助我們以另一種方式提問：「讓我們以一些明確、具體、公開的進展為起點，這些進展不僅獲得赤貧家庭的認同，而且是出自和體制或社區合作的成果，我們要描述的故事就是這些進展與成果的來龍去脈。」有幾個盟友同意以他們的日誌為基礎來敘述這樣的故事，並讓我們採訪故事裡面的其他參與者。他們之所以同意，是因為他們理解到，敘述這樣的故事可以讓每一個相關人士感到自豪，包括被排斥者、被接納者和他們所屬的體制，從而幫助人們超越偏見、恐懼和自我辯護，真誠看待事實，並互相學習。

我認為，他們之所以同意，也源自他們希望為生活貧困的家庭修復正義，因為是這些經常被偏見誤解的家庭啟發了他們的行動與生命，他們了解到，儘管已經出版了由窮人或與窮人共同編寫的許多強有力的證詞，儘管現在「窮人開始發聲」，但光是由窮人本身來談論這個問題是不夠的。社會排斥和貧困不僅是窮人的問題，其他人也應該用他們的角度來陳述這個故事。面對如此棘手的問題，如果我們想取得進展、超越僵局，就要從各種不同的角度學習。

最後，他們告訴我，在同意撰寫和發表這些故事的同時，他們希望其他人可以發現到，社會排斥是可以避免的，這種奮鬥不僅給生命帶來意義，也帶來豐盈的喜悅，這是一種雙重的解放，被困在排斥高牆內外的人都獲得了解放。

## 不同的背景與觀點

這裡介紹的十二個故事描述了來自不同背景的人，在歐洲、北美與中東等六個國家的所作所為，他們在各自的教育體制、國營企業、鄉村教堂、小型企業、工會、市政府、國立諮詢機構、司法系統、歐盟、聯合國、媒體和社會科學領域，展開行動。

的確，無論是從貧困家庭的觀點，還是從想要擺脫貧困的國家或社會的角度來看，上述的每個領域都是消除赤貧的關鍵：良好的教育，基本的公共服務，在一個里仁為美的社區建立家庭，一份工作，公平的工資和工作條件，地方、國家和國際層級的良好治理，在司法制度中獲得法律扶助，在媒體和大學的研究教學中取得公平的代表權。我們也希望，故事的多樣化背景可以幫助讀者理解到，我們無法將極端貧困歸因於特定的社會群體、專業或體制，事實上，極端貧窮的根源是更普遍的存在性議題，關係到倫理和政治。

在獲得盟友的同意後，下一步是讓行動者成為作者。方法是這樣的：首先通過個人訪談，接著舉辦了一場研討會，讓每個人都能夠講述自己的故事，並與其他人一起反思哪些行動促成了有利的進展。這些故事涉及許多不同的人物，每個人的觀點迥異，當事實由不同角度照亮時，它的「面貌」就變得更加清晰，所以我們盡可能尋求不同觀點。我們沒有改變任何人的名字，每個故事的相關人士都重讀並校訂了他們的故事。在各種可能的觀點裡面，我們選擇將焦點放在盟友身上：一個在所屬機構或社區裡擔負某種職責的「非窮人」。關於如何建構敘事並從中學習的方法學，人類學教授艾爾．班亞立（Eyal Ben-Ary）在本書末尾將詳細討論。

本書的第一個故事與其他故事不同，它是從上下兩個同樣重要的角度寫成的：首先從「下面」，第四世界的持久志願者和赤貧家庭如何看待將他們排斥在外的體制；接著從「上面」，由盟友所領導的同一個體制又是秉持著甚麼觀點。即使這本書特別著重在體制內部所採取的行動，但我們讓這個故事打前鋒，是為了強調志願者投身的重要性，他們和赤貧家庭同行，同甘共苦，努力讓這些家庭走出陰影、受到肯定與賞識，沒有他們的投入，本書的故事也無從發生。

在許多方面，這些故事只是冰山一角。這裡所描述的大部分進展都得之於新思維的傳播與隨後緩慢的內化過程，為了讓滴水穿石，必須創造條件，讓這些思維可以在不同的國家和體制深根茁壯，讓大家漸漸相信：極端貧窮能夠且應該消失在人間。所有這一切都得自成千上萬個普通人每天微小的努力，他們不斷追問貧困同胞為何被排除在外，分享他們的故事，讓他們的努力與奮鬥被看見，並跟周圍的人談論這個運動和赤貧公民一起爭取人權的歷程。

我們也清楚，這裡描述的故事只來自西方工業化國家，不見得能夠在其他的社會與文化複製。儘管如此，在一次第四世界運動全球盟友大會中，我們有機會從更多樣化的社會環境收集故事，並分享此書的一些故事。這些來自非洲、亞洲、中美洲和拉丁美洲的盟友表示，最脆弱的群體被排斥的現象以及如何重新與他們連結、一起修復正義，是大家共同關心的主題，讓他們深感共鳴，這些故事幫助他們把自己對抗貧困的故事說出來。本書第二部分，便要討論這樣的行動方法在不同類型的社會、體制和社會結構的適用性。

## 反思行動，讓新方法浮出檯面

和故事的作者群經過三年的書寫和重新編輯，最後我們將這些成果在一場研討會上發表，這場研討會由第四次世界運動人類關係研究與培訓中心偕同耶路撒冷布魯克達研究所合辦。與會者包括這些故事的作者群、運動的其他成員，以及其他反對社會排斥的組織的成員和支持這項行動的研究院所及基金會的代表；後者包括梅耶人類進步基金會、法國國立社區生活發展基金會，以及法國松鼠儲蓄銀行反排斥基金會。

我們一起反思了這些故事，企圖發現這些主人翁如何突破僵局，在經常失敗的地方贏得成功，他們是以何種方式存在、行動與思考？我們的重點不在解釋，而是從中汲取「可行的知識」，有助於未來展開行動的知識，本書的第二部分將詳述這點。在「反思行動」的過程中，我們得到了來自麻省理工學院的唐納德・舍恩教授（Donald A. Schön）鼎力協助，他是一位行動哲學家，也是羅生福教授的老朋友。他與我們兩人共同主持研討會，並將他終身的努力和他從實踐中學習到的能力傾囊相授。耶路撒冷希伯來大學人類學教授班亞立則以開放的心胸和他對組織的了解，以及他從敘事所習來的經驗，豐富了每個人。第四世界人類關係研究與培訓中心的持久志願者丹尼爾・法葉

（Daniel Fayard）和薩維耶・微爾札（Xavier Verzat）也是支撐研討會的夥伴，一直協助、引導我們思辨。國際第四世界運動主席奧莉雯・德佛絲介紹了我們的工作，確定了研討會的基調，並指出挑戰。感謝他們使出渾身解數，分享了最寶貴的經驗和想法。在此特別感謝熱妮葉佛・戴高樂・安東尼奧[1]的參與，她是第四世界運動的首批盟友，自一九六四年起即擔任法國第四世界運動主席。

最後，我們希望故事能引發故事，讓讀者有機會反思自己和極端貧困及社會排斥交手的故事，把這個故事轉變成人類解放工程中的一塊磚。

（翻譯：楊亮、楊淑秀，校正：楊淑秀）

1 譯註：熱妮葉佛・戴高樂・安東尼奧（Geneviève de Gaulle Anthonioz, 1920-2002）生於法國，戴高樂將軍的姪女。一九四〇年即加入抵抗運動，一九四三年被捕，經歷過集中營的慘無人道。一九五八年，她參與了第四世界運動的創建，一九六四至一九九八年擔任法國第四世界運動的主席。

【第一章】

# 與所有家長重建對話

## 從街頭圖書館1到教育廳的故事

本章作者／安瑪莉・杜桑、克勞德・貝爾、唐弟子

在法國北部，一如他處，學校老師發現弱勢兒童學業成就低落的狀況頗為嚴重。對於這種現象的原因，民眾常常怪罪弱勢父母對子女的教育漠不關心；而這些父母則將學

1 譯註：「街頭圖書館」是第四世界運動發展出來的一種分享知識的文化性活動，在都市的貧困社區或鄉間野地，街頭圖書館為貧困的兒童與他們的家人帶來書本、繪畫與其他進入知識天地的媒介（特別是電腦）。活動的地點是底層生活的地方，可能是都會區的人行道與樓梯間、黃昏市場的攤位旁、遺世獨立的部落或鄉間，甚至是海拔四千公尺的安地列斯山脈。第四世界運動希望藉此活動，觸及被各種文化活動與組織排除在外的赤貧公民。在法國，第四世界運動帶領的街頭圖書館超過八十個。

校視為排擠他們、讓孩子未來無望的另一機制。

安瑪莉・杜桑（Anne-Marie Toussaint）和克勞德・貝爾（Claude Pair）向我們訴說一個故事，這個故事最後在法國北方促成一場研討會，在這場研討會中，處於極端貧窮生活中的父母得以傾訴他們的經驗，並和學校進行正向的對話，另一方面，教育工作者也重新發現教育的初衷，這樣的結果讓雙方重拾希望。

十五年來，安瑪莉・杜桑一直是第四世界運動的持久志願者，已婚，育有一女，曾擔任過小學老師，故事發生的當時，她是第四世界運動法國北加來海峽大區（Nord-Pas-de-Calais）兒童行動的負責人。

克勞德・貝爾則是大學教授及好幾本教育專書的作者，同時也是管轄諾爾省（Nord）與加來海峽省（Pas-de-Calais）[2]的教育廳廳長。之前，他任職教育部多年，特別參與了教育基本法的草擬，在成為教育廳廳長的同時，他希望有機會將自己的理想付諸實踐，挑戰現況。

這個故事將帶領我們走上兩條看似迴異的旅程，一條由下層出發，另一條則由上層出發，儘管如此，這兩條路終將相遇，會合之後，一起抵達同一個目的地，而那個境地不管在弱勢家庭或學校的眼中，都是不可能的任務。

## 由下往上的旅程

### 在安瑪莉．杜桑的陪同下，第四世界希望和學校相遇

#### 低學業成就的兒童數量驚人

一九八六年十二月，安瑪莉抵達法國北部大城里爾（Lille），她被交付的使命是：關注底層兒童的未來。為執行這個使命，她所做的第一件事，就是拜訪第四世界運動在該區已經認識的家庭。每到一處，她都聽到同樣的痛楚：「我們的孩子在學校成績不好，如果他們在學校沒學到東西，長大了就找不到工作……我們不要他們將來跟我們一樣。」或者：「我們的小孩到後來就不愛上學了，別人看不起他們、嫌棄他們，因為他們沒有漂亮的衣服穿，或者只因為我們家裡窮……有時候，我的小孩無法參加學校的戶外教學，或是，有時候老師要求攜帶一些教學用品，他們無法照辦，同學就嘲笑他們。」孩子們則像呼應大人似的，向她傾訴：「在學校，每當有人批評我的家人，

2　譯註：諾爾—加來海峽（Nord-Pas-de-Calais）是法國北部一個大區的名稱，面積一萬二千四百一十三平方公里，人口三百九十九萬六千五百八十八人，首府是里爾。法國共有二十六個大區。

安瑪莉，一九九八，巴黎自由人權廣場

說我們又窮又臭，說我們的社區爛斃了，我就跟他們吵架。他們根本不知道，我的父母盡一切努力在養育我們。」也有孩子說：「我，我不喜歡學校……因為學校不喜歡我。」

為了和這群父母一起理解實際情況，安瑪莉決定進行一項嚴謹的調查。她拜訪了二百五十八位六到十六歲的小孩，其中，超過四分之三的小孩，學業落後了一年以上，而且有一半以上的受訪兒童進入所謂的特殊教育課程。

安瑪莉對學校一直懷有崇高的願景，因此這樣的調查結果令她十分震驚。她自己的父母年紀輕輕就輟學，爸爸十三歲就去礦坑工作，母親則在農場。兩位老人家都希望自己的孩子能夠有所不同，能夠領受他們無緣領受的高等教育。他們盡一切努力讓這個夢想在女兒身上實現，後來，安瑪莉不僅上了大學，還成為老師。

即便如此，幾年的教學經驗讓安瑪莉意識到，有些小孩一入學就馬上面臨嚴峻的狀況，挫敗連連，而這些孩子多半來自最貧困的社區。表面上看來，這些孩子正步上自己父母的後塵。學校對安瑪莉來說，曾經是脫貧的跳板，蘊含著生命中各種選擇的可能性，但是對這些孩子來說，卻完全不是那麼一回事。她無法接受這樣的事實，決定選擇以其他方式來理解這個情況。在經過許多的閱讀與探索之後，她決定離開教職，加入第四世界運動持久志願者的行列。

## 我們了解父母的希望嗎？

吸引安瑪莉轉換跑道的原因之一，是這個運動發掘與傳達希望的方式，例如，這個運動理解到：儘管這些家庭不斷面臨挫敗，依然對他們的孩子懷抱著深刻的期待。

每天放學後，安瑪莉在里爾一個破落的社區帶領「街頭圖書館」，她再一次看到這個希望。這些父母因為自己從前在學校沒能好好學習，所以沒辦法輔導孩子課業，所以有時候他們會花去所有的積蓄，只為了買下可能可以幫助孩子學習的東西。這是安瑪莉當時的日誌：

暑假過後，特利的媽媽堅持，要我去看看她不久前才為孩子們買的一本大書，以及一個教育性電子玩具。特利今年八歲，還不會閱讀，也認不出自己的名字，他媽媽告訴我：「這就是孩子們的聖誕節禮物，這東西很貴，而且我們現在也沒有很多錢，但是，只要是能夠幫助他學習，我就供應他，我不要他缺這個少那個，特利在學校老是跟不上……他努力了，不過就是沒辦法。」

只要有街頭圖書館，特利從不缺席。幾個禮拜後，有一回，特利坐在人行道的蓆子上聽故事，他媽媽遠遠地看著，一邊跟其他的媽媽說話。忽然間，特利拿起書，往他媽媽的方向跑去，他拿書給媽媽看，開心地說他在書裡認出自己的名字了。

但是，幾個禮拜過後，特利的媽媽希望再找安瑪莉談談，她看起來非常失望：「她拿特利的成績單給我看，她不懂，為什麼級任老師在上面寫著：『特利我行我素，不想學習，他得要加把勁才行。』」

## 我們的孩子喜歡學習

時光走到一九八八年的春天，好多個月過去了，現在，安瑪莉認識這個社區的每個孩子、每個家庭，甚至也認識那些大家都認為「無藥可救」的家庭。一開始，社區的

第四世界街頭圖書館，法國。

孩子們設想安瑪莉會跟其他慈善機構的人員一樣，從外部進到社區，專門尋找家境清寒但成績優異或至少品行不差的孩子，那些大家認為「比較容易脫貧的孩子」。在這樣的情況下，孩子們就會暫時拋開彼此的團結關懷，互相指責揭發，說其他人幹了哪些壞事，是誰打破玻璃，是誰亂塗鴉等等，這些外人一眼就看到的、浮在檯面上的種種缺失，是他們自己也覺得丟臉的社區標記。

但是安瑪莉學習到另一種行動的信念，特別是從若瑟・赫忍斯基神父那裡學習到的：我們要找尋的，正是這些十目所視、十手所指的家庭，他們經常受到嚴重的排擠；他們的參與才象徵著社區真正的改變，能夠給整個社區帶來希望，因為這樣的參與表達了大家拒絕任何形式的排斥，而被排斥的經驗，這個社區的每個居民都多少體驗過了。安瑪莉從不排斥任何人，她溫柔而堅定的決心很快便發現，每個家庭其實也都懷抱著同一個希望：一視同仁，促進每個人的參與。慢慢地，大家都加入這樣的努力，避免任何人被遺忘。他們會說：「不要忘記某某人，如果不去找他，他一定不敢來。」或者：「那邊那棟大樓，有些小孩子還不會閱讀，要把街頭圖書館挪到那棟大樓前面，這樣一來，他們有機會近距離看看，或許就敢下來參加了。」

目睹這些孩子坐在人行道上，安靜地聽故事、閱讀繪本、動手畫畫、吟唱新詩，這些家庭紛紛表露出一個充滿感染力的希望：「我們的小孩喜歡學習，我們的小孩不笨！」

但是，這個發現和他們從學校聽來的卻互相矛盾。過去，他們經常問自己：我們的孩子到底是哪裡出了問題？現在，他們開始疑惑：學校到底哪裡出了問題？也因此，他們開始以一種新的方式來面質安瑪莉。換做一年前，當他們將問題的責任全都攬在自己身上時，他們是不會這樣質疑的。

有些人跟她說：「你在街頭圖書館帶我們的孩子讀書、畫畫，是很不錯啦，但是在學校，他們還是什麼都沒學到，成績還是滿江紅。看看我們的大孩子，他們從學校畢業了，還是什麼都不會，甚至連讀寫都有問題……他們將來有什麼前途？」

安瑪莉在當時的日誌上寫道：

有些家長被學校老師、心理師或校長召見時，開始要求我陪他們一同前往。我照做了，但是結果並不如人意。這些父母只在發生事情的時候才被找去學校，會面主要內容都是在聽取校方數說孩子哪裡不好，又出了什麼狀況，然後對家長教養孩子的方式提出一連串的質疑與建議。

走出這樣的場合，父母通常感到憤怒，有時則是失望沮喪，最糟糕的情況是感到丟盡顏面，所以一句話也說不出來。這一切實在是雪上加霜，加劇原本就互不理解與互不信任的情況。

安瑪莉和其他第四世界成員一起思考：該如何走出這個死胡同？她靈光一現，想到可以用另類的方式和學校互動。他們認為，應該向老師們證明：這些孩子在其他情境下是可以成功的，比方在街頭圖書館，這會讓老師改變自己原先對孩子的評斷。在那個時期，有一場名為「我的腦袋瓜餓了」的大型展覽，在歐洲各大城市巡迴展出，展覽裡面正好有社區的孩子在街頭圖書館完成的作品，都是美到令人讚嘆不已的圖畫，當然也包括來自世界各地第四世界兒童的照片、見證與畫作。

安瑪莉滿心希望這場展覽能夠改變老師對孩子的看法，能夠給老師們一個驚喜、一個震撼，能夠讓新的對話關係舖展開來，能夠讓這群原本被視為沒有競爭力的孩子獲得重視。

社區兩所學校的校長答應參加這場展覽，還和社區的家長一起籌備了開幕式，即便如此，事情並不像安瑪莉所期待的那樣。她寫道：

> 開幕那天，家長與老師們形成兩個小團體，以井水不犯河水的姿態出現，我真的是非常失望，不知道該怎麼辦才好。這個慘痛的經驗讓我思索很多：為何老師們有這樣的反應？他們心裡都想些什麼？在準備展覽的過程中，幾次和老師及校長閒聊的經驗為我指出路徑。我意識到，問題並非老師們對這些孩子沒興趣，事實恰恰相反，這些孩子一直在他們的腦海打轉，有些老師看起來甚至為此感到相當憂慮，但是他們真的不知道該怎麼辦，我意識到這些孩子讓學校感到氣餒。
>
> 我也發現，那些和家長會面時表現得自信滿滿的老師們，其實並不是真的胸有成竹，他們也在尋找出路。去證明他們錯估孩子的能力，對事情並沒有助益，反而讓他們的心房關得更緊，激起他們更強的防衛心理。
>
> 不過，還是得跟這些老師重新建立聯繫。事關眾多孩子的未來，眾多家庭的希

望。問題是，該怎麼打開這一道道門？該如何同理老師們的困惑？更準確地說，他們心中可能存有哪些疑惑？他們面對著哪些困境？我開始同理老師的處境，也問自己，處在經年灰心氣餒的氛圍中，讓他們堅持下去的力量是什麼？他們為什麼繼續替這些孩子操心？事實上，社會對這樣的孩子經常不抱持什麼希望。

## 對話的關鍵：同時理解兩個世界，好讓兩者理解彼此

在社區的學校，對話之路似乎暫時封閉，安瑪莉無法向社區裡的老師提出這些問題。她必須拓展自己的視野，轉向其他教師，以便看清事情的全貌。在她被派駐的法國北加來大區，有許多第四世界的朋友擔任教職，有些老師們義務帶領街頭圖書館的活動。安瑪莉負責訓練他們，因此有機會和他們進行深入的對話。她開始更積極地聆聽他們的提問與分享的新發現。翻開她當時的日誌：

德蕾老師參加了社區的「知識藝術分享週」，這是每年街頭圖書館達到高峰的活動，這段期間，我們會邀請大家前來分享他們的知識與技能。活動的地點位於一個正在拆遷的社區，現場籠罩著一種被拋棄的氛圍，許多門窗都被釘死封上了。但是，在這樣的地方，孩子們畫出了美麗的圖畫，創作出一盆又一盆的插花作品，還

打造出一個用陶土做成的夢想社區模型，也辦起一個童書製作工坊以及一個攝影工作室。很多父母加入，他們都高興能夠幫忙，貢獻自己的才能，好讓孩子們有個快樂的夏天。

德蕾一開始只是「來看看」，活動之後，她坦承：「來此之前，我抱著根深柢固的成見，我以為我會在這裡看到很多的攻擊、敵意與恐懼，我以為大家會很冷漠。但是，我發現這些孩子想要把事情做好，也看到他們的父母想要孩子進步，老實說，讓我特別驚訝的是這些父母。」

德蕾的坦承告白，讓安瑪莉領悟到：過去，德蕾一直沒有機會和這些孩子及家人分享成功的時刻，也沒有機會親自見證這些孩子渴望學習的心。「來看看」之後，她最大的喜悅竟是這樣的發現；好像她在那裡找到了她渴盼已久的東西：一些讓她足以相信每個孩子的理由，這些理由讓她重拾教育的初衷。

這個大區的其他老師，同時也是第四世界運動的盟友，開始在他們所在的城市帶領街頭圖書館。例如米歇爾和卡特麗娜，夫婦倆都是小學老師，他們就在執教學校的鄰近社區帶領街頭圖書館。而且在學校，他們也創造出同樣的氣氛，全班同學教學相長，而且必須確定沒有任何人被排斥在外。

在兩個世界之間搭造橋樑的行動，也帶領他們與弱勢學童的家長相遇，他們因此認識了一個家庭，全家住在沒水沒電的棚屋裡。他們和這個家庭一起奮鬥，一起爭取合適的住屋。這場奮鬥之後，這個家庭的母親保羅費妮，成為積極參與這個運動的活水成員，她和另一位小學老師，偕同卡特麗娜以及米歇爾展開了一個「新學校計畫」：和學校最貧困的家長相遇，邀請他們參與學校的各項活動。

在安瑪莉遇到米歇爾和卡特麗娜的時候，他們夫婦參加了第四世界運動的一個團體，成員包括老師、校長、學校心理師、教育優先區的協調專員以及該區的家長會代表。這個叫做「學校和第四世界」的團體，在里爾的第四世界中心定期聚會，他們利用下班後的時間，分享每個人面對特困孩子以及特困家長的經驗。團體成員中有些人並不認識第四世界運動，其他人，像米歇爾和卡特麗娜，則用心促進各路人馬的相互理解。

這時候，安瑪莉也開始參加這個「學校和第四世界」團體，分享她的經驗與疑惑。針對這個團體，她寫道：

> 在團體裡面，我可以舉出具體事例，說明家長是多麼用心，而老師也能夠說明學校是多麼努力在嘗試。有時候，我們並不贊同對方解讀某個事件的方式，甚至反對彼此處理事情的方法。但是，大家都有足夠的自由表達空間，也能尊重不同

意見，所以多能暢所欲言。透過具體事例，我們學習到不再互推責任，不再互相指責，說那是家長的錯或那是學校的錯；我們學著去了解家長與校方的苦衷，試著撥雲見日，找出共同的意願，並尋找成功的經驗。

有時候，某個老師會直言不諱地說出自己的憤恨與不滿，說他被哪一個苦不堪言的情況給卡住。我意識到，在學校體制內，或許沒有任何地方可以讓他如此傾訴。在這樣的時刻，總會有人站起來陳述另一個故事來鼓勵他，或者讓他用一種新的視角來看事情，這就為行動提供了新的靈感。

令我印象特別深刻的，是他們認真的態度，每個人的日常工作已經夠繁重的了，而且有時候被學校十幾個總是落後的孩子弄得精疲力竭；你會以為下班後，他們會渴望將一切拋諸腦後，但是，他們還是來參加聚會。我就告訴自己，我也要參加每一次的聚會。

這一場又一場的相遇，試著找到正確的詞彙來描述雙方處境：表露家庭與學校各自面對的痛苦與渴盼，同時又不傷害雙方的感受。他們也試圖建立一些平台，希望有一天家長與學校之間的公開對話成為可能。

這些會面也讓安瑪莉重拾信心，她在那裡學習用一種建設性且能夠被老師們理解的方式，表達她自己與家長們的憤慨。當嚴重的不義事件發生時，她覺得她比較敢說出來，並公開質問學校；她學著用一種能夠被接受而不會遭抗拒的方式來陳述，戈果爾的故事就是很好的例子。

## 和戈果爾一起拒絕不義

戈果爾八歲，小一就被留級。學校決定讓他轉到指導弱智殘疾兒少學習的「醫療教育中心」（Centre médico-pédagogique），但是開學日到了，該中心卻沒有名額給他。直到十一月一號萬聖節，他都沒去學校，卻沒有人站出來說話，戈果爾的父母甚至不知道這孩子的學籍被轉到哪裡，這件事完全違反教育法規。當孩子的父母與安瑪莉開始四處詢問的時候，得到的答案卻是：應該是家長忘記填寫申請表格，一句話就把責任推得一乾二淨。安瑪莉回憶道：

> 透過戈果爾，我發現到有些孩子沒人要，別人對他們沒有期待。如果他們缺席，沒人會去找他們。學校遺忘他們，沒有任何人拉警報。是可忍，孰不可忍？「教育優先區」執委會開會時，我公開提出這件事，但是，大家再一次將責任推回家長身上。我實在氣憤不過，就寫了一封信給教育部的督察，我向他解釋，有學生

家長因為與戈果爾類似的情況向我們求助，事實上，有十多位學生家長是在開學後，才知道他們的孩子被轉往哪所學校。至於戈果爾，開學兩個月後還是被排除在學校大門之外。

這封信發出後，督察請安瑪莉出席一場會議，與會的有當地的心理師與入學評議委員會（Commission d'orientation）的負責人。那位心理師先發制人，說：「反正有些小孩子就是扶不起，如果他們不會讀寫，也不是什麼大事，不過就是跟他們的父母一樣，總有辦法活下去。」換句話說，學校在排除一名學生之後，還振振有詞，好像發生這種事情也沒關係，反正對學校來說，這個家庭可有可無?!決定孩子的未來時，家長沒有出席，或者根本沒有邀請家長代表，所以心理師的這類聲明從未被揭發，也因此現狀持續，甚麼改變都沒發生。

督察第一次聽到兩種不同的聲音，並且發現其實家長想方設法要幫孩子註冊。他必須做出決定，戈果爾的情況指明了校方集體的不負責態度，而督察最根本的責任就是讓學校成為歡迎每個學生的地方。

幸好督察拒絕了心理師的見解，並且迅速地讓戈果爾註冊。更重要的是，他在事後連絡了安瑪莉，要求第四世界運動與他服務的單位展開合作，以避免同樣的情事發生。

這件事在許多層面都具有決定性影響，它讓安瑪莉理解到：光是地方性的聯繫是不夠的。整個學校體制在面對極端情況時失去協調，每個學校都在踢皮球，孩子就被犧牲了。所以必須到體制的最高層去敲門，體制必須重新找回協調的能力。這也是一個夥伴關係的開始，當然還是非常有限，而且是非正式的關係。但是，這證明了整個教育體制也需要和這些家庭進行對話。

## 父母們組織起來並彼此鼓勵

在社區，像戈果爾這樣的故事當然引起注意。社區的家長意識到他們可以讓自己的聲音被聽到，可以護衛自己的權利，可以為他們的孩子在學校開闢出一條路來。安瑪莉開始記錄他們動員起來的各種徵象：

一九八九年的學校開學日，社區家長更清楚地理解到我們想一起贏得什麼。我看到有些家庭不願讓社區兒童繼續缺課，彼此支持與鼓勵，好讓孩子們規律上學，準時到校。例如有一個家庭因為沒錢為孩子購買開學用品，所以決定不讓孩子去學校，免得被人嘲笑質疑，其他幾個家庭便跟這個家庭分享入學津貼[3]。

也有一些父母想要了解校方對他們的孩子所提出的轉學建議，過去他們總是弄不懂這些建議，而且經常被別人的閒言閒語傷害，不僅不敢對任何決定提出異議，甚至也不敢詢問那些決定可能造成的結果。現在我看到這些家長不再聽天由命、任憑別人處置。我想到莎娜與芳紀一家人，在我們認識之前，他們已經歷過一段很長的貧窮歲月……

芳紀五歲的時候，她的家人才住進一間真正的房子，過去，她只知道流浪的生活，從一所幼稚園換到另一所幼稚園，幾乎什麼也沒學到。一年級就被留級，入學評議委員會建議芳紀轉到特殊教育中心去。但是開學日已到，沒有人對家長提出任何具體方案，所以芳紀回到原學校去。孩子的媽媽跟級任老師會面後回來，滿臉笑容地跟安瑪莉說：「我想今年會好很多。因為芳紀在第一學期段考前，閱讀能力破冰而出，沒有被卡住。」

但是好景不常，貧窮再度襲擊這個家庭。冬天的電費特別高，加上芳紀的父親找不到工作，事情越來越糟。芳紀的父母很怕這兩個孩子會被社會服務處以兒童保護之名強制寄養，芳紀的哥哥們就是這樣被社工員帶走的。小小的芳紀也感染到這樣的恐懼，她在學校的表現一落千丈。大家都不懂她為什麼突然發生這麼大的轉變，而且開始逃學。屋漏偏逢連夜雨，後來由於政府行政上的疏失，家庭生活津貼延遲發放，整整兩個月的時間家裡沒有什麼收入，媽媽就把孩子留在家裡：「我不想讓孩子餓著肚子去上學，要不然，別人又會在背後說一大堆閒話。」學校責怪這位媽媽，並將所有的不是都往父母身上推。雙方根本無法對話，但是父母並沒有放棄，安瑪莉記錄了這段過程：

一年過去了，因為看不到其他出路，所以芳紀的父母決定拿出所有的積蓄，讓女兒在一所私立學校註冊，學校的校長問這位媽媽：「您對孩子有什麼期待？」一個看似再平常不過的問題，對這位媽媽來說卻像是威力無比的強心劑，跟校長見過面之後，她對我說：「你看，他們問我，我們希望芳紀將來怎樣！其他人從來不曾這樣問過我們！這所學校愛孩子，我感覺得出來，我確定芳紀在這所學校會順順當當的。」

接下來的幾個月，芳紀的父母不再遲疑，他們會去跟校長討論孩子的進步與遇到的

3 入學津貼（allocation de rentrée scolaire）：法國政府每學年會給家中有學齡兒少且家庭年收入低於某標準線的家庭入學津貼，幫助家長為孩子購買所需用品。二〇一〇年八月，六至十八歲兒少每人平均可領取三百歐元的入學津貼，相當於台幣一萬兩千元。

困難，一種信任關係慢慢建立，而且他們也開始為第二個女兒莎娜發聲；莎娜繼續留在公立學校，流浪生活那段期間讓她的程度落後很多。與私立學校的對話經驗讓這對父母敢於發言，他們要求入學評議委員會聽聽他們的意見，行政單位接受了他們的要求。芳紀的媽媽參加了會議，會後她滿心歡喜：「成功了，我們的聲音被聽見了，我為莎娜發聲，但是，我也為社區其他孩子發聲，我告訴他們，光是跟家長說『孩子不適合在一般學校就讀』是不夠的，因為他們往往得等上兩年，才能在其他學校找到名額。他們親眼看到，我們這樣的家長也是非常關心孩子的教育問題，第四世界應該感到驕傲。」

就這樣，經過三年的努力，安瑪莉證明學校與多重困境的學童家長間是可以建立起良性關係的，而且這樣的關係大大幫助了孩子的學習。但是，她也知道，這只是幾個零星的經驗，需要支持的人很多，她沒辦法對每個家庭投注這麼多精力。整個區域的教育系統都必須改變，但是，以她如此微薄的身軀，想要推動一個如此巨大的機器，簡直就是愚公移山，除非奇蹟出現。

克勞德（居中者），一九九八年，第四世界抗貧書展，巴黎。

## 由上往下的旅程

### 和克勞德．貝爾一起面對有教無類的理想與現實的衝擊

#### 「教」是有教無類的「教」

克勞德．貝爾從小到大都是人見人愛的好學生，他喜歡學校，學校也喜歡他。六十多歲，戴著厚厚的眼鏡，在高層公務員的身分背後，那雙慧黠的眼睛散發出一股兒時至今從未消退的熱情：挑戰艱深的難題。

知識、學問對他來說一直是一種挑戰、一股熱情，一種嚴謹的態度。學問成了他的志業，是他生命的核心。這志業帶領他為國家未來的精英傳道、授

業、解惑，這志業讓他成為熱門領域的頂尖研究者，特別是資訊科技的教育。

問他為何會在下文將要鋪陳的故事中投入這麼多心力？貝爾便回憶起自己的母親，身為小學老師的母親總是關注到每一位學生，毫無例外。對他的母親來說，只有當教育者忠於初衷時，才配得上「教育」這兩個字：有教無類與因材施教，終極目標是讓每個孩子都能夠成功地學習。知識本身是好的，必須廣泛地分享，不應該變成一種特權。

## 被調到教育部

母親所抱持的這些價值觀，帶領著貝爾指出學校資訊課程面對的挑戰：這是讓所有學童都能學習的良機，抑或將會擴大知識的貧富差距？有一個電視節目邀請他針對這個主題發言，之後，他的能力受到矚目，那是一種才德兼備的能力。當時剛上任的教育部部長阿朗．薩法利（Alain Savary）決定將全國高中技職教育的領航責任交付給他，貝爾回憶此事：

> 我的生涯就此轉向，轉向一條要求非常嚴苛的溪流，但這溪流也引領我匯整自己生命中的重要抉擇，從那個時刻起，我的生命都投注在法國教育的組織與推進上。

這是一九八一年，那個時期有點像中國的春秋戰國，百家爭鳴。面對社會正義，大家充滿熱情，覺得一切都是可能的。薩法利首開「教育優先區」，賦予貧困社區更多教育資源。在總理的要求下，史貝堂（Bertrand Schwartz）草擬了一份報告，說明該如何對抗失業，協助遭受排斥的年輕人。貝爾則大力推動高中技職教育，希望對症下藥，有效地對抗文化與社會方面的不平等以及年輕人失業的現狀。

在這個時期，貝爾第一次和第四世界正面相對，之前他已經聽大女兒談論過這個運動，因為她參加過南錫市（Nancy）的街頭圖書館。他對街頭圖書館的印象是：「還不錯的活動，如此而已。」

一九八四年的某個星期天早上，我代表教育部長參加一場第四世界的青年會議，由若瑟神父主持。平時我所遇到的人都說高中技職教育實在是沒什麼搞頭，高職文憑沒什麼價值，但是那場會議的年輕人卻要求進入高職的權利，渴望準備技能檢定考試……。我意識到處境艱難的公民可以帶給主事者新的觀點，跟主流的輿論很不一樣。

不久之後，部長換人，政治風向改變，貝爾表達了他的異議，離開了他的職位。

回到南錫大學後，他把學校教育面臨的挑戰寫成一本書《中學畢業會考之路》（*Rue du Bac*），接著更將他的研究方向轉到資訊教育與化解學習障礙。

透過他的妻子莫妮加（Monique），他更進一步地認識了第四世界運動。事實上，莫妮加在養育了五個孩子之後，扛起「第四世界出版社」在法國北區的發行與推廣責任。推動莫妮加的力量，同樣是對知識的熱愛，不過那是另一種知識，是窮人獻給這個社會的知識。她對這份事工充滿熱情，而且得心應手。她知道第四世界出版的每一本書，並把它們介紹給家人；她非常認同若瑟．赫忍斯基神父的思想。一九八八年二月十四日，若瑟神父辭世。巧合的是，前教育部部長薩法利也在同一天過世。那天晚上，莫妮加告訴她先生：「我們倆都失去了大家長。」

## 有教無類的教育基本法

幾個月後，貝爾又被調去教育部技職教育司，他寫道：「目標與決心比以前更堅定：要讓每個年輕人獲得一技之長。我是在這樣的背景下參與擬定一九八九年七月十日通過的《教育指導法》，也就是著名的《若斯潘法案》[4]，我想我對這部法律的貢獻可以用下面這兩個條文來概括：『通識文化水準與技能證照的取得是每個年輕人應有的權利，沒有社會、文化背景之分，也沒有地理位置的差別……』，以及『法國全國未來十年的目標，就是讓每個高中年齡的人口群，都至少能達到技能檢定的水平』，這些也是我未來行動的依據。」

法案通過後，貝爾要求調職到法國一個大區的教育廳擔任廳長，好實踐他的理念。他偏好位於北方首府里爾市的教育廳，他知道經濟危機對那整個大區造成怎樣的影響，也熟悉區內兩個省份的居民追求社會正義的一貫活力。

回到教育前線，跟教育廳的教職與行政人員對話之後，貝爾必須面對一個嚴峻的事實：

新法的目標馬上碰到這個眾所周知的現實：不管各種宣言如何高聲宣告機會的平等，擺在面前的是：經濟條件好的家庭，四分之三的孩子能夠取得高中會考文憑，但勞工家庭只有四分之一的孩子取得，遑論生活在極端貧窮中的孩子。

但是，這個失敗並不是學校刻意造成的。在北方，我再次看到大部分人都願意建立機會平等的教育環境，都希望能夠改善教育失敗的現象。儘管如此，怎麼解釋這個失敗？

4 譯註：若斯潘（Lionel Jospin）於一九八八至一九九二年擔任法國教育部部長。

在教育廳，我有機會遇到學校體制內扮演不同角色的行動者，我觀察到他們經常將孩童的成功與親師交流的品質連結在一起，他們常常跟我說：「**最需要溝通的，就是那些困難最多的學生的家長，偏偏就是最難找到他們。**」這些話經常出現在耳邊，讓我非常震撼：學校抱怨這些家長，認為這些家境貧寒的父母沒有善盡職責，不是學校的好幫手，學校甚至認為這些家長對孩子的教育漠不關心。

這時候我個人的一些認識就派上用場，這當然要特別歸功於第四世界運動，他們聲明最貧窮的父母對自己的孩子懷抱很大的希望，絕對不是像一般人所說的漠不關心。我沒有立場發出同樣的聲明，但是，我告訴自己：要聽聽這些父母的聲音，然後我告訴老師們：「你們不能把父母當成助教，光是跟他們說『你們應該這樣那樣做』，然後當他們沒有照辦時，就說他們對孩子的教育沒興趣。必須把他們當做不可取代的自主行動者，他們是教育能否成功的關鍵人物，要聆聽他們的聲音。」

## 動員所有合作夥伴的區域教育計畫

經過好幾個月的下鄉訪問與廣泛的意見諮詢，貝爾擬定了一項區域教育計畫，明確表達區內各級學校未來幾年的教育政策。該計畫建議的第一個策略，便是「活絡整個教育共同體」（Bring the Education Community to Life），《若斯潘法案》裡的用語則是：

「準備好跟所有的相關機構一起尋找方法，旨在讓所有的學生家庭都成為學校的夥伴，特別是最貧寒的家庭，並針對這個主題籌辦一場研討會。」

貝爾闡述這些用字的含意：

「所有的學生家庭，特別是最貧寒的家庭」

意指不可以忘記最貧窮的家庭，但也不是單單侷限於特困者的問題，因為這樣做只會再次將他們隔離開來。事實上，他們可以帶給學校一種新的知識，這知識能夠為每一個人帶來好處。

「所有的相關機構」

透過這個行政用語，我希望打開對話的廣度，不只侷限於各種家長組織，當然我們可以將學校與家長夥伴關係的空白歸咎在他們身上，然而，這些家長組織好像並沒有和貧困家庭保持聯繫，他們跟學校的對話似乎有其他的優先順序。所以我堅持讓勞工與底層的家庭透過第四世界或其他類似的組織發出聲音，為此，你得說服其他合作夥伴達成共識。

貝爾強調，一位教育廳的廳長沒有理由跟哪一個協會特別合作，或鼓吹某一個協會組織的理念，那個職位存在著私人與身為公眾人物之間的張力。

但是，這一回，我所追隨的並非哪一個協會的立場，引導我的是這個民間組織對現況的認識，這正是我所屬的行政或教學單位所欠缺的，而且這個認識幫助我善盡公共服務的責任。

一九八九年十二月的研討會，貝爾向整個教育廳介紹這個區域教育計畫，他在記者會中清楚地指明，最貧窮的家庭在面對學校時必須忍受的種種難堪。就像他自己說的：

我開門見山地說明這項計畫的主要目標。由於被過去失敗的經驗所困，有些學生家長不知道該如何面對學校、面對孩子的學習，甚至因為極度渴望孩子成功，反而難以超越障礙。有些家庭的住處狹窄陰暗，孩子很難做功課或閱讀，連睡覺的空間都被擠壓到無法想像的地步，父母與小孩的心神都被生存的憂慮所占據，家人離散的可能性威脅著他們，每天的生活成為一道又一道的難關，他們生活中的各種險阻是許多老師無法想像的。唯有透過夥伴關係的建立，透過行動聯合這些家庭，讓他們成為平等而完整的夥伴，最貧窮的同胞才可能在物質與文化層面上，和大家一起往前邁進。

九〇年代末，三個行動委員會成立了，主要是為了和教師、學生以及家長建立各種夥伴關係。第三個委員會的使命是籌備一場研討會，研討會的核心議題會是什麼？誰有機會站出來發言？都還是未知數。

## 「建築師」的選擇

貝爾感覺到他個人在這個領域已經前進了一大段路，他必須交棒，把責任交付給其他人，論及此，他說：

我必須為這件事工找到一個「建築師」，他必須把整個計畫帶向一個學術研討會。其實我可以自己來，因為我對這個計畫抱有不小的熱情。但是，現在回顧，我瞭解自己為什麼這麼做。我請雅各．西蒙（Jacques Simon）帶動這三個委員會，他是高中校長，曾經是我處理各類學校事務的合作夥伴，他有領導校務的經驗，對親師關係也有足夠的敏感度。我選擇他，最主要的原因還是因為他的處事態度：他是一個相當開放的人，平易近人；但是，他還沒有具備我已經擁有的那些信念，也就是讓底層家庭成為學校的夥伴。看著辦吧，如果他也被說服了，那麼，這些信念就已經超越我個人的範疇，整個教育體制都可以加入這一場奮鬥。

「親師夥伴關係」工作小組成員，包括兩所學校的校長、兩位教育顧問、一位學校社工員，還有全國家長聯盟的代表。工作小組開完第一次會議之後，西蒙感到失望。他覺得小組會議講的東西千篇一律，了無新意。家長聯盟的代表們所提出的要求都是老調重彈，沒有人談到底層家庭。貝爾回憶道：

雅各．西蒙跑來看我，憂心地說：「怎樣才能聽到其他家長的聲音？那些我們未曾聽過的聲音？」我建議他採取特別的方式，因為底層家長不會參與那些家長組織，必須尋找他們的代言人。我跟他提到深入人群的「家庭工會聯盟」（Confederation of Family Unions，這個組織含括許多勞工階層家庭），以及第四世界運動。我也告訴他安瑪莉和杜桑讓（Jean Toussaint）這對夫妻在這個大區所做的各種事工，內人認識他們，她一直在這個運動的里爾分部當義工，我給了他聯絡方式。

## 教育廳探尋各種視角

### 從懷疑到充分參與

一九九〇年十二月，安瑪莉接到一通電話，西蒙以廳長貝爾的名義找她。多年後，安瑪莉還清楚記得當時那段振奮人心的通話內容：「為了挽救失敗的學校教育，廳長試著要施行一項區域性的教育計畫，焦點行動是重建親師關係。我們很希望那些和學校的關係最疏遠的家長能夠發聲，能夠提出他們的看法。我們知道，他們可能無法親自參與工作小組，因此我們希望您能來為他們代言。」

安瑪莉馬上接受了邀請，這麼多年來的行動與探索，這麼多年和孩子、他們的家庭與熱忱的基層老師們的夥伴經驗，終於找到一個可以共同討論的平台，一個可以發揮影響力的地方。

我馬上拜會社區居民，告訴大家這個好消息：教育廳有一批人跟我們一樣心裡納悶，他們也認為我們的孩子不應該年復一年落在後頭，事情應該有所改變。他們想知道我們有些什麼想法？我們對學校有什麼期待？這件事情可以對整個法國北方造成影響，我跟大家說明新的《若斯潘教育法案》、教育廳的區域教育計畫，還有在各種家長團體間舉辦過的多場聽證會，以及最後，他們決定要聽取未曾聽過的聲音，也就是孩子遭遇最多學習困境的那些家長。

有很多人不敢相信教育廳真的想聽取他們的意見，另一些人相信了，例如莎娜與芳紀的父母，因為他們曾經和學校有過成功的對話經驗，所以他們就幫我說服其他人。慢慢地，每個家庭都來傾訴他們的經驗、想法、期待與建議，好讓我能夠將他們的話帶到教育廳的工作小組去。

一九九一年一月二十三日，安瑪莉第一次來到氣派莊嚴的教育廳參加工作小組的會議，她非常緊張。會前，她開始懷疑自己，她真的應該在社區家庭中激起那麼多盼望嗎？小組的成員能夠聽懂她的話嗎？或者，他們只是表面聽聽而已？她是否有充裕的時間，足以說明她的心神為何如此洶湧澎湃？

西蒙的開場白讓她嚇了一跳：「今天我們就要來聽聽我們前所未聞的聲音。有些家長的觀點，我們從來沒有聽說過，但是今天，我們要瞭解他們想什麼？他們對學校有什麼期待？所以，現在我們要立刻請安瑪莉．杜桑女士發言。」安瑪莉一字不漏，忠誠地轉述社區家長表達的意見。與會者對社區家長那麼認真嚴肅的準備功夫感到驚訝，底層家長高度期待工作小組能夠發揮實質的影響力。那次會議之後，安瑪莉受邀參加定期的小組會議，並成為該組的正式成員。

## 為什麼要聽最窮的人說話？

安瑪莉陸陸續續帶給工作小組新的資訊，挑戰了大家習以為常的論調，當然有些話刺耳了些，並不是大家喜歡聽的，難免激起一些反應。大家經常重複出現一個質疑：為什麼要特別去傾聽底層的聲音？家長協會組織的代表們看起來都不太能接受小組的走向，他們經常質疑：「那其他的家長呢？」安瑪莉回憶道：

面對小組成員的質疑，一開始是雅各・西蒙全力相挺，他要求其他人以學習困境最多的孩子以及他們的家長為參照，他說這關係到社會正義的問題，並運用了他的權威。說實話，如果沒有廳長相挺，沒有主事者的支持，我的聲音根本不會受到重視。

我和雅各・西蒙之間很快就建立了信任關係，第一次會議結束時，他堅持要跟我談談他的童年。他是礦工的孩子，受教育對他來說是一個脫貧的絕佳跳板，他也告訴我，當他擔任國中校長時，跟處境不利的學生以及他們的家長共事所遇到的種種困難，這讓我很感動。

即便如此，在前幾次的聚會中，我意識到我們在這個研究小組裡的位子是多麼不堪一擊，雅各．西蒙沒辦法硬要其他人重視我的發言，如果他無法證明聆聽窮人並非一種「憐憫」的舉動，而是一個必要且有用的作為，他的權威遲早有用完的一天。就是在這樣的關鍵時刻，我們想到有必要邀請他去參加「第四世界平民大學」[5]。

## 雅各．西蒙親自接觸「平民大學」

那一年，法國各地的「第四世界平民大學」都以各種法律議題為主軸進行討論，諸如：一部法律是怎麼產生的？法律對我們的生活造成什麼樣的影響？怎樣才能讓法律與時俱進，或者促使法律確實執行？《若斯潘教育法案》當然也在討論之列。安瑪莉的先生杜桑讓是該區平民大學的負責人，在討論其他法律的時候，他總是會邀請一位相關法律專家，幫助大家深入認識每月的主題。這次也不例外，他自然想要邀請西蒙來當該月的貴賓。

西蒙當然聽說過第四世界平民大學，因為它每個月的區域研討會就在教育廳行政大樓最大的那間廳堂舉行，那是廳長夫人莫妮加．貝爾的提議。

莫妮加在教育廳的行政大樓定期舉辦「第四世界出版社」的書展，她都會在每一個樓層貼上十月十七日「世界拒絕赤貧日」（又譯為「國際消滅貧窮日」）的海報，這讓她有機會遇到教育廳的眾多教授們與圖書館館員，她總是主動和每一個有興趣的人進行討論。所以整個教育廳的行政人員慢慢開始認識並嘉許這個運動，包括祕書、各部門的主管還有技術人員。因此當她為第四世界平民大學提出申請，希望能夠借用教育廳的大型會議室時，自然得到首肯，包括教育廳的基層員工，即使對他們來說那是額外的工作，因為他們得在事前幫忙準備並在事後清掃場地。

這個創舉對這個運動來說非常實用，也非常具有象徵意義，對第四世界的家庭和教育廳的負責人來說也是如此，有貧困經驗的家庭慢慢熟悉這個平常高不可攀的地方。這當然也促成西蒙接受邀請，不過他強調，他將以私人名義參加平民大學。

一如往常，第四世界平民大學的成員先在地方小組籌畫月會的主題。大區研討月會那天，教育廳的會議廳大爆滿，每個人都意識到當晚的討論攸關教育改革的諸多挑戰，

5 第四世界平民大學（Fourth World People's University，或譯為第四世界開放大學）是一個集體表達之處，於一九七二年，由若瑟・赫忍斯基與一群極端弱勢的人們所創立。這是一個經由知識的建立以獲得自由、擺脫束縛之處，它建基於向赤貧者的經驗取經的肯定，讓原本被排除在知識大門之外的人，再度開啟學習之路，藉以產生知識並為自己的解放展開行動。

一個不小心，許多努力可能付諸流水。與會者心裡不免懷疑：經驗截然不同的一群人會願意聆聽彼此嗎？或者，這將只是一場雞同鴨講的烏龍院，一邊的人繼續談生活的艱苦與不斷遭受的羞辱，另一邊的人繼續道貌岸然，在壓力下努力為自己辯解？

三個小時熱烈討論《若斯潘教育法》的挑戰與契機之後，西蒙對當晚的月會所做的結論，讓每一位參與者留下深刻的印象：「你們必須繼續不斷地提醒學校：學校存在的理由就是成為每一個孩子真正的良機。你們也必須提醒學校，學校該怎麼做才能達到這個目標。……你們告訴我，你們不會因為遭遇不幸或是沒有錢，就不愛你們的孩子，就對他們沒有期望、沒有夢想。這個訊息必須傳達給更多人知道。有一件事是絕對肯定的，那就是，**如果學校不再負面批判貧窮兒童的父母，這些孩子一定能夠有更好的學習**。我們必須一起尋求策略，想辦法讓這樣的訊息傳達出去，讓所有的父母，特別是還不敢走到學校去的父母，一起表達想法，跟其他人一起改善學校教育。一九九二年，我們將以此主題舉辦一場大型研討會，第四世界的家庭，你們有很重要的話要說，每一個人都應該聽到你們的心聲與見證，聽到你們為了讓孩子學習所做的奮鬥。我們要讓你們的經驗成為法國國家教育的重要參照，活出教育的使命：有教無類，並尊敬彼此的差異。」

西蒙那晚全心聆聽，並且認真對待這些家庭所說的話。看來，有些事情他還是第一次聽到，他並沒有隱藏這點，真誠地承認他獲得新的發現，而且大受感動。在場的家庭也是；過去，他們總覺得自己矮人一截，別人總是表現出比他們更聰明的姿態，或者表面上好像在聆聽他們說話，但是並非打從心裡相信自己可以從窮人身上學習。安瑪莉回憶道：「當晚的討論結束時，寶羅特．微野，一位社區的媽媽，神采奕奕地走過來跟我說：『他真的有在聽我們說話，如果我們跟他一起努力改變學校的現況，事情一定會變得不一樣，因為他願意聽我們說話，他想要瞭解狀況，所以，沒錯，事情一定會改變！』她表達了我們每個人當晚共同的感受。」

那天晚上，參加的成員真的得到一種信心，相信他們的心思、想法是受到熱切期待的。那是一個全體動員的好預兆，讓許多家庭充滿信心地開始準備即將到來的研討會，並全心參與。

那天晚上，西蒙的內在發生了變化。原本他從廳長貝爾那裡接受了一個普遍的原則，現在這個原則已經轉化成一個建基於實際經驗的信念。他意識到，跟最貧窮的家庭對話是可能的，這些家庭不僅對學校有所期待，還能夠讓教育改革產生新的視野。想要建立一個真正屬於全民的教育體系，絕對可以仰賴底層家庭的貢獻，可是一般人很難相信這點，因為他們沒有體驗過。

現在必須履行承諾，一個以親師合作為主題的大型研討會即將展開，而且要讓最弱勢的家長有機會發言；接下來的問題是：誰會來聆聽他們的訊息，並與他們對話？

## 教育廳官員相繼投入

現在雖然西蒙已被說服，但小組裡的其他成員並沒有改變，每次的小組會議都很糟糕，充滿硬梆梆的理論陳述，教師、學校的領導人、家長代表以及其他出席的專業人士依然堅守自己原本的立場，老調重彈，對最弱勢的家長所說的話一點興趣都沒有。

自從西蒙和弱勢家庭親自對話之後，安瑪莉更有信心，於是她改變了在小組的發言策略。以前她總是只替弱勢家庭發言，現在她也會引用她從「學校和第四世界」那個教育工作小組獲得的經驗，引用其中的老師與專業人員的意見。這樣一來，其他人便知道她瞭解並尊重親師兩邊的立場。

她引用另一個教育工作團體的老師們所舉的例子、所提出的問題與思考，這舉措慢慢讓教育廳的小組成員產生共鳴，因為她引用的內容很真實，所以贏得信任，這讓其他成員慢慢解除防衛。約翰．保羅．岡德利耶（Jean Paul Candelier），一所偏鄉中學的校長，開始有所回應，安瑪莉回憶道：

一開始，他對我的發言一點反應也沒有，或許他一點都不同意我所說的？我不知道。但是，他似乎開始在乎這件事情，他想讓自己平靜。回到他任職的學校後，他聚集了學校的老師與家長代表，問他們一個相同的問題：有哪些家長是我們從來沒見過面的？我們可以指出他們是誰嗎？為什麼我們從來沒見過他們？怎樣做才可以和他們相遇？

他帶著新的發現回到工作小組，說明大部分跟學校缺乏聯繫的家長都是在生活中遇到很多困境的人，而他們的孩子通常也都學業成就低落。接著，他決定和他的同事一起去拜訪這些家長，而且還邀請我陪他們一起去。我們把這些經驗都寫成報告，交給教育廳的工作小組。這是一個重大的轉折，這些報告證明過去我所說的一切絕非杜撰。

小組出現的第二個重大的回應，來自一名學校社工員。她先說明自己的任務是多麼難以達成，她必須支持最弱勢的家庭，同時也是最被學校邊緣化的家庭。在執行這個任務時，她自己也可能被邊緣化。所有的難題都理所當然地推到她那裡，大家都說反正她是專家嘛！學校其他成員就這樣雙手拍拍，好像事不關己，好像他們就可以忽略這些事情的存在，但是這樣一來，排斥的情況反而更加嚴重。她也告訴大家，當她成功地和老師重新對話，並且讓老師和學生家長重新對話時，孩子的狀況就改善了，然後，整個班級都從這個新的和諧中獲益，重新找回平和。

接著，是一位家長協會代表，她也投入了，而且在小組裡面扮演一個舉足輕重的角色。一開始大家都看得出來，小組成員陳述的事情讓她感到十分震撼。代表所有的家長與學校對話，不是每個家長協會都應該扮演的角色嗎？她大可以因為覺得自己受到質疑，而將責任推給那些從來沒參加過家長會的父母。有很長的一段時間，她都不發一語，後來她才開始說明自己遇到的各種困難，訴說在她所屬的家長協會，想要邀請某些家長參與是多麼困難的任務，安瑪莉回憶道：

我經常自問，讓她重新質疑家長協會的理由是什麼？讓我最感動的是，她受邀在研討會演講，在會議開幕的前幾天，她跑來找我，請我先聽一次她的演說內容。她並不是要問我是否同意她的想法與建言，對她來說最重要的是：她的用字遣詞是否尊重最貧困的家庭；因為她知道，研討會將有許多第四世界的家庭代表出席。

她知道對底層家庭缺乏尊重會造成多麼難以彌補的傷害。對父母無條件的尊重，這對她和她的協會來說，是一個非常核心的價值，而她從我們身上找到將這價值發揚光大的方法。她也知道我會以同樣的尊重對待她，不論她的演講內容為何，我都不會橫加判斷。我想，這幫助她誠實且公開地表達自己，並提出這個嚴峻的問題：各種家長協會是否毫無分別心，鼓勵每個家庭參與，即使是最底層的家庭。

慢慢地，工作小組成員間建立了信任關係，自由與真誠的氛圍讓每個人都勇於承認一項事實：在親師關係中，最缺乏的就是和處境最不利的家長建立聯繫。難得一次，攸關此事的主要當事人，在小組內都有代言人，這就讓不同觀點有機會徹底對質，一起真誠面對複雜的情況，避免了過去習以為常、過於簡化的成見，事實上沒有人安於這些成見。也因此，邀請底層家長在研討會發言的想法水到渠成，得到了認可。

然而對安瑪莉來說，這樣還是不夠：

> 我們不能停留在見證赤貧家庭的痛苦與期待的層次，絕對要指出可行的路徑。對我來說，透過這四年的行動經驗，我知道學校和學生家長可以成功地合作。光是說服教育廳的小組成員，讓他們相信和家庭建立夥伴關係的益處，是不夠的。

事實上，即使教育廳的小組成員相信安瑪莉的成功經驗，他們也懷疑這些經驗能否在第四世界運動之外複製。這便是真正的陷阱所在，這樣的經驗真的只能在這個運動的架構內發生嗎？整個學校體系就無法步上這條軌道嗎？

幸好，好幾個月來，「學校和第四世界」這個工作小組四處尋找有類似經驗的個人與團隊，他們試圖和家長實現這個夥伴關係，鼓勵他們參與。有些人的行動完全是獨立於第四世界運動之外的，他們的行動得忍受某種程度的孤立無援，他們所屬的官僚體系通常對他們所做的努力不聞不問。安瑪莉在一次旅程中遇到其中一位，津托先生，他是位校長。

## 在貧困區辦教育的校長

這場相遇並非偶然，而且他們搭乘的公車也不是一輛普通公車。它駛向巴黎自由人權廣場，為了參加一九九〇年十月十七日「世界拒絕赤貧日」的紀念活動。吉斯波・津托（Giuseppe Quinto）和他的五名學生加入了北方代表的行列。這個日子凸顯出極端貧窮與人權的關係，吸引他的正是這兩者的關聯。車程中他告訴安瑪莉，他在貧困社區的教學，加上身為義大利移民第二代的個人經驗，如何帶領他在班上教授人權議題。對他來說，尊重每個人不同的出身，是一所學校能否成功的關鍵。

當天的一個事件賦予津托一股新的力量，帶來加乘的效果，讓他藉此加深了他和兒童及最弱勢的家庭所做的努力，並因而和安瑪莉建立起聯繫，讓她有機會認識他非凡的行動。在這次的大型集會中，有一幅巨大的塔波里（Tapori）彩色看板，上面繡了來自世界各地成千上萬個小孩的名字，不分貧富。這個大型看板訴說著自一九六五年開始的一場超凡行動，由兒童動員與串聯而成；那一年，若瑟神父在印度遇到了四處受到排擠的小孩，人們都稱他們為塔波里，打從那個時候開始，神父便邀請世界各地的小孩一起創造一股友誼的潮流，他們稱自己是塔波里小孩，希望不再有任何一個孩子因為赤貧而被排擠在外。

回到學校之後，津托的學生向全校師生講述他們在巴黎自由人權廣場的所見所聞，接著他們寫信給塔波里兒童運動的祕書處，想要開始成立一個塔波里團體。不久他們就收到一個來自非洲的「塔波里行李」，那是一群生活在大都市的流浪兒童親手製作的，他們把這個行李放在學校川堂，吸引了所有學童的注目。幾天後，津托寫信給安瑪莉，說透過塔波里的交流，小朋友內心本來就有的渴望找到了共鳴，他們進一步發現，世界上其他地方的小孩也同樣期待兒童人權成為具體的事實，沒有地理、文化與社會背景的差別。這件事迫使我們以不同的方式看待人權，並改變自己為人處世的態度。現在他們會聊自己的生活，或者談論社區中其他小朋友的生活；我們無法繼續忽視某些家庭所遇到的困難，這也迫使我們去尋求其他的解決方式，而非不加思索，一味地以缺乏效率的老方法來回應這些困境。

事實上，津托早就採取了行動，比方說每天上學時間與放學時刻，他一定會站在校門口，好跟接送孩子上下學的家長互動，他甚至特別去拜訪那些不曾出現在學校的家長，請教他們對學校的意見，或者請他們幫忙帶動學校新成立的圖書館，或者請他們到學校幫忙佈置為家長特別設置的談天室。他的行動所發揮的效果，可以從家長委員會選舉的參與率來評量：超乎一般學校的慣例，他的學校有百分之八十的家長參與家長代表的選舉，而且處境困頓的家長也在當選之列。

安瑪莉意識到教育廳的小組無法超越那道宿命論造成的鴻溝，那鴻溝將赤貧家庭與學校遠遠地分隔開來；他們不相信鴻溝是可以消弭的，所以她建議邀請津托來小組分享經驗。津托的經驗為小組成員帶來新的熱情與活力，他說明和所有家長建立夥伴關係是可能且必要的，而且這樣的夥伴關係改變了學校的氛圍，當那些遭遇多重學習困境的孩子看到自己的父母積極參與學校的活動，看到自己的父母受到重視與尊敬，其他的同學對他們就有了更多的敬意，不再嘲笑他們，這樣一來，學校的氣氛就比較輕鬆，緊張與衝突減少了，所有的孩子都從中獲益，大家都能更專心地學習。津托同時也傳達一個訊息，他認為尋找類似的成功經驗乃刻不容緩，這樣才能避免教師團隊與弱勢家長對彼此感到失望。他這些年的努力受到學區底層家長們的肯定，但是他所處的教育體系卻忽略這些努力的重要性。他確信其他有類似經驗的人跟他一樣，很願意站出來做見證，必須有人去發現、認識他們。

這個決定性的經驗分享之後，研討會的計畫內涵終於敲定：一半的時間用來聆聽學生家庭面對的困境與期待，另一半的時間則用來了解親師合作的成功經驗，研討會之前的幾個月就致力於尋找這樣的經驗。

## 由教育廳主辦的研討會
以所有的學生家長為夥伴

### 最後的準備工作

研討會之前的幾個星期，是一段密集準備的時光，籌備人員邀請並諮詢那些和學校最疏於往來的家庭，同時也邀請一些專業人員，這些人嘗試讓學校成為沒有分別心的教育所在，但是他們很可能孤軍奮戰，得不到支持。

之前我們提過米歇爾夫婦，兩人都是小學老師，他們在學校老師和特困家長的支持下，說服校長親自到研討會介紹他們的「新學校計畫」，特困家長保羅費妮也是這個計畫的創始成員之一；前文已說過，這個計畫的主要目標是促進家長的參與，特別是和學校最疏遠的家長。

在另一個城市，一位特教老師和一位不識字的母親一起準備一場演說，闡述學校和家長建立成功夥伴關係的要件，及其對學童的影響。

一位小兒科醫師，他的婦幼保健中心位於一個緊急收容營區，他向所有前來他中心的父母，詢問他們的生活條件與兒童發展之間有何關聯；這些父母由於生活條件太過艱苦，無法親自出席研討會，但是醫生將為他們代言。

另一群父母則和一位鄉間的家庭協會代表以及一名社工員，一起為出席會議準備，他們想要說明在「融入的最低生活保障金」[6]這個社福架構下，他們怎麼通力合作，協助孩子們成功地學習。

一名都市社會發展計畫的協調員、一位該區的校長，也偕同家長著手準備，他們將說明每次開學前大家如何共事，有系統地拜訪社區的每個家長。

還有許多類似的準備工作，在整個法國北區同時展開。

至於安瑪莉這邊的情況，進行得如何？研討會的前幾天，她正全力準備最後一場籌備會，會議聚集了八十多位有赤貧經驗的朋友，他們來自北方，每一個人都是地方代表，代表其他十多位有類似經驗的團體成員發言。這是多年努力的結果，他們現在得做出最後的決定：選派誰來代表大家發言，以及明確擬定發言內容。安瑪莉詳述當時的情況：

在會議中我們又聽見一些讓人非常難過、難以忍受的事情，比方，一位住在農村的母親說，她的孩子們上學時必須穿越很多條鄉間小路，所以走到學校的時候，常常滿腳泥濘，同學就會嘲笑他們。或者有一位十三歲的國中生，到校的時候被強迫要先去洗澡，因為別人說他聞起來很臭，所以他每次進教室的時候，老師都已經開始上課了……

我們必須重新找到勇氣，以便在見證這些忍無可忍的事件之際，同時尊重許多努力實踐有教無類的老師們，必須控制住痛苦引發的強烈情緒，並告訴自己，**種種不正義的事情，不只源自學校，更源自整個社會，這個群體並未對所有的孩子一視同仁，甚至排斥了人類大家庭的部分成員，對這些成員沒有期待、沒有夢想，甚至讓他們對自己的學習狀況與家庭出身感到罪惡與自卑，讓他們覺得沒有他們會更**

---

6 譯註：融入的最低生活保障金（Revenu Minimum d'Insertion, RMI）的基本目的，是把滿足基本需求的權利和融入社會及就業市場的期望連結起來。它由一筆收入津貼和一項附帶的「融入合約」組成，要求接受者在領取保障金之前先簽署一份「合約」，保證從事某種融入活動，包括：發展其社會自主性的行動、職業培訓、企業在職教育、政府和非政府組織中的集體相關活動等等。雖然這筆保障金金額不高，但足以支應接受者的某些基本需求。而且由於這種收入持續而穩定，接受者可以做出長期規劃，並因而有機會融入社會。

好。

最後大家決定選擇三位團體成員代表發言，並提出建言。這三位代表，儘管經歷過巨大的痛苦，遭受過羞辱，卻懂得以極大的寬容，以冷靜與尊重的態度代表大家發言。再一次，首先指出和解之路的，是經常受到曲解、受到冷朝熱諷的窮人。

## 「家家戶戶都是學校的好夥伴」

這個章節的小標，就是一九九二年四月十四日在阿哈市（Arras）舉辦的研討會主題，貝爾多年來的夢想終於實現，讓我們來聽聽他如何陳述這段難忘的時光：

> 研討會在阿哈市舉行，三百個參與者齊聚在大學新建的華麗梯形會議廳。第一件讓大家震撼的事，就是我們吸引了眾多與會者，受邀發言的講者來自各種不同背景，但是研討會結束時，讓人印象最深刻的，還是第四世界家庭的發言，一如大會主持人社會學教授依麗莎白（Elisabeth Charlon）在總結時指出的：「我想，一如在座的每一位，我被真誠表達出來的痛苦、期待以及種種失望或倍增的希望所感動。」

為此，阿哈市的研討會成為一個重要的示範，不只在省級層次，更是全國性的範例：第四世界的家庭發言了，而且他們充滿力量與智慧地使用這個發言權，其他人也站在他們身邊，表達了親師合作的可能性、必要性以及這個夥伴關係帶來的種種益處。這是有史以來第一次，底層家庭與教育界公開相遇，並且針對一個非常敏感的主題展開對話，大家在真誠的氣氛中坦誠相對，彼此尊重，沒有攻訐與指責。

研討會結束時，雅各．西蒙告訴我：「從今以後，我不再任憑別人說底層家庭的父母對孩子的教育漠不關心。」這是很多研討會參與者共同的感受，他們的想法徹底改變了。

研討會也促成一項進展。津托校長在會中勇敢地公開表示，他努力嘗試各種方法以促進弱勢家長的參與，卻沒有得到上級與夥伴的支持，所以他想要放棄。發言後，教育廳的督學跟他進行對談，離開前，他似乎受到了鼓舞。

對我來說，研討會最好的總結，就是第二天早上，整個教育界同仁打來的那十幾通電話；受到震撼的教師們打電話告訴我，他們重拾對學校的信心、對教職的信心。

所以，這場研討會並不是終點，而是全體總動員的起點，許多支持夥伴關係的計畫將會啟動，在師資培訓中將會加入關於極端貧窮的課程，讓未來的老師有機會認識赤貧。研討會打破了宿命論造成的無力感，確定了一件事：事實上，所有的人，不管是老師還是家長，都懷抱著同一個目標，那就是兒童與學校同時獲得成就；研討會也提供了不少具體行動的路徑。

研討會之後的那個新學年，許多赤貧家庭熱切盼望，經過那麼多努力後，孩子們在學校的情況會變好。有更多弱勢父母敢站出來參與校務，以家長會委員的身分代表其他人說話，另外一些家長則參加了學校的工作坊，學習怎麼說故事給小朋友聽，其他各式各樣的親師合作計畫紛紛在各地展開。

法國「教學行動研究基金」（Fonds Académique d'Action Pédagogique）決定提撥經費，支持開創性的親師合作行動，特別是和弱勢家庭的夥伴關係。貝爾要求籌備研討會的區域委員會轉化成一個常設小組，專門負責支持、推動這個領域的各種創舉。

常設小組的階段性任務，包括一九九三—九四那個學年在法國北部的師範學院開辦新的師資培訓學程，課程名稱是：「如何和每個學生及他們的家長齊學共贏」（How to succeed with All Students and with their Families），師資則是有過成功親師合作經驗的老師和貧困的家長。這樣的課程讓未來的老師們有機會用貧窮家庭的眼光去認識赤貧的面貌，向這些家庭學習如何創造雙贏的親師合作關係。這個經驗成為法國其他地區的範例，特別是南錫市，接著又擴展到全國各地。一九九五年，全國性的師資培訓課程在北方的杜埃市（Douai）舉行，由設在里爾的教育廳、法國教育部與第四世界運動共同籌辦。一九九六年，同樣的師培課程在地中海沿岸的尼斯市舉行。

一九九三年，法國政權更替，設於里爾的北加來海峽大區教育廳換了新的廳長，媒體有多篇報導強調貝爾獻身弱勢群體的教育，有些評論甚至推論他之所以丟掉廳長的職位，是因為其他階層不滿他特別關心弱勢群體。貝爾此後回到南錫大學的師範教育學院，在那裡，他為老師們開了一門關於極端貧窮的學程，課程主要內涵是學校與貧困家長的夥伴關係。他也在全國範圍內推廣這樣的學程，並繼續參與法國與歐洲的教育論壇，這樣的論壇經常由第四世界運動發起，試圖經由教育參與的途徑，避免赤貧對兒童造成難以彌補的傷害。一九九八年，貝爾出版了《受挑戰的公立學校：赤貧家庭的天問》（*Public Schools Challenged by the Fourth World*）。

另一方面，新的教育廳廳長同意繼續設置「以家長為夥伴」的常設小組，負責人還是西蒙。所有願意嘗試和弱勢家庭建立夥伴關係的學校，都會得到教育廳的支持，相關的師資培訓課程也是。另外，在教育廳其他成員的要求下，新任廳長也敦促他管轄的兩個省分內的各級學校，記念十月十七日「世界拒絕赤貧日」，這樣的舉措激發了各式各樣的學習方案，讓學生們有機會認識極端貧窮的歷史，了解到極端貧窮與人權的關係，並且敏感於日常生活中發生在窮人身上的不義。教育廳的官員仔細評估這項活動，並於次年提醒教育部推廣至法國全國，全國的學生因此有機會認識極端貧窮的議題，並公開表達他們對弱勢同胞的關懷以及與之團結一體，共同爭取每個公民都應該得到的基本人權。

最後，也是最重要的一點，一九九二年阿哈市研討會的準備過程與內涵，大大影響了一份法國政府的教育報告書：《極端貧窮與成功的教育：改變我們的目光》（*Extreme Poverty and Educational Success: Changing Perceptions*），草擬這份報告的小組由法國教育部部長召集，小組成員包括安瑪莉、貝爾以及岡德利耶。在制訂新的教育政策與促進弱勢兒童學習成效的努力上，這份報告成為重要參考依據，其中指出，最關鍵的一點就在於：和弱勢學童的家長建立互敬、互信的夥伴關係。

【第二章】

# 電力不通時，公共服務怎麼會通？

## 三個工程師動員法國電力公司的故事

本章作者／費羅、史邦、唐弟子

在法國和其他歐洲國家，冬天對許多底層家庭而言，顯得特別漫長，他們必須忍受嚴冬的寒冷與夜間的昏暗——因為遲付電費而遭到斷電。這個沒有經過溝通就採取的斷電措施，讓人很難信服法國電力公司所宣稱的公共服務使命，這個國營企業的初衷不正是「供電給所有人」？

費羅（Laurent Ferrari）是法國電力公司的工程師，同時也是第四世界運動的盟友，透過第四世界的盟友網絡，他遇到兩位志同道合的工程師；跟他一樣，他們也是法電的員工，同時充滿公民意識。他們都意識到，最底層的客戶咬牙忍受自己跟法電的來往狀態。雖說三個臭皮匠勝過一個諸葛亮，但是，法電是家勢力龐大的國營企業，和企業內成千上萬的員工相比，三個小兵還是像螳臂擋車啊。

即便如此，他們三個人依然讓自己的追問被納入公司的議程裡，這是如何做到的？在這麼一個龐大的企業組織裡面，他們是怎麼引起注意的？受到注目之後，他們又是怎麼說服主管認真看待他們的建議，並成功地讓公司和第四世界建立起平等的夥伴關係？天時地利加上人和，這場奮鬥和工會、政府與其他消費者協會及人道組織的力量結合起來，激發了法電在政策上改弦更張，並決心重塑公眾形象。

故事發生在一個特殊的社會背景下，正值歐洲開放國界之際，自由主義的風潮讓當時公共服務的概念重新受到質疑，這是一股反福利國家、反壟斷的風潮。這股輿論造成國營事業的恐慌，牽涉到的不僅是定位問題，甚至鐵飯碗可能不保。這三位工程師卻能在這種情況下，將公司的共同憂慮與公司和底層客戶的關係建立起連結。

這篇故事由費羅陳述，最後由史邦（Arnold Sporn）結語——在故事發生當時，史邦在電力公司負責面對遲繳電費的客戶。

## 第四世界在法國電力公司的三個盟友

### 折斷我視框的「討厭鬼」阿富

一九八六年我進入法國電力公司擔任工程師，不久我就在公司認識了另外兩個工程師，易富（Yves Gindres）和方約翰（Jean-François Lhuissier），他們跟我一樣，都是第四世界運動的盟友。

一九七〇年代末期我還在讀高中，偶然參觀了一場第四世界兒童攝影展，影像以非常人性化的方式表達窮人的尊嚴，對兒童與他們的家庭充滿敬意，這跟當時一般人對窮人的輕視大異其趣。這次看展在我內心留下深刻印象。我對貧困略有所知，特別是因為我的父母，他們為了脫離貧窮，才由義大利移民到法國。記憶中，父親木訥寡言，心事重重，我能夠感覺到父親的沉默背後，隱藏著許多痛苦、奮鬥與希望。

大學時代，我在法國東部的米魯斯（Mulhouse）唸書，我到處打聽第四世界的消息，想知道自己可以做點什麼。我受邀參與街頭圖書館，那是第四世界的一項文化抗貧行動，那三年的投入對我產生了決定性的影響。

我忘不了人稱「討厭鬼」的小阿富，他才三歲半，我第一次去做街頭圖書館，他就給我上了一堂震撼教育——他搶走我的眼鏡，然後機靈地拔腿就跑，我抓住了他，但是，把眼鏡還給我之前，他用盡力氣把鏡架給扯歪，就彷彿他和其他的孩子緊緊抓住我看待世事的方式，將我的視框完全改變後，再還給我。

十年後，我跟這個社區的家庭仍然維持著友誼跟聯繫，也與當地的持久志願者成了好朋友，他們幫助我理解這個運動的各個面向。就這樣，一九八四年，我前往第四世界運動總部皮爾雷（Pierrelaye）受訓，在那裡，我遇到若瑟神父，那又是另一段故事了！

## 法電的三個盟友

易富已經在電力公司工作了三、四年，我卻是在巴黎一場第四世界舉辦的研討會上與他結識。在那場研討會，主持人告訴我們：「對第四世界家庭最有用處的貢獻，就是在自己的生活圈子展開行動。」每個盟友受邀分享他日常生活中的各種人際網絡，還有在生涯發展的過程中，有哪些方面可以試著和第四世界建立夥伴關係。也就是在這樣的討論過程中，我發現易富跟我一樣都在電力公司工作。

然後，在很偶然的情況下，我認識了方約翰；他和我同時進公司，被分配在同一個部門。在某次公司舉辦的小型酒會中我們閒聊了起來，結果驚訝地發現我們倆都參加過若瑟神父帶領的靈修活動，如果不是因為促進社會正義成為我們生命中非常核心的事件，我們大概不會聊到第四世界。

自此，我們一起合作、探索與行動。一個嫌太少，三個遠比一個好，不過，相對於法國電力公司成千上萬的員工，我們三個人實在微不足道，螞蟻有辦法撼動大樹嗎？

## 選定目標

我們自問，在電力公司，可以做出什麼對第四世界有用的事？有一點很重要，我們三個都在巴黎總部任職，這是一個資訊匯集之處，也是高層做出決策的地方。第一個出現在我們腦中的想法，就是讓大家更認識第四世界的奮鬥。身處百川匯聚的總部，我們決定從資訊這個領域著手，為公司收集它還不知道的數據。

另一個想法是，我們既然在電力公司工作，無法不強烈感受到斷電對底層同胞造成的影響。我們腦海中都有底層家庭被斷電的記憶：在漆黑的夜晚，孩子無法做功課，或者食物腐壞，或者冬天沒有暖氣。在這些黑暗時刻，你活在陰暗中，還得忍受蒙羞的感覺，因為別人是萬家燈火，你家卻是漆黑一片，因為即使你努力再努力，還是沒能付清上個月的電費，當你總算湊到錢，卻已經來不及了。接著，復電的手續冗長繁瑣，不僅如此，你還得多付一筆滯納金。

而電力公司這邊呢，公司以為被斷電的人家都是有能力支付電費，只是不願意付錢。公司的認知與現實有著嚴重的落差，這就是問題所在，但是，要怎麼解決？

在追問自己這個問題的時候，易富才跟我們說，這方面的努力其實已經開始進行了。

## 讓兒童參觀系統的核心重地

第四世界每年寒暑假，都會在貧困社區舉辦文化藝術嘉年華的活動，易富曾經為一群第四世界的兒童安排了一場參訪活動，參觀他任職的中央電力調度處，那裡負責調度全國電力供需，整個調度台由調度人員二十四小時監控。那是整個系統的核心，負責能源的掌控。

但是，組織這樣一場參觀變得很複雜：想要進入這樣一所調度處，一定要獲得許可才行，但是談何容易，這可是最容易發生爆炸攻擊的地方。帶引一群聲名狼藉的第四世界兒童進入這種地方，易富不是自找麻煩嗎？易富先前並未預想到這些困難，這使他面臨取捨的問題。

為什麼不選擇一個比較沒那麼重要，而且警戒程度低一點的地方去參觀呢？小朋友一樣會很開心，而且可能也不會覺得有什麼不一樣。但是，他還是堅持原來的計畫。為什麼不給他們最好的？他們在生命中，老是得到最差的。易富也可以不要申請同意，他大可偷偷進行，選擇一個星期天去參觀，反正他有鑰匙。繼之又想，這群孩子和他們的家人住在拖車裡，也不知道地主什麼時候會趕他們走，萬萬不可再給他們增添麻煩，再者這群孩子看到自己的家人不斷被邊緣化，被排除在各種權利之外，怎麼忍心讓他們因為違法而再次被邊緣化？再說，萬一被發現，會有什麼後果？他們的生活中已經充滿各種不安，怎麼可以雪上加霜？為什麼不藉此機會，讓他們從大門進去，受到合法正當的款待？

易富沒有選擇一條方便的捷徑，但也沒想到這件事會帶引他到什麼境地。他在申請許可的過程中，每個層級的負責人都要求跟他單獨會面，隨後再讓他去見另一個負責人，一層一層往上爬，到後來，整個公司的許多高層和工會的重要幹部都知道了這項參觀計畫，易富也花時間跟他們解釋了這群孩子的生命經歷，還有第四世界運動的種種。他生性害羞，是為了這群孩子才讓他逼自己「上了梁山」，讓他在過程中必須不斷跟主管會面，而那是他最不喜歡做的事。所幸最後結局圓滿，各部門負責人一致同意，而孩子們對整個參觀過程充滿了好奇心，公司的員工們也都很受感動。

## 公開的行動

### 兩千名潛在的朋友

受到活動成功所激勵，我們決定展開下一波的動員。一九八六年秋天，我們決定在電力公司的員工餐廳擺攤位，義賣第四世界兒童繪製的賀年卡，那裡每天會有兩千名員工來用餐。擺攤也是要經過許可，所以我們前去會見各工會以及餐廳負責人，跟他們解釋我們的計畫。易富和小朋友參觀中央電力調度處的經驗讓我們領悟到，一個完全公開的行動可以帶來多少力量，這比對少數幾個負責人施壓來得有用。這次聖誕卡的義賣活動讓大家知道有一個第四世界小組的存在，而且這個小組歡迎每位員工加入。

那天，有兩千名員工經過我們的攤位，可是我們只賣出六十七套卡片，而且都是我們比較熟識的同事買走的，他們已經聽我們說過這件事，並且在辦公室看到我們張貼的海報，知道這件事對我們很重要。所以，總歸一句話，這場義賣活動，我們根本沒賺到新朋友。

然而就在我們感到失望，想要收拾攤位的時候，一件特別的事情發生了。我們本來以為趁著這場活動可以贏得幾百個新朋友，結果卻找到兩個盟友。

兩位沒見過的工會成員在攤位前停了下來，甚至也沒買卡片。其中一人大聲說了一句：「這可妙了，第四世界也在這裡啊！」言下之意，是驚訝於第四世界居然也進到自家公司來了。

其中一位工會成員叫丹尼爾，他現在是總公司企業委員會的主席，這還是他所屬的工會第一次占有這麼重要的職位。這個委員會握有一筆很高的預算，占營業額百分之一，用以支付慈善工作、員工的休閒、假期、聖誕禮物、在職訓練等等。另一位叫約瑟，就是他說：「這可妙了，第四世界也在這裡啊！」他是企業委員會團結互助部主席，這個部門負責幫助遭遇困難的員工。

約瑟將成為咱們往後計畫的加速器。一如所有優秀的工會成員，約瑟對整個企業知之甚詳，而且他私底下在厄瑪烏協會投入很多心力。他那時候五十五歲，已經累積了很多人生閱歷。在電力公司擔任工程師好些年之後，他以全職的身分在工會服務。由於個人經歷和信念，他對我們有相當程度的認同。

## 下一波計畫

擺攤後沒多久，約瑟就主動和我們聯繫，我們便跟他表明，希望公司員工能更認識第四世界。他建議我們提出計畫，他的團結互助部可以提供經費支持。他的想法是，公司和人道組織的關係，除了提供經費，也能進一步動員公司員工參與。我們當然再同意不過了。

接著，易富跟他提出我們想進一步處理斷電問題，因為對第四世界的家庭來說，斷電帶來的後果非常嚴重。於是約瑟承諾，他會廣泛運用他在公司的關係，跟公司總部管理客戶服務的負責人聯繫，爭取會面機會。

幾個禮拜之後，我們向企業委員會提出一項計畫，其中也納入約瑟的想法。計畫內容是資助一項職業訓練，讓弱勢的年輕人有機會學習如何公開自我表達，同時學習基本的水電技術，替一個穀倉改造的會議室重新裝設電線，以符合用電規格。這樣一來，約瑟可以向企業委員會申請經費，並向行政部門要求公司派遣人力，為這個訓練計畫提供技術支援。

約瑟同時也打電話給管理客戶服務的高層，要求他們跟第四世界運動成員會面。約瑟告訴我們通話結果：「這個高層主管願意跟第四世界在法國的領導人見面，如果創立人若瑟神父能出面那是最好。」他還補充說，這位先生是法國電力公司的二把手，會面的時候，約瑟也希望在場介紹上述職業訓練計畫，爭取公司行政部門的支持。

## 第四世界和電力公司的正式會面

### 第四世界獨特的策略

我們三個臭皮匠這時候意識到，該是第四世界運動出面的時候了。若瑟神父沒有出現，而是由持久志願者古德布（Bruno Couder）出席，他當時是第四世界運動在法國的代表。會面之前，他先來和我們一起做準備，向我們指出不同的角度，將會面聚焦在斷電這件事情上面。他也告訴我們，第四世界運動在法國東南部的隆河─阿爾卑斯大區（Rhône-Alpes）針對斷電問題做了一份研究，訪談了第四世界家庭的經驗，並蒐集斷電的相關數據，還調查社會各界對無法支付電費的用戶所提供的濟助措施。

古德布也詢問我們有哪些人將會參與這次會面，以及每個人在公司扮演的角色。後來，他建議我們採行知己知彼的策略，會面前先好好了解我們的對話者，並藉由那份隆河─阿爾卑斯大區的研究，讓對方有機會了解第一線用戶發生了什麼事，看看對方有何回應，最後再向對方提出這份研究在結論部分的建議。至於向企業委員會提出的職訓計畫，就交給約瑟去處理。

一九八七年三月舉行正式會面，與會者除了客服部門的處長，還包括他的高級助理史邦；我之前沒見過史邦，後來才知道他負責處理付費有困難的用戶。當天還有約瑟、古德布，加上持久志願者郭狄夏（Xavier Godinot），隆河－阿爾卑斯大區的那份斷電研究就是由他主持的。我們三個臭皮匠只有我一個人出席，其他兩人有事不克前來。

## 對話原則，平等互敬

對我來說，這次會面真是不可思議。我看到古德布以主導的氣勢展開會談；法電客服關係負責人長袖善舞，但是古德布不遑多讓，他馬上便建立起平等的對談地位，一直到今天都讓我感到讚嘆。他依照事先準備好的策略進行，首先，他簡短介紹第四世界：「三十五年來，第四世界和底層的家庭同行，建立夥伴關係。身為這個運動的持久志願者，我親眼目睹他們脫貧的渴望，為了擺脫邊緣的狀況，他們是最先展開行動的人。我們應該做的就是提供跑道，我今天來這裡的目的，就是希望被斷電家庭的呼聲能夠得到回應。」接著，他介紹了主持斷電研究的郭狄夏，讓他接著介紹研究結果與建議。

## 種種措施並沒有惠及最窮的用戶

會談很快就切入問題的核心。古德布說明，斷窮人家的電力供應不符立國精神，電力公司推出的種種措施，並沒有惠及最窮的用戶。隆河－阿爾卑斯大區的研究指出，很多家庭運用「貧窮不穩定用戶協議」所提供的協助，來解決沒錢付電費的困難，而這個資源很快就用光了，然而最最貧窮的用戶卻幾乎不曾使用這個資源，因為不知道怎麼申請，或者是太晚申請。也就是說，這些措施並沒有達成預期的目標。

接下來的追問便是：法國電力公司有沒有辦法瞭解，公司自身所制訂的政策對最貧窮的用戶造成什麼樣的影響？我們的對話者看起來非常認真在聆聽。

## 「我們又不是社工」

接著，我們提出建議，其中一項是冬季期間禁止斷電。我現在才意識到，這項建議案是多麼令公司難以接受。公司代表馬上回應，法電不可能支持這種方案，然而古德布強調，這項建議案是參照法國另一條規定，也就是冬天禁止驅逐房客，那麼為什麼斷電的規定不能比照執行。公司代表解釋背後的經濟考量：因為極端貧窮而付不出電費的戶數應該是極少數，為了少數這群人做出這種規定，肯定會讓一大群用戶利用這個措施投機取巧，不肯支付電費，這樣電力公司就虧大了。

古德布同意，對有能力付費卻故意不付的人，斷電當然是一個合理的措施，問題是，對赤貧家庭來說，他們在各方面都已經處於最脆弱的狀態，斷電只會雪上加霜。

客服部門的處長認為，分辨哪些用戶是因為貧窮才付不出電費，不是他們的業務，他們又不是社工員。

古德布反駁道：「或許不必這樣畫地自限。理解並改善法電與用戶的關係，對電力公司只有好處沒有壞處。」他以社會住宅為例，進一步說明：「研究顯示，如果社區裡面有人扮演網絡的串聯，改善低租金住宅的住戶與社區中其他居民的關係，用經濟的眼光來看，得到的結果對大家都好。所以，為什麼不試圖改善電力公司與底層客戶之間的關係？」這席話之後，處長似乎比較能接受先前的提議。約瑟也力挺這項建議，他充滿信心地表示，工會也會支持公司改善與客戶的關係。

會談結論是：電力公司願意進行合作研究，試圖理解被斷電的用戶，但是公司不想當計畫的主導者。此外，公司對如何改善法電與貧窮家庭的關係，也表示有興趣。

接著，約瑟提出為第四世界年輕人籌辦的職業訓練與實習計畫，並希望法蘭西大島默倫鎮（Melun）的法電員工能夠參與，客服關係負責人則要他直接跟該鎮的法電營業所聯繫。

所以，第四世界跟法電最後形成的兩項共識就是：職業訓練與實習計畫具體可行，至於冬季斷電，的確是個問題，但是法電也只承認它是個問題，並不準備投入太多心神。因此，我們決定從簡單易行的計畫開始著手。

## 融入企業的文化

提供第四世界的年輕人電工技術的訓練，本來很容易進行，但是約瑟增加了一項很有意思的要求，他希望參與這項訓練的法電員工能被公司當成是一種在職訓練——當然不是技術層次的訓練，而是人際關係的一種陶成，所以他認為法電應該支付參與員工薪資，比照其他在職訓練。他向經理部門大膽提出這項前所未有的建議，但是沒被採納。而且企業委員會也不肯挹注資金，因為這項計畫不符合公司某些規定。我們只好提出另一項計畫，最後得到部分資助。即使挫敗連連，我們還是邀請企業委員會的成員和莫倫鎮法電營業所所長拜訪香堡（Champeaux），那是第四世界青年運動所在地。最後，沒有任何莫倫鎮的法電員工想參加這項計畫。一連串的困難讓我們學到要謹慎行事，同時，在擬訂計畫時不要設想得過於理想，不能以由上而下的方式進行。

即便看起來一事無成，但是這一路我們認識了很多企業委員會的成員，也更了解它的運作方式，而且還贏得一位新盟友，瑪莉德蓮。她是法國總工會（CGT）成員，該工會曾經長期把持企業委員會的主席職位，現在卻敬陪末座，而且還受到不少批評；她發覺我們對公司裡面的不同工會並沒有預設立場，這讓她覺得自在。

瑪莉德蓮是法國民間救援組織（Secours Populaire Français）在法電的負責人，這個組織關心貧窮與社會遺棄等議題，因此她在各方面盡力支持我們。她的方法非常簡單具體，為我們在公司內串聯了許多新的關係網絡。比方說，提供給員工的各種表演入場券以及席位，她一定會想到讓第四世界的家庭也能享受到。第四世界家庭少有機會享受各種藝文活動，遑論休閒度假，所以如果法電的家庭度假中心有空位，她也會提供給底層的家庭。例如某一次，天文俱樂部在法電的一個度假中心舉辦了一場週末特別活動，邀請了第四世界的家庭參加，公司員工忘不了這些底層的大人小孩觀察星星時的激動，那是他們生平第一次這樣觀測星空。事實上，公司員工根本沒料想到他們會對天文有興趣。

與此同時，約瑟讓我們利用各種機會舉辦第四世界的各種展覽活動，不管是在企業委員會內部或公司全國性的公開論壇。我們繼續義賣第四世界的卡片、書籍，並散發傳單。公司在其他地方的企業委員會也加入這個行列。如今，企業委員會會購買第四世界出版的書，當成公司在聖誕節贈送給員工的禮物，法電各地的圖書館也都採買第四世界的出版品。這些出版品陳述了第四世界家庭的生命故事，不少同事告訴我們，他們喜歡其中某本書，因為這些故事真誠動人，沒有滿口仁義道德，也沒有教條。

種種微小的努力，讓公司上下對這個運動有了一些理解，我們提出來的問題也在公司同仁中得到回應，公司內部慢慢有一群同事對斷電一事有了敏感度。我們也慢慢對自己所屬企業抱持的價值、邏輯等，有了更多的理解。我們的方向越來越清楚，在斷電這個議題上，我們得繼續跟公司決策部門進行對話。

## 讓新資訊浮現

客服部的主管說過，只要能幫助公司改善與客戶的關係，他都有興趣，於是我們想要在這方面展開調查，自然就轉向第四世界運動尋求支持。一九八七年古德布和郭狄夏那場會見，激起了公司的一池春水，我們很希望第四世界能繼續提供成功的案例，也就是底層家庭與法電之間是否有過成功合作的經驗。但是，我們必須認清事實，第四世界的全職志願者為數不多，而且工作量很重，他們無法另闢沙場展開法電與底層用戶的研究。當下我們當然感到失望，覺得異常孤單，心中難免懷疑我們到底還屬不屬於這個運動。

慢慢地，我們必須自問，為了獲取這方面的新資訊，需要得到哪些資源？我們理解到，為了改善法電與底層用戶的關係，法電本身必須出錢出力，不能被動等待民間組織為它進行研究，然後坐享其成。現在法電既然還沒準備好要投入，我們就利用上班以外的時間，自行展開調查。有系統地閱讀法電關於斷電的相關研究之後，我們發現，研究者對窮人的理解非常薄弱，統計數字遮蔽了窮人的處境。我們必須發明新的認識方法、新的提問方向，最後決定放手一搏，自行展開調查，運用我們在公司的人脈，詢問擔任第一線工作的朋友，就他們所知，執行斷電程序的員工怎麼看待這件事情？他們有沒有辦法指出哪一類的用戶被斷了電？又是怎麼知道的？

## 法電知道誰被斷了電

方約翰想要運用法電現有的資料，來判斷斷電是否肇因於貧窮。他提出下列假設：斷電時間越長，並且不斷重複，那就肯定與底層用戶有關。因為出於疏忽、忘記付費而被斷電的用戶，一定會盡快付費以求盡快復電；然而出於貧窮而被斷電的用戶，便可能持續斷電，以致好幾個月沒電可用。如果這個判準貼近事實，那麼法電就不能再推托，說分辨誰是因為貧窮而被斷電屬於社工員的職責，與法電無關，事實上，法電可以有所行動。

這個非正式的研究指出，我們的假設可信度極高，而且法電有辦法知道誰是因為貧窮而被斷電。法電必須有意願，釋出資源以獲取新的資訊並展開行動。

但是，要怎麼說服公司採取行動，而非只是承認問題確實存在，卻沒有作為？光憑我們幾個員工，實在勢單力薄。日後，法國政府本身將成為我們所需要的盟友。

## 政府的一項研究很給力

也就是在這個時候，約瑟建議我們和法國勞工民主聯盟（CFDT）派駐電力天然氣聯合會的祕書長見面。CFDT是法國跨行業的工會，以會員人數計算，是法國最大的工會。我們向祕書長提報了我們的研究結果與各種追問，他建議我們和消費與研究協會（Association Etudes et Consommation CFDT）的負責人合作，那是他們工會的分支機構，對於消費者的基本權利以及每個公民獲得公共服務的權利很有研究。於是，我們和協會的工作人員見了幾次面，一位充分理解底層公民消費問題、熟悉第四世界家庭處境的志願者，陪我們一起前去。

我們從這一連串的會見中學了很多，一方面也驗證我們提出的假設，將我們的判斷指標調整得更精確，擴展我們的研究範圍。有一天，該協會告訴我們，負責全國消費事務的國務祕書邀請他們參加一個研究工作小組，旨在研究水、電和瓦斯等基本公共服務和底層公民之間的關係，這項研究是在國立消費者諮詢委員會的指導下進行。這個研究小組納入了各種消費者組織與國營企業，包括法國電力公司的代表史邦，我們在一九八七年有過一面之緣，之後還保持著非正式的聯繫。就這樣，我們開始認識這個領域的關鍵人物。

第四世界運動並沒有在該研究小組的受邀名單中，而且我們認為受邀的各協會對底層公民在公共服務領域的消費狀況缺乏足夠的認識，但是為時已晚，我們已經沒機會真正參與這項研究計畫。一九九〇年，國立消費者諮詢委員會出版了一份研究報告，並提出建議，而且計劃一年後評估各項建議的實施狀況。我們通知了第四世界運動的負責人，告訴他們不能錯過下次的良機，一定要讓底層的聲音被聽見。

## 第四世界出版對底層處境的研究

對此，第四世界相當重視；是時候了，該把這個運動針對法國向底層人民斷水、斷電、斷瓦斯、斷電話等等措施的了解，做一番整理，並借鑑這個運動在比利時已經展開的奮鬥。一九九〇至九一年，我們和第四世界的志願者積極合作，調查收集整個法國地區底層家庭被斷水、斷電、斷瓦斯、斷電話的情況。透過這項研究，我們認識了一位新朋友，他是一位法律專家，為第四世界提供法律諮詢，同時也是法電員工，於是三個臭皮匠的組合重新調整，因為易富後來調到別的部門工作。這位法律專家當然就負責思考法電與客戶的關係。

這份很棒的合作研究讓我們於一九九一年三月出版了一份報告：《攸關底層生計的

公共服務》，報告中舉出許多事例與見證，並提出具體可行的建議。我們將這份報告介紹給受邀參與國立消費者諮詢委員會的各類消費者組織與協會，並說明我們希望出席國立消費諮詢委員會下輪的研究會議。同時，第四世界的法國代表要求跟負責全國消費事務的國務祕書會面，當面向他介紹這份研究，並建議該委員會應該納入貧窮家庭代表。在每個地方，我們都受到友善的接待。

一切看似因緣俱足，然而事有湊巧，就在這個時候，法國換了新政府，負責消費事務的新任部長並不打算延續這項研究計畫。

我們當然相當失望，就這樣失去一個讓底層家庭的聲音被聽見的機會。但是，與國立機構合作的經驗讓我們邁出決定性的一步，從今以後，我們有了一個行動的綱要，記載著第四世界在基本公共服務方面提出的建議措施。我們將這份報告寄給提供這些公共服務的負責人，包括電力、天然氣、電話公司，以及自來水和運輸工會，也分發給各類消費者協會及各種大型人道組織。這樣的動員，讓我們未來跟法電對話時，不再人微言輕。

編寫這份報告的過程，拉近了我們和第四世界持久志願者的距離，給了我們繼續奮鬥下去的勇氣，深知這條路崎嶇難行，路遙且阻。另一個幫助我們點燃熱火的地方，是第四世界在巴黎的平民大學，我們跟住在同一個社區的底層家庭一起參與，聽他們分享日常為了活下去所做的奮鬥，日復一日增強我們的決志。在平民大學的交流與研討，提供我們高品質的學習，也在在提醒我們，唯有和底層同胞建立平等互敬的夥伴關係，才能得出真正有用的回應。年復一年在平民大學的學習，以及在那裡結交的私人情誼，為我們帶來一種深刻的和諧。

## 電力公司終於開始動員

大力推廣《攸關底層生計的公共服務》這份報告後，史邦主動跟我們聯絡，這正是我們所期待的。史邦告訴我們，新任部長希望在法國挑選十個省份進行試點[1]行動，讓參與計畫的省長與該省的電力調度中心一起合作，嘗試新的斷電措施。史邦建議我們投入這個計畫，並幫助我們取得參加這項試點計畫的名單。這真是天賜良機，我們可以藉此機會讓大家認識研究報告提出的建議，並在某個試點省分實現這些建言，於是我們開始草擬行動計畫。

我們再次走向第四世界，希望知道有沒有哪個志願者團隊願意動員起來，參與這個計畫。但是，沒有任何一個團隊準備好要投入這項試點行動。第四世界的負責人不確定電力公司是不是真的願意和第四世界並肩同行，除非公司員工和那些在底層社區執行斷電的基層員工也一起投入，否則這樣的試點計畫沒有意義。如果只有志願者和底層家庭單方面想要改善現況，不會有任何進展。在那個當下，我們開始覺得多年來的努力都付諸流水，而且我們之中的一個臭皮匠方約翰被調職了。

## 上天自有安排

發生了兩件讓我們重拾信心與希望的事情。首先是一位住在法國東北部南錫市的盟友跳出檯面，他同時也是該市電力調度公司的員工。他寫信給第四世界的負責人，說他很願意參與當地斷電議題的動員。他熟悉第四世界在這方面的努力，因為第四世界運動在隆河—阿爾卑斯大區針對斷電問題進行跨省研究時，他就住在該大區的里昂市，躬逢其時，而且報告出版後，他聽到很多正面的回應。他調職南錫後，透過閱讀第四世界的年度報告，得知我們跟電力公司針對斷電的奮戰有了新的轉折，轉向法電體制內的動員。

看來這位名叫費博（Bernard Vidal）的盟友可以成為這場奮戰的重要支柱，而且第四世界運動在南錫市已經有一段很長的歷史，當地的第四世界家庭和地方機關彼此習於

1 譯註：試點是指正式進行某項工作之前，先做試驗，以取得經驗。

溝通，可以積極支持這項行動計畫。但是，費博得要得到公司的首肯，不是在業餘時間做義工，而是由公司授以委任資格，給予必要的支持與資源。

在同一時間，也就是一九九二年，第四世界發出一項全球的呼籲，籲請聯合國核定每年的十月十七日為世界拒絕赤貧日。各行各業的領導人受邀簽署這項呼籲，這次的動員由聯合國前祕書長裴瑞茲帶領。法國電力公司的董事長梅吉爾（Gilles Ménage）也受邀參與聯署，他不但簽了名，還寫了一封短函，說明他對此舉高度的支持。

當時法國第四世界運動的負責人是迪地．賀貝爾（Didier Robert），他把握梅吉爾董事長公開表達支持的良機，以法國第四世界主席的身分，寫了一封信給我們董事長，一方面感謝他的支持，另一方面也跟他介紹《攸關底層生計的公共服務》，我們要求這份文件提出的建言有機會付諸實踐，並擬出詳細的實施步驟，最後指出，南錫市的電力公司員工有人已經準備好要投入這項計畫，只等著接受正式的派任。

史邦密切注意整個議題進展的狀況，也在我們垂頭喪氣的時候鼓勵我們，我們信任他。這就是為什麼我們決定要告訴他第四世界企圖動員梅吉爾董事長這件事，而他也確保這封信能夠由董事長親自處理。

我們得到相當正面的回覆，梅吉爾親筆回信，表達他對我們提出的建言有著高度的興趣，他要我們把這份建言提交給公司負責電力調度的方高霓（Francony）總經理，並說明他們倆曾經長期共事。他建議我們先規劃好這項試點行動的標準流程。

於是，我們從抽屜重新取出當初已經寫好的標準流程，並很快得到客服經理的批准。現在，我們有了實施計畫、地點與準備投入的公司員工，天時地利人和，樣樣俱足。接下來只剩下會見方高霓總經理，通過最後這關，得到他的批准，並獲得相應的資源。

方高霓旗下有九萬名員工和用戶往來，是公司最龐大的部門，會面前，即使做了萬全的準備，我們還是相當緊張。我們知道他不是那種隨便批准計畫的人，除非計畫對公司整體有實質的意義。

## 決定性的會面

會面安排在一九九四年四月，這次會面，第四世界運動由法國副主席法蘭絲（Francine de la Gorce）出馬，她是若瑟神父身邊最早的志願者之一。此外還有一名負責公共關係的志願者及我，費博也來了，並非以第四世界盟友的名義，而是公司主動要求。

這次會見同樣在平等的基礎上進行，方高霓總經理專注聆聽法蘭絲，他立刻同意在南錫市進行試點行動，並逐字引用第四世界編撰的標準作業流程，後來成為法國電力公司的標準流程。第一階段的調查和第一場公開論壇，將凝聚第四世界家庭與電力公司的員工，屆時，雙方便會一起訂出具體的實施步驟。此外，公司也會提交一筆預算，並提出顧問名單。從一九八七年至今，歷時七年的奮鬥，終於邁出決定性的一步。

方高霓的企圖心比我們更大，他聲明，樂於支持任何願意參與費博試點計畫的城市。

到底發生了什麼事？為什麼現在電力公司的主管們開始對我們有興趣？為什麼七年前，他們口口聲聲說底層被斷電是社工員的事，跟公司無關？

## 重新定義議題：底層家庭也是客戶

總經理方高霓向我們指出，我們的追問直指電力公司的核心憂慮。他向我們解釋，自由主義的風潮，加上歐洲各國的國界開放，導致國營企業的使命受到質疑。眼看著鐵飯碗受到威脅，公司員工的不安逐漸加劇，主管必須找到新的方向。外界批評公司壟斷電力資源，行政單位過肥、過重，所以公司在尋找一個新的身分，希望重新激起活力，創新而有彈性，所以現在公司的新口號是：更親民，更貼心。

我們當然注意到公司的新方向，便在我們的傳單上寫下：更親民，更貼心，貼誰的心？

也有一部分是因為我們的努力，公司越來越意識到不能滿足於一些臨時措施，例如，只是找錢來彌補欠收的電費，這明明就行不通。此外，自由主義的風潮也讓政府懷疑這筆名叫「貧窮與不穩定」的欠費補助基金（The Insecurity and poverty Fund），是否真能解決積欠費用的問題，所以政府大大減少對這筆基金的投入。另一方面，像天主教明愛會這樣的大型慈善組織為貧窮家庭支付電費的例子越來越多，為此，這些民間組織開始運用媒體造勢，向政府抗議，要求電力公司不可不分青紅皂白地對底層用戶斷電，凡此種種，讓電力公司不得不採取新的立場。

第四世界運動法國副主席法蘭絲當初就解釋過，若要針對斷電找出一個長久的解決方案的話，真正的問題不在於怎麼解決欠費，不是把底層用戶隱藏在「貧窮與不穩定」這項基金背後，不是去忽略他們被排擠在電力服務外的事實，而是將他們納入公司的責任範圍。

方高霓清楚地告訴我們，對於有錢的用戶，公司提供很多額外的服務，創造新的服務方式，例如，對那些有兩棟房子的住戶，公司提供週末抄電表的服務；那麼對底層用戶，為什麼不能創造適合他們的服務方式？具體來說，他要公司對各級用戶都提供迅速而有彈性的服務，在企業責任方面也要投入新的活力。他已經要求幾位專家進行研究，定義公司的企業責任，而我們的試點行動就是其中之一。

公司在一般系統外創建了另一個運作方式。所謂一般系統，就是使用「貧窮與不穩定」欠費基金解決欠費問題，亦即吸收這筆欠費後，底層用戶便自動成為所謂「正常用戶」，卻忽略這些用戶的特性。也就是說，這個傳統的運作方式讓公司當初做出切割，將底層用戶排除在自己的責任外，認為公司並非社會福利機構，用戶付不出電費與公司無關。這樣的一套運作機制讓公司跟這群客戶的關係變得僵化，這樣的客戶關係沒有生命力，無法存續，欠費基金永遠不夠用。

底層客戶不應該被排除在外，他們也是公司的服務對象。一個現代化的公共服務，必須要能創新，適應各種新的情況，公司的創新邏輯也應適用在底層客戶身上。

幾個月之後，法國公眾見證了電力公司的新形象，公司拍了幾支新的廣告，釋出新的善意，展現彈性與親民，例如其中一支廣告描述，一位單身客戶不斷遭到公司斷電，他跟自己的小狗說話，說他之所以沒付電費是因為太晚收到養老金的支票，現在才收到已經來不及了，沒用了，再過幾分鐘，就會被斷電了；就在他自言自語，倒數計時五、四、三、二……的時候，忽聞敲門聲，是電力公司的員工到府服務，他沒被斷電。

## 電來了

後來，我們的朋友史邦告訴我們，最關鍵的時刻是法蘭絲那席話，當她說：「我在貧民窟生活過，我知道沒電是什麼滋味。」忽然間，眼前出現了一位這些年來我們不斷談論的事主，而公司主管從未親歷其境。

方高霓真誠地想和客戶建立親民的關係，現在出現了第四世界運動這樣一個合作夥伴，這個夥伴想方設法要和法電不知如何親近的一群公民建立友誼。就這樣，由於法蘭絲和一群被斷電的家庭比鄰而居，法蘭絲和我，我和費博，費博和法電主管之間的連結就暢通了，一切環環相扣，最貧窮的公民和法電主管之間的電流終於接通了。

法蘭絲打動法電主管的地方還有一點。她提到，不光是南錫市，其他地區的法電員工對斷電造成的不人道感同身受，她說奧爾良市就有一群法電員工自發性地湊錢，幫助一些底層家庭支付電費，避免他們被斷電。透過這個例子，她指出公司員工有能力動員起來，而不只是想到自己的飯碗，這個目標可以讓法電主管與員工之間建立起共識，讓整個公司更有人情味。

## 試點經驗與首批成果

在費博的主持下，試點行動在南錫市展開，其他類似的行動計畫也在法國其他大區推展。

我們的朋友史邦負責編集、總結這些研究報告，他把報告的草稿拿給我們看，要我們給意見。報告裡面有我們當初提議的基本方向，我第一次在公司的官方報告裡面讀到這種表達內涵，其中指出斷電的問題有兩個層次：

首先，遭受斷電的客戶經常是沒有能力支付的，政府有責任面對這個社會問題，好讓這些客戶有能力支付電費。

第二個層次則要思考該提供這群客戶何種型態的服務，唯一能夠做這件事的行動者是電力公司。公司不再重彈一九八六年的老調：「這不是我們的問題，這是社工的業務。」法電第一次在正式的官方報告，白紙黑字寫出：面對最貧困的客戶，我們電力公司應該要改變作風。

一年後，為了得到體制內的觀點，我們寫信給史邦，想知道在他眼中，這些年來的努力到底得到了什麼成果，他爽快答應了這個要求。史邦現在已轉換工作單位，在勞動與社會事務部負責公共服務與弱勢群體間的關係。

以下就是我們之間問答的全文：

**問：**費羅、易富和方約翰向公司提出底層用戶被斷電的議題時，您對他們的第一印象是什麼？

**史邦：**我們是在什麼樣的背景下開始接觸，我的記憶已經有點模糊，因為公司的客服部門一向秉持開放策略，所以我們經常接待各界人士，包括記者、各種消費者基金會、協會組織等等。方約翰是我第一個接觸到的第四世界盟友，讓我印象深刻的是討論過程中，這個運動談論排斥問題的方式很獨特，對我來說非常新鮮有意思。

**問：**您和他們以及第四世界的合作，經歷了哪些階段？

**史邦：**我們的工作方法，首先是廣納各方意見，擷取各種數據資料、地方經驗，並和不同的夥伴對話，特別是第四世界運動。然後我將這些思考轉換成來年冬天的行動計畫，再將計畫提交給公司主管。冬天過後，再於春天評估行動結果，進入新的一輪。

第四世界堅定護衛的原則是非常中肯有力的，但是，想要將之轉化為可運作的行動，並不簡單，所以我們便邀請第四世界成員根據具體經驗，向公司提出可行的建議。這就是後來在南錫市實踐的共同經驗，完全超乎我當初的想像。

**問：**在這場為底層客戶創造嶄新服務策略的過程中，您在帶領公司重新思考過往作風時，費羅等三位工程師和第四世界有什麼獨特的貢獻？

**史邦：**費羅和方約翰在某些方面的貢獻是決定性的，因為他們同時隸屬於第四世界和電力公司，擁有較為完整的資料與數據。他們是我的同僚，所以我信任他們，我們分享著同樣的企業文化，我可以比較自在地和他們深入討論。當方約翰被調職到公司分部，直接面對斷電問題，而第四世界的支持者——調職南錫市負責電力調度的費博，也準備好要投入，這時各方因緣俱足，第四世界的想法終於可以付諸實現。

我個人認為，這類問題牽涉廣泛，很容易讓人陷入失敗主義。第四世界在這方面的獨特貢獻，是激起行動的希望與活力；具體來說，第四世界的貢獻有下面幾點：首先是不要採取救濟的觀點便宜行事，然後是強調跟底層用戶對話的重要性，這些用戶應該是行動夥伴，最後則是聲明以這兩項原則為基礎所建立的解決方式一定會有正面的結果。

**問：**從一九八七年一直到今天，電力公司面對底層客戶所採行的政策，發生了哪些基本的改變？

**史邦：**今天法電清楚地表明，公司應該為底層用戶提供恰如其分的補助，用公司的用語來說就是體貼的服務；而且我們給自己訂了一個目標，這些用戶不該有任何人被斷電。新的政策實施後，光是一九九五年，全國減少了三分之一的斷電戶數，而且沒有對公司財務造成負面影響；在南錫市，和第四世界合作的成果更好，斷電率減少了百分之七十！

一九八七年，法電還沒有太大的意願與決心，面對底層用戶時，公司所採取的政策還停留在慈善救濟的層次。

**問：**造成種種改變的主因為何？

**史邦：**有很多方面的原因，我列出幾個我認為最具決定性的：

1. 法電的主管群從一開始就認同這項新措施，用創新的精神提供底層客戶服務。對此，他們不曾有過變卦，而且某些主管甚至想走得更遠，企圖心更強。

2. 公共服務的內在文化。向貧窮用戶斷電，對公司內部的所有員工而言都不是一件容易的事，更別提那些必須親手實施斷電措施的第一線員工。

3. 漸漸地，公司上上下下都意識到，貧窮的現象蔓延，持續不退，公權力無法單獨解決問題，所以大家都要多出點力。

4. 面對底層客戶，公司在一九八四—八五年開始建立了「貧窮與不穩定基金」，慢慢地，公司累積了一些良好的經驗，建立了夥伴網絡，企業內部從上到下，大家的想法慢慢成熟。總而言之，我們已經做好心理準備要往前邁進。

5. 法電的客戶政策漸趨完善，發展了適合各類客戶的服務，並持續進行評估，而權力下放地方的結果，也讓各地分公司有了創新的空間。

**問**：您個人對這段期間的合作經驗有什麼特別想說的話？

**史邦**：對我個人而言，很幸運能參與這樣的社會改造工程，對這個問題的解決盡一己之力，這讓我覺得自己對社會做出明確的貢獻。每個人道組織的參與者身上都懷抱著一種倫理的理想，這一點在彼此來往的過程中充分顯露出來。我跟費羅、費博和方約翰後來除了同事情誼，還增加了友誼。我們都願意同舟共濟，趁著公司颳起順風的時候，創造一個持續並有建設性的對話機制。結果就是事情一件、一件接踵而至，我們對最後的結果感到滿意；儘管如此，內心的角落還是有一點輕微的罪惡感：為什麼沒有早點把這件事做好。

# 【第三章】公共政策在城牆外的人家找到明鏡

## 法國經濟社會理事會通過了《赫忍斯基報告》

本章作者／約翰・安德魯、唐弟予、約納・羅生福

一九八八年，若瑟・赫忍斯基神父以法國經濟社會理事會的名義，撰寫、發表了一份貧窮白皮書，法國國民議會以此為基礎，立法通過一條法律：確保每個公民擁有一份最低收入保障、社會保險以及融入社會的權利，亦即有名的「融入的最低生活保障金」（RMI）。這份非凡的白皮書就是《極端貧窮與經濟社會的不穩定》報告書，或稱為《赫忍斯基報告》。一九八七年二月十一日，這份報告在法國經濟社會理事會大會無異議通過。之後，許多對抗貧窮的法律與政策繼續以這份報告為參考依據，並且所有這些相關公共政策的執行都受到評估。熱妮葉佛・戴高樂時任第四世界運動法國主席，繼若瑟神父之後，繼續獲法國總統提名參與經濟社會理事會。

一九八七年二月十一日「法國經濟社會理事會」無異議通過《赫忍斯基報告》。

一九九五年，戴高樂提交一份政府公部門對抗貧窮的行動評估報告書，以此為基礎，法國政府實施了根除極端貧困的基本法；事實上，一九八八年的《赫忍斯基報告》已提出這個要求。這項基本法必須以報告所發展出來的基本原則為基礎，即：

1. 赤貧侵犯到人權，而諸項基本人權唇齒相依、不可分割。
2. 在持續評估對抗貧窮的行動時，絕對必須強調窮人的參與以及窮人全面的公民參與權。

法國經濟社會理事會所提出的各種報告中，《赫忍斯基報告》是流傳最廣的，並且受到許多國家翻譯、研究。其他國家的政府與國際組織相繼投入類似的努力，試圖建立極端貧窮的全面報告書，並且以赤貧族群為合作夥伴。

這一章我們要講述《赫忍斯基報告》的寫作過程，由經濟社會理事會的重要成員約翰・安德魯（Jean Andrieu）來陳述。他是法國學生家長聯盟的榮譽主席，這個聯盟是法國最大的學生家長組織。自一九八四年起，安德魯就是經濟社會理事會社會事務分部的副主席，若瑟神父也屬於這個部門。師範出身的安德魯，是好幾本教育專書的作者，著作主題圍繞著低學業成就的現象。他是法國宣導職業教育文憑的先鋒，也是法國國立大學評鑑委員會的成員。

安德魯對於他跟若瑟神父之間的合作，保有一段相當鮮明的記憶。他接受訪談，分享他與若瑟神父那段難忘的共事歲月，那段並肩齊進的路途。這段回憶，幫助我們進一步理解若瑟神父獨特的行事與為人風格：他如何為特困族群與各種體制搭起橋樑。

安德魯是第四世界的朋友，不是所謂第四世界的成員，也因此我們認為保留對話形式比較合宜，這樣方能忠實呈現他對這些事件與這個運動的觀點。

**提問：**您是怎麼投入法國學生家長聯盟的？這個聯盟甚至被稱為「安德魯聯盟」。

**安德魯：**一開始這個聯盟被稱為「果內克（Cornec）聯盟」，我從一九六二年開始投入。一九八〇年奧爾良大會之後，我接替了果內克的位子。我兒子三歲入幼稚園的時候，我開始關心**學校教育失敗**的問題，何況我本身就是教師的一份子。我在阿讓城（Agen）的師範大學工作，接著我轉入與教師養成方法相關的行政與組織領域。後來，我整個職業生涯一直都在擔任師範大學方法學的諮詢顧問。容我大膽地說，這份「製造教師」的工作，促使你關心教育功能運作不良的現象。

在六〇年代，法國開始問自己**教育失敗**（School failure）的議題，而且是以社會學的角度來探討這個現象。我們一直活在資源配置的神話中（一直以為那是資源配置的問題），後來我們發現，問題沒這麼簡單。有些生活環境由於極度缺乏文化刺激，所以即使一些孩子在其他方面很聰明，卻和那個時代的語言表達方式格格不入，也因此他們和其他人產生很大的落差。由於我一直鑽研學校教育失敗的問題，研究教育不平等的問題，所以密特朗總統在一九八四年提名我為法國經濟社會理事會的成員，不是以學生家長聯盟主席的身分，而是以具有社會聲望的專家身分[1]參與。這點很有意思，因為我可以以個人的身分，非常自由地表達意見。

所以我進了理事會的社會事務部，也就是在那裡，我第一次見到若瑟神父。

**提問**：之前，您已經聽說過他了嗎？

**安德魯**：之前我從來沒聽說過若瑟神父這個人。我曾經聽說過第四世界運動，但也只是不經意地聽人家提過，而那些話題跟我關心的議題好像扯不上什麼關係。所以，我是點點滴滴慢慢地發現若瑟神父。

我為法國經濟社會理事會撰寫了兩份報告，分別是一九八五年關於技職教育與高職專業證照的建立，以及一九八七年的《面對新一波工業革命，學校與經濟世界的關係》。這兩份報告描述出非常重要的全景，那是法國首次列出教育預算為低學業成就的現象付出多少代價。《法國世界報》的整個頭版，登出我們提出的數字：每年政府為「學習失敗」付出一千億法郎的代價，那可是整個國家教育預算的一半。那真是冷鍋裡冒出一顆熱栗子，每個人都說：「不可能，騙人。」所以大家開始重新計算，結果發現，我們的算法不假，國家的確為此付出天價。

若瑟神父對我的研究非常有興趣，而且做出很多貢獻，一種友誼、一種很自然的聯繫慢慢交織起來，每次社會事務分部的討論結束後，我們倆常常相約到理事會的酒吧喝

1　譯註：法國經濟社會理事會（現已更名為法國經濟社會環境理事會）共有兩百三十三名成員，依據社會專業歸屬，分為十八個小組，其中一組叫「具有社會聲望的專家小組」（personnalités qualifiés），該組的四十名成員由總統提名。二〇一五年十月，法國總統必須在五百位由智庫推舉的候選人中提名四十位進入「專家小組」。

點東西，繼續討論。若瑟神父深深被學校所吸引，他把學校視為能夠轉化世界的舞臺，至少是改變社會現狀的舞臺。

然後有一天，他跟我說：「不過，我呢，我想做一些和窮人有關的東西，跟貧窮有關的。」接著，他就開始他的研究。我密切關注若瑟神父的研究工作，幾乎是如影隨形地跟隨著他的腳步，一直到有一天在一場社會事務處的會議中，我永遠不會忘記，我跟他說：「聽著，我們很快就以『你』來稱呼彼此，沒有什麼客套，你一天到晚跟我們講窮人，我受夠了，我不知道在場的其他同仁怎麼想。」然後，我轉向其他同仁，繼續說：「您可能見過窮人，可是我沒親眼看過。」我見過簡單純樸的清寒人家，但是，若瑟神父跟我們描述的那種生活在極端貧窮中的百姓，我完全不認識，特別是他跟我們講到代代相傳的那種貧窮。於是我跟他說：「老兄，我要親眼看到。」所以，在我的要求下，社會事務分部派車，載我們前往巴黎近郊的諾瓦集貧困區。社會處每個人都受到邀請，一半以上的人都去到現場。

在那裡，我第一次見到戴高樂將軍的姪女，法國第四世界運動的主席，她在諾瓦集家庭總體營造社區接待我們，那個社區收留的都是無家可歸的家庭。我們跟那裡的居民共度了一天，也跟第四世界的持久志願者一起用餐等等。我必須承認，那一次的經驗對我來說是一個很大的震撼，這場相遇打亂了我原先的想像，對我個人來說是一場震撼教育，那種震撼產生的失衡、不舒服，幾乎影響到我的身體狀態。或許是因為自己有那麼長的一段時間居然無知於這種社會事實的存在，所以那場相遇算是一種當頭棒喝。

**提問：**您可不可以解釋一下，什麼原因讓您想到要去諾瓦集拜訪？

**安德魯：**以前，我對貧窮只有一種抽象的看法。就像很多人一樣，我曾針對貧窮的議題廣泛地閱讀，但是我之所以好奇，是因為若瑟神父描述貧窮的方式。比方說，他跟我們說他出身極端貧窮，於是我們反問他：「很抱歉，那到底是什麼意思？你以前家裡是什麼樣子？你沒得吃，沒得穿，沒地方住嗎？」他回答我們：「啊，我家裡真的什麼都沒有，真的很慘，一無所有。」即使這麼描述，對我們來說，那也只是一些話語，但是到了諾瓦集，這些話語化為活生生的事實。

**提問：**不過，這些話語還是讓您受到感動，讓您想要多知道一點？

**安德魯：**沒錯，這些話語觸動了我。我問自己，這些話語只是一種抽象的概念，抑或傳達著活生生的事實？這些話語的背後，有活生生的人嗎？是真實的情況嗎？隱藏著獨特的生存條件嗎？您能夠想像，這種心態就有點像聖經裡面那個聖多默（多馬），除非親眼看到、親手摸到，否則絕不相信。

過去，貧窮對我來說一直只是一種抽象的概念。我出身小康人家，並不算貧窮，我父親是店員，很年輕就過世了，我母親在家裡當裁縫，我們沒有錢，生活並不寬裕，但是我從來不曾感覺過自己生活窮困。我想像貧窮是更糟糕的情況，但是我不知道那到底是怎樣的一種情況，因為我自己從來不曾遭遇過。

至少，我一直這樣認為。但是，在諾瓦集的經歷讓我回想起一些往事，一些我曾經遇過的人。親眼看到赤貧者生活的環境，親耳聽到一些現身說法，有機會一起解讀貧窮的涵義，讓我受到很大的震撼，因為這個經驗讓我想起一些往事，還有遇過的一些人，我曾經和他們擦身而過，但並未特別注意到他們，因為他們和我慣有的思維方式大相逕庭，所以我把他們拋諸腦後。

但是，這一回我意識到，這實在是一個很重要的問題，因為赤貧讓一個人的身分受到質疑，被排除在人類大團體之外。然而在我的價值系統裡，一個人的身分卻是最重要、最基本的。我意識到，雖然我在社會與教育領域下了很多功夫，卻沒有充分意識到窮人和其他人之間的鴻溝。由於窮人處在我們的視野之外，如果沒有這場會面，他們很可能永遠都無法真正的存在。

這就是為什麼在一九八九年我當了社會事務處主席之後，會全力支持戴高樂女士的原因。一九八八年若瑟神父過世後，戴高樂女士承續神父在經社理事會的使命。她跟我談到要提出一份報告，評估法國對抗極端貧窮的各種公共政策，我盡全力讓這個想法得以實踐，因為那是《赫忍斯基報告》的延續。此舉遇到不少挑戰與阻礙，但最後還是成功了。

**提問：**回到一開始，您什麼時候聽到有人要做一份關於貧窮的報告？是誰跟您提起這件事？

**安德魯：**那是赫忍斯基向社會事務處提出的建議，但一如我之前說過的，我們曾經在酒吧非正式地談過這件事，他曾經告訴我：「我想向理事會提出正式要求，做一份報告，您覺得怎樣？」

他提到「不穩定」、「貧窮」……，我並不十分瞭解這些概念背後的東西，但是我覺得其中蘊含深意。

**提問：**這個想法為什麼吸引您的注意？

**安德魯：**吸引我的是「經濟不穩定」以及「極端貧窮」這兩個描述。透過我在民間社團組織的經驗，特別是下鄉研究莘莘學子「學習困難」時在第一線累積的經驗，我知道經濟不穩定所涵蓋的意義，我能夠理解這個概念，我知道怎麼把這個概念跟我曾經見過或感受過的真實事件結合起來。可是，極端貧窮對我來說還是一個很難領會的概念。

**提問：**兩個詞彙放在一起，一個對您來說有意義，另一個卻是陌生的，這樣的連結讓您有了新的理解？

**安德魯：**是的，這樣的連結像是一座橋，一座饒富意義的橋，也許就是這樣的連結讓我覺得驚訝，深深吸引了我。不過我得承認，當我們談到極端貧窮時，我實在不太知道這個詞彙真正的涵義。

**提問：**甚至懷疑？

**安德魯：**沒錯，在擬定這份報告時，同仁們議論紛紛：「啊，他太誇張了，不是這樣的，不可能會這樣，太過分了。」我需要證明他的話是真是假，所以我說：「眼見為憑，讓我們去看看吧。」

**提問：**所以您想探索「不穩定」與「極端貧窮」的關聯？

**安德魯：**是的，那是我們看見的通道，一種進入隧道的入口，你會告訴自己，你進入隧道裡面，是因為你想看看是否能夠找到盡頭，不過你又懷疑，到底有沒有盡頭？

在諾瓦集總體營造社區，我進到隧道裡面，然後我告訴自己：隧道的彼端是另一個世界，只有轉化這個社會，我們才能走出隧道；否則，沒有出路。

**提問：**這樣的體悟讓您成為未來的建築師，您想建造隧道的出口？

**安德魯：**沒錯，我們的價值系統裡面有幾個重要的參考架構，比方《世界人權宣言》，但是你意識到，宣言與事實相距甚遠；宣言確實存在，然而有一群人與宣言的內容完全搭不上關係，對這群人來說，這個宣言並不存在。

**提問：**您的意思是說，為了從隧道裡走出來，要宏觀整個局勢，把極端貧窮放在一個更寬廣的參考架構，像是人權？

**安德魯：**是的，對我來說，這樣一來，問題本身比極端貧窮更加寬廣；這足以解釋為什麼我後來的投入是這麼堅定。

**提問：**讓您如此投入的原因，也是您連結事物的能力，您將極端貧窮和您所看重的價值做出連結，一個普世價值。

**安德魯：**是的，但是，這個想法並非一直那麼顯而易見，到目前為止，這個強而有力的想法已經在我腦海裡縈繞了好多年。如今，我深深相信，對抗貧窮每個人都有責任。這不只是第四世界運動的事，也不是社會主義政府或其他黨派的政府的事，每個人都可以有所作為，就像教育這件事一樣。這是每個人的事，因為共同目標是人性尊嚴，是對權利的肯定。由此我又產生第二個很有意思的想法：由於赤貧族群背負著貧窮，所以他們有權向我們提出要求——這就擴展了權利的概念。

**提問：**為了讓這些想法變成大家的共識，你們經歷了哪些過程？如何在理事會內部取得共識？

**安德魯：**那可真是難如上青天。我還記得有一次工作會議，跟若瑟神父討論他的報告，他提及窮人有權得到工資照發的休假。又一次冷鍋裡爆出熱栗子，從沒聽過這種想法。我們忍不住問：「什麼！窮人沒有工作，沒有房子可住，而且也沒有收入，還要給他什麼工資照發的休假？」這個想法聽起來實在太瘋狂。他常有這類頗具挑釁性質的想法，不過仔細想想，卻很有意思。我們所說的工資照發的休假，其實背後隱藏的是休息的概念。我必須承認，這個想法推翻了我原本的想法，我心裡自忖：「為什麼突然間，窮人跟其他人一樣，也有度假的權利？」透過這個例子，我理解到這是一個權利的問題，一個公平的問題，大家都有同等的權利。但是以前我從來沒想過，我們可以為窮人要求休假。

**提問：**您說：「他常常有這類頗具挑釁性質的想法，不過仔細想想，卻很有意思。」但他也很可能因此遭受打壓。

**安德魯：**他的確被打壓過，我自己就曾經這麼做，因為我覺得他太過分了，我覺得他為窮人爭取這些權利實在是太過火了。我腦子裡第一個想法是：「怎麼做才能讓窮人翻身，不再窮困？」我一直記得若瑟神父總是回答說：「重點不在於他們不再貧窮，而是他們能夠活得更有尊嚴，更像人，像你我一樣。」我覺得這點非常重要，問題不在於：「我要給他們補助金，給他們錢，給他們住房。」而是讓他們活得像人，這才是真正的答案，這才是隧道的盡頭。那個看起來和我迥異的他者，其實和我在同一艘船上。

**提問：**所以您將自己的生命與他們的生命連結了起來，關於休假的討論就是一個很好的例子；失去度假的機會，整個家庭還有人際關係等等，都會受到負面的影響，大家都同意這點。

**安德魯：**確實，關於這點我想了很多。我經常跟若瑟神父討論這件事，因為它一直困擾著我。他會說：「為什麼他們不應該休假？」究竟為什麼？我承認我也沒有答案。

這個問題老是揮之不去，就像是在拉扯一個線軸，越拉扯它越開展，同時我也在這條路上走得越來越遠。

**提問：**你們一定談了很多，您一定讓他感覺很自在，這肯定幫了他許多忙。

**安德魯：**是的，特別當我在社會事務處有某種程度的影響力時，要推廣他的想法就容易多了，即使有時候我們不見得同意彼此。我自問，歸根究柢，是不是因為若瑟神父的個人魅力贏得大家的認同，才使這一份報告得以通過，即使並非每個人都對這份報告提出的各項建議感到全然信服。

**提問：**您說的魅力是指？

**安德魯：**他自然流露的內在精神。我有很強烈的感覺：當你的腦子裡充滿一種想法與信念，光是談論它，就會對別人有所啟發。如同一道發亮的光束，人們會從聽到、看到的見證得到啟示。

**提問：**啟發不僅僅來自若瑟神父，更出於相互激盪。他和您一起檢視許多東西，您肯定也有不少貢獻。

**安德魯：**我一直很投入世俗人道主義的價值觀，強調人的價值，比方說公辦的教育，若瑟神父同樣也致力於公立教育的相關問題。但是別忘了，教會辦學與公家辦學擁護者之間的激烈爭論還沒停歇，而我現在和一位神父一起工作，他對此抱持全然不同的看法。我想我帶給若瑟神父一個不同的觀點，就是世俗的人道主義。我甚至可以自誇地說，在他和我對人性的概念之間，有著深刻的共鳴，立基於對所有人類的真誠敬意。這個深刻的共鳴，重要性超越了我們在宗教上極端不同的哲學立場。我在一本書裡寫道：在我看來，世俗觀念意謂著一種看待他人的方式，這讓我們意識到，別人跟自己不僅是航行在同一條河裡，更是坐在同一艘船上。

**提問：**我們都在同一艘船上，這是若瑟神父談到窮人和我們大家的時候說的嗎？

**安德魯：**是的。我們或許在不同的路徑上，但我們抱持相同的信念。他非常貼近貧窮，加上他的宗教信仰；我則出於人道主義的信念，這其實也與他的宗教理念和社會獻身相呼應。

**唐弟子提問：**這肯定給他帶來一些影響，他努力去接觸不同宗教信仰和哲學背景的人。

**羅生福教授提問：**嗯，比如說，我覺得我和若瑟神父真正的相遇，就在他發現我的投身動機之後：他知道我之所以投身第四世界運動的其中一個原因，是我意識到這個運動是為了窮人而存在的，就如同某些人在二次大戰時為猶太人所做的一樣。從這個時候開始，我們就一直保持密切的連結。

**安德魯：**我也一樣，因為談起我對人道主義的投身，我們意識到彼此談的其實是同一件事。

**唐弟子提問：**如果你出生在社會底層，會不斷渴望找出自己跟別人的共同點，這是窮人在面對其他人時獨特的力量。而我一直認為自己的階層是世界的中心，我出生在巴黎第十六區的黃金地段，父母是大學教授，我自己也成為知識份子，我自以為身處世界的中心。但我發現貧窮的人清楚知道他們不是世界的核心，他們知道事實上沒有人處在世界的中心；他們比誰都還清楚，人需要彼此，大家是相互依賴的。

我們覺得若瑟神父真的很需要您，他的力量來自他的魅力，同時也有一大部分來自他所經歷過的極端貧窮。

**安德魯：**除此之外，自人類棲身於洞穴以來，普世共通的道理便是「他人與我分擔共同的命運、承受共同的命運，我們同在一艘船上」，這種道理也具有一種懾人的魅力，帶來無窮的動能，沒有什麼可以阻擋，這就是為什麼我認為這個世界正在經歷一種徹底的轉變。

這也是若瑟神父追求的，你看現在「社會排斥」在法國是政治論辯的核心，過去從未有過這樣的景況。為什麼？我們說是因為有「新貧」的現象，但這並不是讓事情有所進展的原因。我們開始意識到，一種嚴重的失衡正緩慢地侵蝕社會的根基，如果我們不試著挽救，就會迷失方向，甚至滅亡。所以我們必須重新思索自己跟他人的關係，這是當代道德觀裡頭相當深層而精華的概念。

**提問：**社會排斥這個概念對您個人來說有意義嗎？

**安德魯：**當然，社會的不平等、教育的不平等與文化資源的分配不均總是讓我感受到這點；話說回來，過去我無法清楚辨識出排斥的狀態。我以前不認為有一個受到排斥的族群，可是若瑟神父常說窮人是一個族群，是一群子民（The poor are a people）。今天我們正在重提「窮人是一個族群」的概念。我不太贊同這樣的說法，我覺得它把人做了區分。針對這點，我跟若瑟神父有過激烈的爭辯，我說：「你的貧窮子民並不存在，的確有人受到排斥，他們湊巧都是窮人，但他們並不構成一群子民。」而他反駁道，正因為別人不願正視他們，世界各地的窮人便構成了一群子民，正是這樣的目光排斥了他們。我們也談論被排斥的猶太人，他們受到當時社會的道德譴責，甚至導致納粹對猶太民族的大屠殺。如果說大家忽然意識到猶太人受到迫害，反猶太主義令人羞愧，意識到此舉讓人類戴上了醜陋的面具，那正是因為在大屠殺之後，大家充分瞭解到的確有一個受到排斥的民族，而且此舉扭曲了人性。

我想，關於排斥的問題總是如出一轍：我們回避正視他人。我對他人視而不見，而這樣的眼光具有殺傷力。如果我否認他人的存在，他們就不再讓我感到困窘不安。但是，如果我把他們看成與自身命運息息相關的人，我就不得不以全然不同的方式來思考。

愛滋病的受害者也一樣，我的家族中就有這樣的狀況，我從中看到，對愛滋病的態度正如同對貧窮一般；原先你覺得愛滋病跟你沒什麼關係，然後你的朋友、鄰居或親戚發病了，突然間社會意識便改變了，因此今天很多人會說：「其實，愛滋跟其他疾病沒有兩樣。」你看，這是一條多麼漫長的道路，十年前，輿論不會這麼說。每當我們遭遇一場新的劫難，社會良知就被要求增長轉化。

**提問：**我們可以感覺到你們兩人建立了很深的共識，這個**共識**又是怎麼遍及整個社會事務處，之後又延伸到整個經社理事會？你們是如何完成各項條文，然後傳達給整個法國經濟社會理事會？

**安德魯：**若瑟神父報告書裡所提的建議案，獲得社會事務分部通過，這其中存在著某種妥協。若瑟神父希望法國經濟社會理事會能夠向法國政府提議通過全方位的抗貧基本法；但是，在一九八七年當時，談這件事還太早，有兩個原因。首先，時機還沒成熟，當時是左派跟右派共治的時期，總統屬於一個政黨，國會多數屬於另一個政黨，影響國民議會的立法能力；第二，實踐理想比較好的方式是先經過實驗階段，讓民意慢慢成熟。一九八八年情況改變了，因為新的國會產生，多數票通過了《最低收入保障法》（guaranteed minimum income law）。儘管此舉並未達成若瑟神父所期待的全方位抗貧法案，然而，通過的這項立法就是出自《赫忍斯基報告》的要求。

這份報告在撰寫階段時，我比較看好實驗的部分，因為那時出現了強烈反對聲浪。例如最低收入的概念，理事會裡面有一大票人認為，這種最低收入保障津貼會讓那些領取最低薪資的工人不願工作，寧願坐領津貼。這個論點主要是由資方提出來的，資方也表示大眾的心理還沒準備好。對於先局部試點，倒是建立了共識，資方由反對轉為贊成這項試點計畫，他們覺得此舉比較謹慎，最後投票表決時他們沒投反對票，只是棄權。法國總工會（法國最大的工會）也棄權，不過是為了其他緣由。

今天的情勢有了一些改變，我們達成了共識，大家都同意要立一部抗貧基本法，因為各種政治立場，特別是意識形態，已有了進展，大家都同意一步一步來，先行試點，然後再看看是否要擬定一部全面抗貧的法律。

我不斷說服若瑟神父改變立場，接受先行試點，我覺得這是不可避免的步驟，可以藉此凝聚共識。在社會事務分部，甚至整個經濟社會理事會裡，如果一開始就要求擬定一部對抗貧窮的法律，可能無人能全盤理解此舉的意義。正式進行方案之前，先局部試驗，以取得經驗，可以讓大家的心智慢慢意識到一個族群的存在，而我們對他們還相當陌生，必須跟他們一起逐步前進。其實，試點是教育方法的階段性步驟之一，是一種腳踏實地的做法。我們登上了一艘承載著巨大思想的船隻，必須找到開航的起點，無法一步登天，必須穩紮穩打，不求速效；急於求成反而顯示出我們對此巨大挑戰缺乏理解。

**提問：**正如您所說，時機尚未成熟。但是，擬定一部對抗極端貧窮的基本法之必要性還是寫在報告裡面了。

**安德魯：**的確如此。報告建議先試點，然後進行評估，最後立法。

**提問：**所以，在某些方面上，若瑟神父讓步了；在沒有降低目標水準的情況下，他同意花更多時間，以達成終極目標。您感覺到有哪些事，他是不會讓步的？

**安德魯**：當然有，「極端貧窮侵犯了人權」是他的中心思想，這個想法化身為白紙黑字印在報告裡的那一刻，我就確信若瑟神父會與我們同行一段路程。

**提問**：所以，這個想法是你們之間共同的連結，像是一種共同的約定？

**安德魯**：完全正確。你們都還記得，在一九八七年，「赤貧侵犯了人權」這個想法並非那麼容易理解；以前從來沒有人說過，從來沒有人提出極端貧窮侵犯了人權。大家都說：「即便此言為真，但是窮人不工作，愛喝酒，他們整天遊手好閒……」在大眾根深柢固的想法裡，窮人是跟眾生殊異的人種。然而，若瑟神父信念堅定：「他們跟其他人沒有兩樣，所以應該跟其他人一樣，享有同等的權利。」而且當我們的社會事務分部還有整個法國經濟社會理事會都承認這個事實，我們就跨越了一個重要的里程碑。當然，我們費盡苦心，這個想法才慢慢被接納。

在法國經濟社會理事會，你得學陶侃搬磚，才能滴水穿石。有一些討論發生在社會事務分部，有些非正式的討論在理事會的酒吧斷斷續續地進行。我記得跟某個成員說過：「聽著，你沒理由投票反對《赫忍斯基報告》，萬萬不可，你不能做這種事！」大家的立場往往不是在一天內就決定好的，觀念與想法在每個人的腦海裡慢慢成熟。日復一日，大家開始意識到這份報告涉及非常根本的議題。

**提問：**每個提出報告的人，肯定有他自己凝聚共識的方法。在理事會，您已經見識過很多人提出報告，跟您曾看過的報告者相較，若瑟神父是否有他自己獨特的策略或做事方法？

**安德魯：**其實不是方法的問題，若瑟神父不是個用技巧取勝的人。他是個直觀很強的人；他對事情的感受力很強，他可以感知他能夠走多遠。他了解到他的核心思想已經被接受了，接下來，在做法上必須和大家達成協議。現在回想起來，其實部門的成員比他更加致力於設法達成協議。我現在找不到例子，可是的確是這樣，他信任我們，他任由自然之流，接著水到渠成。

**提問：**這本身就是一種方法。他也給第四世界志願者很大的自由度，一旦他覺得自己所抱持的問題獲得理解，他就讓他們各自發揮。在他身上有一種特質，就是他並不企圖掌控一切。

**安德魯：**的確如此。他不是那種使用策略、方法，或是經營人際網絡的人，一點也不。他比較是個順其自然與人相遇的人，他讓事情自由發展。我們覺得壓力反而來自他身邊的工作團隊，他的團隊成員似乎希望事情能夠進展得快些。

舉例來說，我們常會對他提議的議案發出評語，接著在下次的工作討論會他就會帶著一張紙，上面寫著我們前次提問的答覆，那是他的志願者團隊為他準備的。這些答覆常常無法滿足部門裡面提問的成員，所以意見紛歧在所難免。我總覺得這些時刻呈現的是一種落差，在他所提出的理想和他準備好要接受的事實之間有一種落差，這就產生了一種緊張的氣氛。讀完他帶來的紙張後，他往往便把它放在一邊，然後問大家：「所以，您們怎麼想？」然後，另一波討論聲浪隨之而來。就好像他察覺到這些正式的答覆有其限制，無法滿足委員諸公的期待。

**提問：**事實上，他自己對這些回覆下了不少功夫。

**安德魯：**是的，他的確下了功夫，但當他看到這些答覆無法過關，他會把它們放在一邊，然後說：「好，我們重新開始，那些並沒有表達出大家的想法。」這是他務實的一面。你可以說他有方法，又懂得放下方法，實與虛並存。

**提問：**是的，有方法，又懂得放下方法，這也是一種方法。

**安德魯：**是的，這已經超越方法學的層次，他很有智慧地解讀每一場論辯。

**提問：**在每次會議開始前，開場總是先閱讀那份事先準備好的備忘錄，聽說這在法國經濟社會理事會並不常見。您認為他為什麼要這樣做？

**安德魯：**此舉讓共識慢慢建立，有著不可替代的重要性，因為事情的進展往往不是那麼明顯。但有時候事情又進展得太快了，有些人沒跟上，或不同意，或不認可已經討論過的共識，所以常常必須重新來過。這份報告的確是一件十分艱辛的工程。

**提問：**還有哪些我們該問卻沒問的問題呢？

**安德魯：**有一個問題我們已經稍稍提過，就是若瑟神父和我怎麼會碰在一起？表面上看起來，我們志不同道不合，怎麼可能為了同一個目標奮鬥。一開始真的不是那麼容易理解。他是個神父，而且我對第四世界一直採取觀望的態度，因為在我的生活圈裡，沒人知道這個運動。而且，一位天主教的神父來到經濟社會理事會提交報告，這本身就是件罕見的事。我熱忱投身於各種非教會的運動，儘管沒有反對宗教，但我對整體的教會機制很有意見。

我記得一開始，我們有過一次爭辯，我跟他說：「聽著，我實在受不了你，你讓我想起喜歡詭辯的耶穌會會士。」他很驚訝我給他扣上耶穌會會士的帽子。這和他每次開場念讀備忘錄與隨後展開的辯證有關，我說他根本就是詭辯，完全是耶穌會會士慣用的論辯方式，他那時真的很受傷。

**提問：**您的意思是什麼？您是否覺得被操弄了？

**安德魯：**一點也沒錯！我不時這麼覺得，但他極力否認說：「沒有，我們還沒有理解彼此。」他很不喜歡我這麼說，那頂帽子對他來說肯定是一種羞辱。不過，針對他的論述，我的用意是挑釁多於扣帽子。

**問題：**這肯定刺痛了他，導致他也尖銳地回應了你，這是否影響了您？

**安德魯：**當然，凡此種種在我們之間起了微妙的變化。而且，我們事後常常重提這些往事。有好幾次他來到酒吧，會跟我說：「看吧，你居然跟一個詭辯的耶穌會會士一起喝酒！」

有時一般人很難理解第四世界運動想要傳達的訊息，總覺得有點高深莫測。當然，你們想傳達的訊息很難一語道破，你們的論述沒有提供足夠的訊息。

我覺得應該往前邁進，把這個運動轉化成一個群眾運動。我知道知易行難，但這是不可或缺的一步。這個運動的未來不該只依靠志願者團體，不該只依靠你們在第一線的行動經驗，你們應該成為一個大眾化的組織。

**提問：**您的意思是創造一股輿論的風潮？

**安德魯：**創造風潮，正是如此。例如，我把學生家長的組織定位成群眾運動，我們有一百萬名會員。在法國已經沒有群眾運動，這很嚴重，因為輿論被各種媒體、各種民調所掌控，我們已經失去具有影響力的社會公器，法國只有百分之八的受薪者加入工會[2]，那些大型的組織、教師聯盟、學生家長組織，都各自分裂，自成一圈。

但是，極端貧窮的問題，到今天還被當成急難救助在討論，完全違背權利的概念。所以我說，一場對抗赤貧的奮鬥必須動員輿論，在社會內部造成一股強大的風潮，這就是我所謂的群眾運動，需要每一位公民的投入。

2　譯註：本書初版年份是一九九八年，直至二〇一二年，法國受雇者參與工會的百分比依然維持在百分之八，十多年來沒有增長的跡象。

【第四章】

# 媒體如何面對無聲者

## 被漢視的公民質疑瑞士知名報社的職業倫理

本章作者／梅耶、唐弟予

在資訊時代，透過不同群體被媒體塑造的形象，就能判斷他們在經濟和民主進程中的位置。媒體慣於用諷刺漫畫的形式來描繪窮人，不是把他們妖魔化成社會諸惡之源，就是形容得像天使一樣，稱他們是這個萬惡社會的受害者，卻極少將他們描述成有思想的人群。由於大部分的記者與窮人沒有共通點，彼此間也缺乏深入的接觸，使得刻板印象日益深化。任何社會群體都可能遇到這種片面描述，但弱勢族群沒有力量讓公眾聽到他們的反駁，使得窮人與其他社會成員更形疏遠。主流社會不了解底層公民的奮鬥，更無從得知社會各種勢力交錯對貧困政策造成的深遠影響。

《巴塞爾日報》是瑞士最大的一家德語日報，在本章所述事件發生的時候，瑞士不承認國內有貧困人群的存在，這家報社也不例外。

當《巴塞爾日報》用週日版推出貧困狀況和底層同胞生活的完整報導之後，瑞士讀者驚呆了。極度貧困的家庭開始被當做個體、被當做公民來看待；他們開始呼籲媒體報導他們所遇到的各種不公，記者則反思自己的行為對這些底層公民造成的影響。這個過程不僅挑戰並改變了這份報紙的準則，更影響了瑞士其他主要新聞媒體。

故事的主人翁梅耶（Jurg Meyer），是《巴塞爾日報》的編輯部成員，也是這個轉化過程的主要工程師。

## 首次接觸窮困同胞

我出生在巴塞爾（Bâle）附近的里恩（Riehen），我的家庭應該屬於中上階層，父親是一位化學家。我上小學的時候，學校也有來自貧困家庭的孩子。但如果老師不告訴我們的話，我不會知道那些孩子是「窮人」，這種標籤讓我感到困惑。有一天，老師去一位同學家進行家庭訪問，第二天就在全班同學面前說那位同學家有多麼窮，說他們全家擠在一間小小的屋子裡，才兩個房間，家具也很簡陋。在他講這些事情之前，我們一直和那位同學一起玩耍，從未多想。一兩個月之後，學期都還沒結束，那位同學卻搬家了，我們完全不知道為什麼。我們和他失去了聯繫，但從未忘記過他，心中一直懸著一個問號。我一直掛念著他，以及黏貼在他身上的標籤。

我也記得，那些貧困家庭的父母總是受到指責，別人說他們沒有好好管教子女，讓他們在街上閒逛亂晃。這些父母被說得那麼不堪，讓我印象深刻，因為兒時我對自己的父母有著完全的信任，可是貧窮的問題和做人的好壞被混為一談。

我記得另一個被貼上貧困標籤的家庭。其他學生都注意到，那個家庭的孩子穿著學校救濟小組提供的登山鞋。這個家庭的一個孩子和我同班，被當做問題學生。他總是跟人打架，每天都會因為不守規矩受到處罰；我對他除了不解，也有點害怕。

高中時期，我經歷了幾年的青澀歲月，因為遇到一些麻煩，所以轉到一所職業學校，無法參加大學聯考。我記得那所學校充滿一種社經地位的區隔，不同住宅區的學生走不同路線，學校認為來自貧困家庭的學生智力較差、表現不好。現在我意識到，這是因為那裡的老師傳遞的是中產階級的價值觀，而那些觀點，貧困的學生既無法認同，也不能像其他學生那樣參與其中。不久我又轉回了普通高中。

當時我不能理解這些事件的意義，我無法用任何理論或世界觀來消化這些事件，但它們始終在我記憶深處浮動，像許多拼圖在腦海中散落，找不到正確的位子。

我從青年時期就對政治和世界財富的分配極感興趣，一直探詢可以讓貧富得到平衡的途徑。當時我在意的只是貧窮的普遍概念，並沒有和我早期的那些經歷真正銜接起來。因為這樣的興趣，我去巴塞爾大學攻讀法律，研究重點是瑞士社會制度改革和不同黨派提出來的各種解決社會問題的途徑。同時，我也關注新聞媒體上的各種論辯。那個時代標記著冷戰、國際間的對抗，還有在第三世界發現的貧窮，我參加了協助第三世界的團結運動。當時在瑞士也有共產黨，不過是個小黨，他們著手探究導致弱勢群體無家無業的原因；我總是定期閱讀他們的刊物，裡面介紹各種情況，例如貧困家庭的收支狀況。瑞士共產黨的《觀察者》（*Beobachter*）週刊，到今天仍然持續報導貧窮的現況，我瞭解到貧困家庭的生存是多麼困難。

新教徒背景對我影響甚深，使我從小就相信我們的生命就是用來與他人分享的，因為我們是生命共同體。所以我成為「國際公民服務」組織的活躍成員，那是一次大戰後成立的組織，通過舉辦國際青年工作坊來促進和平，創造從軍以外的替代役選擇，要求社會尊重那些因為道德與宗教等因素而拒絕服兵役的青年。因此，我有機會和其他國家的歐洲青年一起工作，例如某年夏天，在阿爾卑斯山參與修路，或為窮困人家修理房子，在貧困社區分發取暖用的柴薪。透過這些工作，我開始瞭解巴塞爾市的各種應急社會住房。起初底層同胞只是暫時被安置在簡陋的住房裡，但常常一住就是幾十年。提供勞動服務期間，我有機會與當地的家庭交談，才理解到窮困是一場日以繼夜的長征。

透過「國際公民服務」，我得知巴黎諾瓦集貧困區在徵求志願者，替無家可歸的群體興建房屋。我之前就聽說過那個地方，它是一九五四年一次大型社會運動後在巴黎近郊臨時興建的社區。但我沒想到它現在還在那裡，完全與社會隔絕，而若瑟神父就跟居民一起住在裡面。

## 諾瓦集貧困區

第一次去諾瓦集是一九六一年的漫長暑假，回瑞士後我跟青梅竹馬的凱西分享那次旅程的印象，凱西後來成為幼稚園老師，她第二年也去了諾瓦集。我被諾瓦集深深震撼，所以一九六二年二月再去了一次，一九六三年夏天又去了一次。在若瑟神父的邀請之下，一九六四年春天我參加了一場專家座談會，與會者是歐美貧困問題專家以及聯合國教科文組織的學者。

我之前就已見識過瑞士的貧困區，所以在諾瓦集讓我感到震撼的，並非赤貧本身。在諾瓦集停留期間，即使天氣嚴寒，饑餓與暴力處處可聞，而且緊急狀況不斷發生，若瑟神父還是每個禮拜踩著泥濘道路，花時間和志工長談。這些交談顛覆了我之前的觀念，我開始學習用窮人的眼光看待貧窮與這個世界，並質疑自己過去的看法。就這樣，過去的某些經驗開始清晰起來，並且有了意義。

我本來一直認為，當務之急是找到更好的財富分配方式：怎麼公平地把富人的錢分給窮人？但是在諾瓦集的一連串討論中，我發現了另一條路徑，我意識到，首先必須承認每個人的人性尊嚴，社會必須懂得肯定赤貧同胞的經驗與價值以及他們對社會排斥的反抗，給予他們表達的媒介與平台。這些條件都具足之後，才能處理財富分配不均的問題。

而且我們談的是具體的家庭，不是抽象的數字，我們試圖理解窮困同胞看待事物的方式，若瑟神父也要我們思考自己面對赤貧的反應。他不斷地將貧困區發生的大小事與國際事務連結起來，並用底層的視角觀看這個世界。我慢慢認識到這種想法價值非凡，我應當耕耘並內化這種視角。

我決定加入第四世界運動，凱西也是。我們帶著新的提問回到巴塞爾，這些提問讓我們以不同的觀點解讀這個世界。

## 回國

外籍志工離開前，若瑟神父都會要求他們回國之後，尋找類似諾瓦集的情況。我接觸過巴塞爾的應急住房，所以我牢記這個建議。他也建議我們成立一個第四世界的朋友團體，聚攏那些去過諾瓦集的年輕人。

凱西決定全職投入第四世界運動。一九六九年她在巴塞爾一個應急住房社區，開展一項名為「飛毯」的文化活動。在社區裡，兒童、青少年和家長都可以露天坐在一張「魔毯」上，讀書、看報、作畫。我以法律扶助的角色加入凱西在社區的工作，我因此了解到當地居民遇到很多法律方面的難題。這些家庭漸漸對飛毯閱讀產生濃厚興趣，凱西便著手組織家長們一起調查社區孩童的學習狀況。他們覺察到社區大多數兒童都遭逢學習的挫敗，家長開始討論孩子在學校遇到的困難，講述他們在教育領域遭逢的不公平對待，還有該如何改變。幾個月之內，他們就在社區發起一項請願活動，要求該市的教育處長提供室內文化活動場所，這樣他們可以在室內閱讀，而不是坐在馬路邊。他們的聲音被聽到了，市府提供一棟公寓，並資助他們的文化活動，這使我們的工作贏得了公部門的認可。

透過調查、請願，還有我在社區舉辦的法律諮詢，我們團結了一批來自應急住房和其他貧困社區的家庭，以及來自各行各業的熱心民眾。這就是巴塞爾第四世界運動的開端，由處境不利的家庭及其支持者組成的團體，一個認識赤貧、有能力發聲、代表巴塞爾赤貧公民的聲音，同時也為一般公眾對話帶來新觀點。

一九六六年，我結束了法學院的學業，開始在巴塞爾青年事務處實習。我邀請若瑟神父和青年事務處的主管見面，並舉辦了一場演講。第四世界運動在這個市鎮第一次公開露面，團體的觸角也擴大了。

一九六七至六九年，我在巴塞爾的民事法庭當了兩年書記官，認識到窮人面對司法制度的種種際遇；最後，我成為瑞士《巴塞爾日報》德語版的記者，報導司法議題。慢慢地，第四世界運動陸續在瑞士其他幾個城市擴展開來；一九七〇年，我成為瑞士第四世界運動的主席。

## 從個人的投身到整個專業領域的承諾

在六〇和七〇年代，瑞士境內關心極端貧窮議題的人少之又少。報紙只會把整體問題分解開來報導，如過高的房租、過低的薪資，還有嚴重的債務造成的悲劇等。而且社會住宅短缺、生計無著、居住環境破敗，以及家庭生活的不穩定等問題，總是被切割開來，沒有人將種種情況放在一起考量與分析。

一九七二年春天，與瑞士第四世界運動負責人討論之後，我計劃撰寫一篇專門介紹瑞士貧困現狀的文章。我告訴《巴塞爾日報》的編輯部，我想做一系列深度報導，說明沒有住房、沒有收入又無一技之長的公民，如何遭受社會排斥之苦。編輯部同意在讀者特別多的週末，推出這個專題報導。

這篇報導產生了衝擊性的影響，因為過去瑞士媒體不曾出現這類報導，而且時機恰逢其時。經濟蓬勃發展的勢頭減緩，大家開始懷疑社會組成的運作方式，我提出的追問獲得讀者的共鳴。

讀者紛紛寫信到編輯部，其中一封信來自聖蓋爾大學（Saint-Gall University）的南伯格教授（Theodor Lenenberger），他也是一家出版社的負責人，力邀我就「瑞士的窮人」這個主題寫一本書，該書於一九七四年出版。一本流行雜誌將我形容為「貧窮研究者」；貧窮被看成一個值得獨立研究的科研題目，這本身已經是個勝利。過去極端貧窮的議題一直被輿論所忽略，我想那篇報導和那本書幫助瑞士公民引燃討論與思考的火苗。

## 星星之火，何以燎原？

首先，我在報導中簡述了導致貧困的機制，好讓公眾能夠把零散出現在媒體的社會事件與富裕有序的社會連結起來。我解釋了我之前在巴黎諾瓦集貧困區習得的體悟：生於貧困家庭的兒童，一直處在焦慮與不安中，他們入學之前，便已經落後其他同年的小孩。一入學，他們立即就感覺自己被遺落在後，失去學習的興味，學習成果當然讓人搖頭，離開學校的時候，他們連基本的學力與技能都沒有。成年後，由於缺乏一技之長，就持續流轉在赤貧境遇裡。我用諾瓦集貧困家庭的歷史，具體說明這樣的機制；若瑟神父曾經要我重建這些家庭的歷史，所以我有機會閱讀第四世界志願者的日常紀錄。我也引用了巴塞爾貧困家庭的例子。不同的國度與城市，故事卻雷同得驚人，這就有力地證明了極端貧困的惡性循環模式。

其次，讀者在文章中看到了行動，證明赤貧家庭一直在大環境中奮鬥，並且證明改變是可能的。我介紹了飛毯行動計畫，以及一個在佛里堡市（Fribourg）開展的類似行動。人們很清楚飛毯行動開展的地區，那裡沒有被當成窮苦之地，而是被視為破敗、危險及暴力的淵藪。令讀者震驚的是，居住在那裡的人不僅受苦，更是日以繼夜地奮鬥著。我講述了他們對飛毯計畫的熱情，講述了孩子們對知識的渴求，那是他們脫貧的希望。貧困家庭和志願者展現出對行動的投入，讓人相信他們有可能打破赤貧的惡性循環，同時也讓文章呼籲政府與公民社會參與這場奮鬥的要求，獲得有力支持。

我的記者同事們也閱讀了這篇文章，他們都很喜歡，報社允許我繼續就這個議題進行研究。一九七八年，我被派往國際第四世界運動總部做深度報導，持久志願者柏松（Henri Bossan）陪我整整一個禮拜，為我介紹第四世界在巴黎近郊的各種行動，以及總部與世界各分支團體的聯繫。我也參與了第四世界對外開放的平民大學，一個處境不利者與社會上其他成員對話交流的平台。在另一篇週末特刊的專題中，我報導了在第四世界運動總部的所見所聞。讀者瞭解到我所報導的並非個人見解，而是一個國際性運動發展出來的，理解與消除貧困的全方位路徑。

做為一名記者，我漸漸表明自己反對這個行業的一些偏見與作風，因為根深柢固的偏見與出於偏見的作為，使得城市中最沒有享受到公民權益的底層同胞日子更加難過，這是一場長期的奮鬥。

經過十年的奮鬥，我認為已經取得了一定程度的勝利，現在大多數的瑞士報紙都採取了一些做法：不披露特定場所名稱，不披露非公眾人物的名字，不無端指責謾罵，即使發生公開造勢的反對運動，也不在法院判決前指控他人。

這樣的專業倫理對每個公民都有好處，保護了大家的權利與隱私，事實上，正是最貧困的公民引導我們建立這樣的準則。之前，他們的姓氏和社區名稱在報章上出現時，總是與各種譴責相關，而且經常是未經審慎調查的傳聞。其他公民不會讓這種事情發生在自己身上，他們會用盡各種方法，施加壓力，反擊那些錯誤的毀謗，以重新取得平衡。但是最弱勢的群體卻沒有施壓的媒介與平台，被迫沉默的同時也讓他們失去應有的正義。由於觀察到媒體缺乏職業道德的行為給最弱勢群體帶來的嚴重後果，我的記者同事們意識到自己的責任，並學習到要沒有分別心地尊重每一個人。

這樣的勝利不是在一夜之間獲得的，必須利用各種正在發生的社會事件，在各種場合進行持續的討論；此外，還要運用法院的判例，我長期觀察研究這些判例，並呼籲相應的變革。

比方說，每天早上報社的記者都要開會，閱讀評論當天的報紙。在這些會議中，我會指出有哪些關於弱勢群體的報導不符合專業倫理。我們找出哪些文章做了不公的指控，這些未經查證的指控，公然冒犯了被報導的家庭與其所屬社區的尊嚴，有時甚至侵犯到他們所歸屬的部落或族群。如果被報導的對象是第四世界認識的人，我就可以具體說明這樣的報導會給這些家庭與社區帶來怎樣的後果。只要不是出於教條化的訓示或刻意批評同業，這樣的討論總是可以造成不小的影響，帶來新的理解與不同的觀點，給予必要的回應，讓大家更清楚地認識到**錯誤的報導如何打擊處境不利的家庭**。

讀者逐漸理解到，有些同胞無法確保自己的權利受到尊重。我寫了很多篇新聞，報導窮人權利明顯受剝奪的事件，並講述他們為了維權做出的種種努力。我曾報導過一九八五年三月二十六日法國最高法院對阿爾薩斯一戶居民的判決；在市長的命令下，這戶人家被其他村民和警察逐出村落。第二天，他們的拖車被燒，家畜被殺，地面被怪手剷平。出於恐懼，這戶人家甚至不敢發出怨言。第四世界決定以公民的身分，為這個家庭提出告訴。但是法律並沒有這樣的訴訟程序，所以法庭沒有接受第四世界的提告。這件事歷經十年的努力，經過十次以上的審判，最後，法國科瑪（Colmar）上訴法院才授予第四世界代表這戶人家提出抗告的權利，理由是**極端貧窮讓生活其中的公民無法單獨護衛自己的權利**，所以應該允許他們擁有特殊的維權方式。提告被接受之後，市長被判有罪，這個家庭也獲得了損害賠償。

這個判例是歐洲的首例，它向公眾傳達了強有力的訊息。但是，如果沒有我們的報導，這個重要事件便不會在瑞士德語區受到注意。這件事也讓讀者理解到，對貧困公民來說，為自己辯護、替自己維權，比其他人更難，更不用說在輿論中自由表述的權利了。

我們在《巴塞爾日報》的同一波運動仍在繼續，而且可能由於這樣的動員，一九八三年瑞士民法進行了修改：如果遭到媒體指控，個人和團體有權使用媒體予以回應。該法於一九八五年七月一日生效。我們開始密切關注弱勢群體是否能從這項新法中獲益。

在這樣的背景下，一個特別的事件帶給我們反省的契機。一群吉普賽家庭長久以來經常在巴塞爾周邊停駐紮營。有一年，幾個吉普賽家庭在巴塞爾郊外的一個池塘邊駐紮下來，而那裡正是最受市民喜愛的散步地點，城裡馬上傳播著吉普賽人任意丟棄垃圾、製造髒亂等流言。《巴塞爾日報》也加入其中，沒有足夠的獨立批判精神，用同樣的謾罵對吉普賽家庭加以斥責。我明確表示自己反對報社的做法，並建議召集一個由市民、吉普賽人和官員共同參與的圓桌會議。我認為只有把爭吵變為討論，讓雙方都能自由表達觀點，問題才可能獲得解決。我的提議遇到了極大的阻力，吉普賽人最後離開了。

市政府制定了新規則，並設置圍籬以防止流浪的族群進入該地。不管如何，我的同事們意識到，發生衝突時，他們有責任提供雙方表達意見的管道，當然也包括吉普賽人的觀點。從那時起，他們的專業態度開始有了轉變。

隨著時間推移，我想公眾對吉普賽人的印象也在改善中。組織起來的吉普賽人成功地表達了自己的需求，要求大眾尊重他們的文化，並開闢一些營地供他們停駐，這些要求在我們的報社得到了積極的回應。

## 底層的讀者促成報紙的新功能

記者若站在弱勢族群的立場進行報導，就容易獲得讀者的迴響，他們也希望自己遭逢的不義得到揭露。同理，我的報導觀點也獲得弱勢群體的注目。他們注意到這篇或那篇報導，描述了和他們十分類似的處境，同時也是有史以來，記者第一次以不帶羞辱或指責的筆觸來報導。開始有窮困的讀者打電話給我，或寫信表達支持。信件紛至沓來，成為全新的資訊來源，帶來一些不曾披露的消息。

有時我們可以將讀者來函直接刊登出來，或者先採訪再報導。但更多時候，情況太過複雜，我們難以付諸行動。我從第四世界運動的家庭成員那裡，學到**謹慎行事的重要性。因為報導任何不公正的事件，都可能引起公開的辯論，有時反而讓事情變得更糟，**

**讓當事雙方的關係更疏遠，造成兩敗俱傷的局面。在冒險將事件公開之前，必須建立足夠的關係，找到足夠的社區支持網絡。**

儘管如此，有時我們有限的干預仍提供不少幫助。我記得一名婦女向我們求助，說她的六個孩子就要被送去機構安置。我與有關部門取得聯繫，想深入了解這件事的始末。負責人立刻再次審查這件安置案，最後決定取消強制安置。類似這種情形，不需報導，就有效果。

## 底層的貢獻

弱勢群體有能力自我保護和表達意見，這已經是一個勝利，但要做的事情還很多。這場運動使我瞭解到，弱勢群體和其他人一樣，不甘於只關注自己的麻煩，他們也希望參與社會討論，希望融入大眾文化，希望為公共利益做出貢獻。就像若瑟神父所說的，貧窮就是被剝奪了奉獻的權利。然而那些極度貧困的人很難奉獻什麼，即使他們做出貢獻，也經常被忽視。只有針對這點下功夫，把他們帶到聚光燈下，才能讓他們被人看見，受到賞識。

媒體如何才能幫助弱勢群體在更廣闊的平台上表達自己呢？我面臨一個倫理問題。身為這個運動的主席，撰寫這樣的文章是不符合記者專業的。這個行業有條規則是我認同且尊重的，就是一個人不能同時當代言人和記者。在許多事件中，底層同胞有著鮮明的觀點並發揮了巨大作用，我必須把這樣的故事提供給同事，讓他們自己去報導。

一九九一年春天，機會出現了。第四世界運動在巴塞爾辦了一次記者會，展出了一條由深歌女士完成的掛毯。深歌女士了解貧困，並且是第四世界運動的一名活水成員。我熟悉這條掛毯背後的故事，也知道深歌女士在創作過程中遇到的困難，了解掛毯的美麗與它傳達的有力訊息。報社收到他們發出的邀請時，我打電話給同事克里斯托，因為他對藝術的興趣大於社會事務。他本身就是藝術家、作家和詩人，正適合這項任務。我對他說：「通常我們談到貧困的時候，都指向缺少收入或經濟來源，而這裡有一個完全不同的角度，這次展覽是底層同胞的藝術表達，表現他們對文化以及文化傳承的參與。」他有興趣。當我們在下一次的例會中隨意分配需要處理的題材時，克里斯托毛遂自薦去採訪那場展覽，我並沒有隨他同去。回來後，他很快撰寫了一篇長文給我看，我告訴他，一個字都不用改。

他的文章占了藝術版一半以上的版面，還包括圖片。那張照片展示了這幅掛毯描繪的一百五十六個場景中的六個。他指出，這些場景都取自於若瑟神父的生活。「這個起始於一九五〇年代的運動，不僅是在幫助窮人，其創立人自己就是窮人……藝術品有著驚人的豐富色彩，不僅僅是呈現貧窮，更表現了奮鬥的生命力。」報導還引用了深歌女士的話：「如果沒有人在背後保護你，你必須使出全部的力量，隨時保持警惕，不讓這個社會把你推入更悲慘的深淵。窮困，就是到處被看不起，遭人嘲諷。」「你在掛毯看到的景象，正是窮人的生活。第一個場景中可以看到若瑟神父四歲的時候，患有弓形腿卻得不到治療。五、六歲的時候，他每天早上擔任輔祭，這樣每週可以賺兩法郎給他媽媽。」

最後，他的報導是這樣結束的：「深歌女士怎麼能擁有這樣的精力與想像力？她的回答是：『一九八九年七月，若瑟神父去世一周年，我拜訪他的墳墓。在那裡，我發誓用我的全部力量，讓那些不識字的人也能瞭解他的生活與奮鬥。希望他們能夠像我一樣，從他那裡獲得勇氣。』一九八九年九月一日，深歌女士開始創作。『只要一有空閒時間，我就開始刺繡，通常是在晚上。我坐著思考形狀和顏色，一針又一針。有時我會靜坐很長一段時間，想像下一個場景；我不曾拆過重繡，哪怕一針。』」

今天，克里斯托繼續他的報導，描寫底層同胞在藝術、哲學和文化上的原創作品，他經常引用深歌女士的觀點和詩意的語言。他第一次見到那位夫人時，這位站在掛毯前的女士給他留下了極其深刻的印象。

（本章翻譯：孫葉竹，校正：楊淑秀。孫葉竹曾任職於北京東珍納蘭，該機構於二〇一五年改名為中國國際女性影展）

【第五章】

# 城邦的民主

## 一名波爾多市民如何游走於被排斥者、被納入者與民意代表之間？

本作者者／伯爾娜德、費妮、唐弟予、傅妮（Naomi Berline）

若瑟神父懂得質疑、推動各政府，
他也質疑、挑戰各時期的議會，
每當他涉足某個部門，那個部門的本質就發生改變。
如果不是因為他內在擁有深厚的力量與篤定的信念，
他將空手而回，人們會繼續墨守成規、照章行事。
沒有他，法國不會有《最低收入保障法》，
也不會有隨之而來的相關立法。

——雅各．夏邦—貝拉斯[1]
曾任法國總理與波爾多市長

伯爾娜德，二〇〇七年，國際若瑟．赫忍斯基中心。

二十五年前，大部分的波爾多市民都不知道自己的城市裡有同胞生活在赤貧中，市政府的政治人物們也不關心貧窮的議題。今天，第四世界的家庭和該市的一些市民凝聚在同一個運動中，他們與其他市民及市政府展開對話。

這個故事描述該市一個社會運動風起雲湧的各個階段，這個運動如何成為體制下各個機構的夥伴。

這個故事也向我們指出，與赤貧者結盟的過程中，可能發生的各種根深柢固的內在張力；這張力或許起因於你的出身背景，或許是因為你扮演的機構角色。

這個故事也讓我們清楚地看到，持續與堅定的對話，如何讓原本的種種張力結出累累的果實。

故事的主角有兩位，一位是伯爾娜德（Bernadette Maraud），直到一九九四年，她一直是第四世界在波爾多市的負責人。另一位是費妮（Veronique Fayet），在當選市議員之前，她一直是伯爾娜德的左右手。

## 回首往事

回溯往事，我看到一個備受寵愛與保護的小女孩，有點像是活在一個蟲繭裡；接著小女孩長成一位非常快樂的少婦，受到先生的鼓勵與孩子們的推促，慢慢地脫繭而出；最後她變成一個意識到自己各種潛力的女人，並且在第四世界運動發現到：真正的自我實現是由別人帶給你的。

由於對極端貧窮異常敏感，所以這方面的訊息常常讓我非常難受，我總想立刻飛過去幫助受苦的人，想要安慰他們，減輕他們的痛苦。

但是若瑟神父建議我走其他的路徑，他帶領我在社會上展開公開行動，這讓我付出很多代價。即便我沒有馬上明白他要我做的事多麼重要，我還是信任他，他對我提出的

1 譯註：雅各・夏邦—貝拉斯（Jacques Chaban-Belmas, 1915-2000），法國政治家，一九六九至一九七二年間擔任法國總理，先後擔任過波爾多市市議員及市長（一九四七至一九九五年間），並三次擔任法國國民議會議長。

挑戰，讓我從羞澀與缺乏自信中解放出來。

我深信他的友誼與慈愛，若非如此，我不可能在這條路上走得如此之遠。如果我深受他的影響力左右，我想那是因為我在他身上不僅找到所有住在他心田的窮人，也找到他身上的赤貧烙印。**至貧者，是一個需要他者的人，一個不知安全感為何物的人，若瑟神父就是**。

他的不安全感讓我感到沉重，我一開始多麼希望能夠得到「指引」，但是我很快就發現這是空想。他的做事方法，也是整個運動的方法，就是混合著信任與嚴格的要求，這讓我無法花太多時間去懷疑自己，並且總是不斷地跨越新的里程碑。我在持久志願者的網絡裡找到一種可能性：一方面獨立自主，但是又得到充分的支援，他們與我的距離既遙遠又親近，他們的友誼對我彌足珍貴。

在波爾多，有許多盟友圍繞著我，他們幫助我提出真正的問題，我和盟友費妮成為緊密合作的夥伴，面對赤貧公民，我們懷抱著同樣的雄心壯志，並在行動中分享著同樣的熱情。

也因此，過去這二十年，是一段顯露人性的歲月，混合著軟弱與堅毅；想要對一個更為公義的世界有所貢獻的渴望，加上第四世界家庭的痛苦與勇氣所提供的指引，再加上這個運動對我的信任，在在充實了這段歲月。

## 國際兒童年引發的一連串活力

我和若瑟神父的相遇可以遠溯到六〇年代，我讀了一篇他寫的文章，深感共鳴。一名電視台的記者把諾瓦集貧困區的婦女形容成多產的「母豬」，若瑟神父對此深感痛心。

我自己身為母親，頗能感同身受，我拒絕這些婦女受到這樣的羞辱，所以我寫信給若瑟神父，告訴他有一天我會加入他的運動。

一九七一年葛蒂（Huguette Mallet）在波爾多市創立了第四世界的核心團體，當時我三十五歲，有五個孩子，我決定去聽聽他們的公開演講。接著我加入了這個團體，我一開始的工作是去認識、發現這個城市處境最不利的族群。

在那個時期，就像其他許多大城市一樣，波爾多市中心要進行都市更新，很多老舊城區被拆遷。「**拆遷戶被安置到哪裡去？**」若瑟神父在追問我們這個問題的時候，馬上就把我們的行動置入一個很大的計畫裡，在尋找四處漂泊的窮人時，在關切他們被驅趕到哪些地方、瞭解市府與社福單位的拆遷計畫時，我們協助建立起對**窮人普遍處境**的**認識**，也歸納出一種在城市及其市郊「**偵查**」**赤貧者去向**的方法學。而且這樣的認識將有助於我們當時的目標：尋找一個開始進行「街頭圖書館」的地方。有好幾個盟友被賦予的使命是，製作一張標示波爾多貧困區的地圖。

一九七八年十月某一天，我在第四世界運動的訓練中心皮爾雷參加研討會。我安安靜靜地坐在演講廳內，然後感覺到有一隻厚重的手拍了拍我的肩膀，回頭一看，是若瑟神父，他要我跟著他走，我直覺會有什麼事落在我身上。

我很快就聽到他說：「你是波爾多人，你們的市長現在是法國議會的議長，你一定要設法說服他參加一九七九年的國際兒童年。」

他的話讓我目瞪口呆，我回答他：「你要我做的是我最討厭的事：站出來說話，去拜訪重要人物。我天生害羞，沒這方面的天份。」

我清楚記得他的回答：「你是個懂得建立關係的人。」我不知道他到底想說什麼，反正從來沒有人這樣跟我說過。儘管帶著疑惑，我卻聽到自己這樣回答他：「好吧，既然你這麼說，我就相信你，不過你得背負後果，如果我失敗了，不要怪我，要怪你看錯人。」

回到波爾多之後，我很謹慎地給他寫了一封信，我不想讓他對我運用時間的安排發生誤會，我告訴他：「我得優先關照我的先生與五個孩子，我在第四世界的投身排在第二……」他回我說：「在你和你的家庭間將一直存在著一種張力，這就是為什麼不要走得太快太遠，將來，你才不會否定你曾經投注的一切。過與不及都不好，太多就是太多，你的先生與孩子們的同意是非常重要的……」他找到破關的鑰匙：信任。

我意識到若瑟神父當時已經有一個長遠的目標，他在之前的一次會議中曾經說過：「如果我們得到夏邦議長的支持，我們就可以幫助第四世界家庭在歐洲議會找到應有的位子。我們必須問他，國際兒童年之際，他在自己執政的波爾多市想做些什麼，要跟他談談第四世界的孩子；如果夏邦先生願意站出來談論赤貧，他在各政黨間一定會發生很大的影響力。」我知道他把這個使命交給了我。

若瑟神父建議我和西蒙娜女士（Simone Noailles）取得聯繫，她當時是社會事務部門的助理，曾經聽過若瑟神父的公開演講。除了這個建議之外，其餘的他讓我全權處理。我知道自己一定不敢直接和波爾多市的市長對談，不過，我親耳聽過西蒙娜女士談話，覺得她平易近人，親近她我比較有把握。我和另一位盟友雅納（Jeanne），一起提出和她會面的要求，目的是希望她會對我們的計畫有興趣，同時也想向她請益。

我們對這次會面的期待包括：

1. 希望她對我們探究波爾多貧困孩子的工作提供建議。
2. 希望她幫助我們擴大義賣聖誕卡的募款活動，以便資助世界各地的街頭圖書館。
3. 幫助我們在處境非常不利的社區開辦街頭圖書館。

4. 籌辦一個屬於兒童的大型活動，聚集不同生活圈的兒童，促進他們彼此的理解與友愛。

西蒙娜女士接待了我們，並承諾會支持我們，接著我們表示，希望這些創舉得到市長的認可，西蒙娜回答：「那肯定要透過他的妻子。」她也建議我們廣結善緣，去和其他人會面，特別是省長夫人德蘿內女士（Delaunay），她擔任過學前教育督察長。我們邀請西蒙娜參加十二月舉辦的盟友會議，也會見了德蘿內女士，接著又去拜訪一所學校的學生，希望他們支援我們義賣卡片以及國際兒童年的活動。與此同時，我們也開始認識貧困社區的兒童，不同生活圈的兒童開始互相通信。

我對這些初期的成果感到驕傲，所以馬上寫了一封信給若瑟神父，告訴他這些消息。

若瑟神父的助理艾必肯（Gabrielle Erpicum）和西蒙娜決定在一月份會面，屆時西蒙娜將路過巴黎，我和雅納也受邀參加這個會面。會面時，若瑟神父表示希望能夠見到夏邦先生，西蒙娜當場就打電話到國民議會，試圖聯繫幾個相關人士。接著我們就到該區的風味餐廳用餐，晚餐的氣氛很輕鬆，關係慢慢建立了起來。

幾個星期之後，我收到若瑟神父的一封信：「你一定很高興，一月二十五日，也就是下星期四，我就要和夏邦先生見面了，我已經寫信給西蒙娜，一一確認上回在巴黎會面時的談話內容，我對那個晚上的會面有著很棒的回憶，我充滿信心，她將會盡力達成你所期待的，由衷感謝你所做的一切……」

接著一切都加速進行，西蒙娜和若瑟神父決定要舉辦一場圓桌論壇，邀請省衛生福利處（DDASS）與住宅局處、早期療育等部門的負責人，一起討論國際兒童年可以共同展開的行動。若瑟神父必須和其他三名持久志願者一起參與，我們以為他們會全權處理，結果根本不是這樣。

若瑟神父堅持圓桌論壇的主持人必須由波爾多人士來擔任，他說：「你們比我們更清楚他們最關切的議題，而且我不認為第四世界的想法是唯一有價值的。」最後西蒙娜接受了主持人的角色。

圓桌會議的那個晚上，若瑟神父受邀和一些重要人物晚餐，但是他都一一拒絕了；他想到我們家安靜用餐，這讓我非常感動。

在這之前，我收到他寫給我的另一封信，談及他和夏邦先生會面的情形：

> 多虧你，事情順利推展：五月十三日那天，也就是舉辦「第四世界兒童代表大會」的日子，將有兩千名來自世界各地的兒童聚集在巴黎。我會見夏邦先生時，他提到一個我們之前沒料想到的安排，也就是在同一天，夏邦先生必須在波爾多參與

一個慶祝活動，因此他無法如我們所預期的，在國民議會接待第四世界的兒童。即便如此，他將指派副議長負責接待的任務，他希望孩子們無拘無束，感受到熱情、愉快的招待。

對於五月十三日沒法跟夏邦先生有直接的接觸，我們多少有點失望，不過我們想起另一個可能性。由於一群波爾多市兒童代表將在當天去巴黎加入其他兒童的行列，我們便建議夏邦先生在波爾多小朋友出發前先接見他們，他對這個想法熱切表示贊同，而且還補充道：「我會把我想跟第四世界傳達的訊息交在他們手中，讓他們帶到巴黎，並將之轉達給負責接待的副議長。公開宣讀訊息的時刻，我會讓廣播公司和電視臺現場轉播。」此話一出，事情越來越具體化，你得準備一群兒童代表才行，五十幾個，你覺得如何？

我覺得如何？我覺得這跟其他事情一樣，有點瘋狂，上哪兒去找這些孩子？我們對波爾多及鄰近地區的貧窮家庭還不夠認識，怎麼在波爾多市政府組織這樣一個代表團？甚至旅行到巴黎？

於是我打電話請教若瑟神父。

若瑟神父說：「我希望有五十名兒童出席。」

我答：「不可能，十個就不錯了。」

若瑟神父：「好吧，四十個。」

我答：「我試試看能不能找到二十個。」

我們後來的共識是二十名兒童代表。事實上，最後我們找到五十五位！

我們和第四世界家庭商談這件事，他們比我們更敢做夢，對狀況的理解也比我們更敏捷、更清晰。出發到巴黎的前一晚，夏邦先生一諾千金，接待了兒童和他們的家人，他在媒體面前公開宣讀他寫給所有第四世界兒童的訊息，並要求他們將此訊息轉達給國民議會的副議長。

西蒙娜記得：「我要求國民議會準備香檳，提供最高等級的招待；我跟他們解釋若瑟神父說過的話：窮人不曾享受過尊榮，因此，有權得到世間最好的。」

這趟旅程有點像高潮迭起的連續劇：有一個小孩在火車行駛了三十公里後，逕自在禮布林站（Libourne）下車，他滿以為已經到巴黎了，於是你得在火車開動前，趕快把他抓上車！回程的時候，另一名兒童拉動警鈴，火車便在荒郊野外緊急停車！精彩的插曲可不只這兩樁，對孩子、他們的家人、我們自己，以及其他以各種方式參與這趟冒險的人，從火車司機到法國總統，這都是畢生難忘的經驗。

就這樣，一九七九年五月十二日，波爾多市的赤貧家庭代表第一次從華麗大門進入市府的廳堂，翻開第四世界運動和市政府的歷史新頁。

## 人家是錢滾錢，這個運動是「人滾人」

### 凝聚資源

國際兒童年這場大型活動，為第四世界運動在波爾多扎下根基，包括：進行街頭圖書館，與一些貧窮社區的家長接觸，擴大朋友網絡，跟一些公家機關開始有了接觸。但是，我們不能以此自滿，必須維持行進的狀態，和各處風起雲湧的公民活力接軌。費妮才剛加入團體，一九八一年，她開始籌辦一場第四世界兒童的展覽。接著，在若瑟神父一場公開演講後，我們決定跟波爾多市的衛生福利處合辦一場論壇。

我跟費妮詳盡考慮，進行沙盤推演，論壇的目的是匯聚該部門的社工，和他們一起思考，可是應該怎麼進行才好？怎麼讓他們願意前來參與，並且自在地分享真正的困惑？我們決定去到他們的地盤，這對他們來說也許會比較容易，而且應該由第四世界運動跟他們的主管一起發出邀請函。所以，第一步就是和處長會面，而他接受了這個建議。

西蒙娜女士提供了一份名單，這些關鍵人物來自不同的領域，我們不能忽略其中任何一個。我們以至貧公民的名義發出邀請時，承受不起引發敵意，必須徵求各方意見，不能遺漏某人，讓他覺得受傷。費妮跟我像朝聖者一樣，一一拜訪名單上的十位關鍵人物。這樣的投注是非常值得的，論壇當天，衛生福利處的大廳聚集了八十名參與者。

巧合的是，那天正好是政府首次發行《對抗貧窮與不穩定報告書：六十項建言》（史稱 Rapport Oheix），這是法國官方第一份與極端貧窮有關的白皮書，若瑟神父和第四世界運動對這份報告做出很多貢獻。來自總部的持久志願者伯爾納德（Bernadette Cornuau）和陸昂（Lucien Duquesne），在論壇中宣佈了這個消息。與會者意識到我們正在討論的議題是舉國關注的大事，於是大膽提出真正的問題，也願意聆聽赤貧家庭的觀點。論壇之後，市府住房、司法和衛福部門，有兩年的時間都定期開會，讓投身赤貧家庭的基層社工員有機會透過分享、交流，彼此陶成，並在他們與赤貧家庭一起工作的過程中得到應有的支持。

## 每個人都關係到窮人的解放，都是夥伴

我們這群盟友在波爾多的工作，像愚公移山一樣，一天一畚箕。我後來才意識到這些微小舉動的重要性。每一位盟友都試圖在自己的生活圈引發公眾對窮人的關切：大部分的小學老師，通常不知道為什麼某些兒童在學校的表現總是這麼差；檢察官、法官和

律師，不了解某些被告的經歷；醫生、護士對某些病人的生活條件所知甚少；面對各教會，我們想讓大家知道，窮人要向我們傳報福音；要讓兒童了解，因為兒童從小就有能力散播友誼；要吸引年輕人，因為他們充滿熱情，願意為公平與正義奮鬥；面對大學學府，希望他們能傳授窮人的歷史；而新聞從業人員，應該敦促他們瞭解窮人的生活，在進行相關報導時，給予充分的尊重；至於社會大眾，應該催促政府領導人，一起拒絕社會排斥的存在。

若瑟神父不斷提醒我們一點：「窮人的盟友們，你們在社會上扮演著重要的角色，因為一般公眾至今仍不了解至貧同胞的處境。」

我們試著在這片土地熱情耕耘，耐心鬆動土壤，好迎回那些找不到生存空間的同胞。我們遇到來自各種不同生活圈的人，當我們建議大家成為至貧同胞的朋友，我們發現對方通常都很開放，也都願意了解自己對抗赤貧的責任，彷彿他們早就準備好了，就等著我們提出建議，這讓我們越來越放膽去做。伯爾納德和其他幾位資深的持久志願者一樣，經常奔波於巴黎與波爾多之間，前來支持我們這批盟友，或是在第四世界運動總部接待我們，陶成我們，和我們一起對行動進行評估與計畫，有一次她說：「你們在這個城市編織起了一張充滿警覺與敏感度的網絡，因此，這個城市的至貧公民不致再任人評斷或操弄。」

推動我們的力量，是底層同胞遭逢的痛苦與勇氣，還有，路見不平，本來就要出手相助，你不可能對不公不義的事情視若無睹。我們對赤貧同胞的認識來自第四世界的出版品，這些書刊通常由志願者撰寫，他們在日常生活中和底層同胞直接來往。我們也直接向波爾多的赤貧家庭學習，那些和底層站在一起的投身者也慷慨分享他們對貧窮的認識。

費妮的見證恰恰可以說明這點：「我去參加會議時，鄰居瑪德蓮常搭我便車，過去這些年來她一直在支持那些深陷困境的家庭，和底層的相遇讓她充滿熱情，所以她不停跟我分享她和窮人的相遇。我邊開車，她邊替我上課，她算是我在第四世界的教母。」

另外，也有一些修女成為盟友，修女的小團體甚至住進一個比無產階級更窮困的社區，與底層同胞分享生活、痛苦和希望，參與他們的奮鬥。我也在一九七四年跟一個受苦很深的家庭建立了特別的情誼，一直到現在都還保持著聯繫。

我們一起保持對不義的敏感度，有時候也一起公開表明我們的義憤。以杜媽媽的故事為例，每次一想到她們全家差點被房東趕出去，她就覺得羞辱，忍不住落淚，但她也總是自豪地加上一句：「為了不讓我們一家人流落街頭，有五十個朋友前來相挺，直到我們有了新的住處。」發生這件事之後，杜媽媽總是定期來參加第四世界的平民大學。

另一個例子，是我們和佛洛縣（Floirac）的幾個家庭一起奮鬥，他們住在波爾多市的邊陲，沒人肯聽他們說話，為了支持他們有尊嚴地住進合宜住宅，我們持續努力了好幾個月。另一個例子發生在波爾多市的梅里亞區（Merignac），那是一場長達六年的奮鬥，我們參與了噓聲貧民窟（Chut）拆遷與安置的過程，向區政府、省府建築管理處和衛生福利部門抗爭，最後讓居民得到妥善的安置。

在一次又一次的交鋒過程中，西蒙娜經常處於暴風圈，回顧這場奮鬥，她說：「伯爾娜德打電話跟我談佛洛縣的家庭，說她希望在住宅管理局的董事會開會期間，動員一群第四世界的成員到管理局的大門口示威，我建議她暫時按兵不動，讓我先跟市長談談。洽談過後，夏邦市長同意翻案，對安置事宜重新展開調查。最後，每個家庭都得到了安置，這真要感謝第四世界的大力推動。」

## 與波爾多市政府結盟

### 結盟的各個階段

一九七九年五月十四日，市政府接待第四世界家庭之後，成功的相遇讓雙方都得到尊榮，市府當局開始資助第四世界在波爾多的行動計畫。

西蒙娜當時是該市社會事務處副處長，她開始定期參與第四世界地方性、全國性和國際性的活動。一九八二年五月十五日，她和波爾多市的第四世界成員一起去布魯塞爾參加第四世界運動二十五周年慶，活動主題是「人人享有充分的人權」（All Human Rights for All），上萬人參與了這場大型活動。我還記得旅程中，西蒙娜在火車上一邊打毛線一邊與人交談，這是她頭一次有機會跟波爾多的貧困市民面對面相處。火車上，費妮和她的先生安東尼也跟一對與他們同年的貧困夫妻成為朋友，這段友誼加深了他們對第四世界運動的認識與忠誠。西蒙娜和費妮也藉這個機會更熟悉彼此，這些連結成為日後發展的關鍵。

布魯塞爾的活動也因為許多其他原因而顯得意義重大。赤貧家庭開始意識到，他們屬於同一個族群，雖然他們分別來自歐洲及北美，口說不同的語言，但是他們認同並理解彼此。我們當時在波爾多，跟家庭交談時還不敢用「第四世界」這個詞彙，後來發現其實他們對參與這個運動感到相當榮幸。回到波爾多之後，他們決定要再次相聚。十八個月之後，波爾多開辦第四世界平民大學，一直到今天，這所平民大學依然是第四世界運動在波爾多凝聚眾多成員的核心。

一九八四年，在若瑟神父的要求下，我偕同費妮去和夏邦市長見了一面，並當面向他提出兩個請求：首先，第四世界運動需要在波爾多找一個定點做為中心；其次，希望他以議長的身分，參與國民議會新成立的**第四世界委員會**。夏邦先生一一首肯。

一九八四年，波爾多『新興行業百工坊』揭幕式，由左至右，若瑟神父、西蒙娜和夏邦先生。

一九八四年還有另一個關鍵性的進展，市府當局參與了「新興行業百工坊」（House of Trades for the future），這個計畫由第四世界的志願者主持，聚集不同背景的年輕人，目的是和出身赤貧的年輕人一起共學，互為師生。同樣的計畫也在德國的慕尼黑並行，兩者是姊妹市。

西蒙娜回憶道：「一九八四年我在皮爾雷接受培訓時，若瑟神父把這份使命交給了我，他說如果這兩座姊妹市資助這項計畫百分之五十的經費，歐洲共同體會資助另一半經費。夏邦先生要我陪他去慶祝波爾多與慕尼黑締結姊妹市的二十周年紀念，我們就在那裡跟德國友人一起做了決定。幾個月後，夏邦先生和若瑟神父就在波爾多替『新興行業百工坊』揭幕。這項行動計畫對波爾多的年輕人產生了重要的影響，一直到今天，第四世界的年輕人由波爾多市立圖書館聘用，他們創造了一個行業叫做『書的媒人』。有朝一日，要把這段故事好好說一說。」

另一個階段是夏邦先生參與了一九八七年十月十日在波爾多舉行的大型集會，他在滂沱大雨中泰然自若地觀賞了第四世界家庭的話劇，由底層同胞演出自己的故事，劇名是「幸福就在你左右」。他那天的激動之情溢於言表，同一天，他決定接受若瑟神父的邀請，參與七天後在巴黎自由人權廣場的盛大慶祝活動；那是十月十七日，第一個世界拒絕赤貧日，同時也是第四世界運動三十周年慶。

## 獲市長重用

一九八九年，若瑟神父辭世後一年，第四世界運動和波爾多這座城市的結盟邁向另一個階段。

九年來，費妮是我在公共關係上的左右手，負責對外發佈行動訊息，並代表第四世界參與法國全國雇主聯盟舉辦的圓桌會議，西蒙娜則代表波爾多市政府參與，當時有另一位市議員注意到費妮。幾天後，她建議西蒙娜推薦費妮參選市議員。西蒙娜向我坦承：「我早先就想過這件事，但是我不好意思向第四世界挖角。」

不過，夏邦先生同意之後，她還是向費妮轉達了這項提議，費妮冷靜考慮，詢問她的先生、小孩，也詢問我和法國第四世界運動的意見。她說：「如果我接受了，代表我將以第四世界的盟友身分，貫徹我的投身。」我只有同意，即便萬分不捨。

她參與了選舉，為了避免讓第四世界運動與夏邦先生所屬的政黨掛勾，她並不是以第四世界的名義，而是以母親和公民的身分參選，因為她認識波爾多最底層的市民，並立志不讓他們被遺忘。

她順利當選了，市政府因此受益於她在第四世界運動習得的經驗與知識。

## 城邦的責任

費妮慢慢朝目標前進，並在這個全新的領域學習。她承認一開始自己徹徹底底是個門外漢。很快地，她跟議會的同僚成了朋友，他們看到她所作所為並不是為了私利，而是為了幫忙改善市政府的社會服務品質。慢慢地，她和西蒙娜一起思索，市政府要如何更完善地對待處境不利的市民，社福經費的使用方式也慢慢改善：與其東一個小救助、西一個小補助，或是發放救濟物資，不如改善市政府與至貧公民的關係，裨益底層公民重新出發——社會事務部門試著發揮比較持續性的影響力。

很快地，費妮被指派代表波爾多市加入「歐洲城市組織網」，這個組織的成員保持對話，一起探討現代都會生活帶來的挑戰，而波爾多市的代表常常在議程中要求討論極端貧窮和全民參與這兩個議題。這個歐洲城市組織在西班牙巴塞隆納的一場座談中，曾經邀請第四世界運動法國代表古德布去介紹《赫忍斯基報告》所建議的策略，也就是在公權力與赤貧公民之間建立夥伴關係。慢慢地，大家意識到這個夥伴關係是可能的。不久前，歐洲城市組織的某一個市長助理回憶道，在歐洲城市必須優先面對的問題中，不可以忘記極端貧窮，因為費妮非常在乎這件事。

波爾多市的行政部門在社會行動上發生了許多改變，這裡有兩個可以詳述的例子：與簽訂「團結關懷就業契約」的群體建立起聯繫，以及重新安置那些多年來定居在八德路（Chemin de la Barde）貧困區的西班牙吉普賽人，那是一個衛生條件相當不堪的貧民窟。

## 透過「團結關懷就業契約」聆聽赤貧者

波爾多市雇用了一批為數不少的短期約聘員工，此計畫背景是希望為長期失業的市民創造新型雇用契約。這六個月的短期約聘由市政府大力支持，讓參與者擔任半職工作，另一半時間則接受職業訓練。市政府希望在六個月後，參與這個「團結關懷就業契約」的市民就能夠擁有一技之長，進入一般的就業市場。然而這個計畫忽略了一個事實，也就是計畫的參與者往往來自非常貧窮的背景，長期被社會孤立，專業技能的基礎非常薄弱，如果沒有其他的訓練輔助，在那麼短的期限內，他們重新融入就業市場的機會微乎其微。

波爾多市政府意識到這個問題，為了進一步瞭解這群短期約聘勞工，市政府寄了一份厚厚的問卷給每一個簽約者，詢問內容包括他們的住宅狀況、工作經驗、職訓經驗以及他們的需求等，但是問卷回收率相當低。覺察到他們長期被孤立的情況，費妮解釋，在這種情況下，他們很難單獨回答這些問題，需要和別人交換意見跟想法。還有，如果沒有清楚解釋問卷的目的，他們無法理解為什麼要說出自己的生活情況，而且說出來之後會帶來什麼樣的後果？她分享自己在第四世界平民大學的寶貴經驗：假如政府部門真的想要知道短期約聘勞工的想法，必須讓他們有機會齊聚一堂，一起思考，找到描述困境的字彙，一起表達他們的希望，以及改善這個計畫方案的辦法。

她建議成立一些十到十五人的討論小組，每組由一個志工協助。這些小組能否成功的關鍵，在於小組帶領人的催化能力，在於他們是否能夠避免官僚的討論方式，也就是自己搶著回答問題，自說自話，阻礙經驗的分享。

在眾多討論小組中有一個「交通安全助理」小組，該組成員經驗了一趟不可思議的旅程。他們的工作是維護學校放學時的交通安全，這個小組選了一個他們最關心的問題：如何讓這份工作贏得肯定，他們覺得別人常常看不起這份工作。小組的共同思考結出了果實，他們最後製作了一本小冊子，內容介紹這份職業及他們在波爾多市的角色。第四世界有一位盟友本業是記者，在他的協助下，他們採訪了學生家長、學校校長、教育局副局長，詢問這些人對學校交通安全助理的看法，以及他們認為這些助理對波爾多市有什麼貢獻。接著，他們還為學生家長編寫了十條維護學童交通安全的建議。這本非常有意思的精美手冊，在西蒙娜的要求下，於一九九二年十月十七日世界拒絕赤貧日由市長夏邦正式出版發行。當天約有一百多位學校的交通安全助理在市政府大廳接受表揚，大家公開感謝他們對全市所做的貢獻，大家在整整兩個小時的慶祝活動中互相交談，認識彼此。接下來的兩個月，小冊子已經廣泛宣傳到每一所學校，推廣給一萬名家長。

## 吉普賽學童的就學

八德路貧民區的家庭和西蒙娜經過長期的努力，最後該區三十七戶家庭終於被安置在一個具有「西班牙南方風情」的社區。這個社區的建造尊重居民的西班牙文化傳統，社區內也組織了一個居民委員會。當然，赤貧不會像魔法般突然消失不見，比方說，他們孩子的就學仍然是一個大問題。

居民一搬進去，費妮和西蒙娜就開始為吉普賽兒童在當地就學而奮鬥。她們必須說服那些多次吃過學校苦頭的父母親，並創造與學校成功交涉的新經驗。她們爭取到兩輛交通車，每天固定到社區載孩子上學，大大提高了學童的出席率。但是，吉普賽兒童被集中在兩所鄰近的學校，學校的其他家長開始抱怨，並拒絕讓他們的孩子跟吉普賽孩子一起上課，威脅要讓自己的孩子轉學。孩子的就學演變成一場戰爭，這兩位維權婦女意識到：答案絕非為吉普賽兒童單獨創立一所學校，而是讓他們慢慢融入當地。

西蒙娜回顧道：「我是那一區選出來的市議員，平常對教育事務非常投入，我說服該區學校在每個班級都接受兩位吉普賽兒童。一年的成功經驗後，其他幾所學校也同意同樣的做法。」為了讓吉普賽兒童融入當地十幾所學校，她們跟該區每一所學校的家長和老師不斷溝通，共同努力，最後大家才慢慢接受吉普賽兒童，平靜再度降臨這個市區。

## 費妮是怎麼成功的？

費妮覺得自己是個滿自由的人，她不曾為了仕途汲汲營營。有兩次機會就是最佳的證明，一次是夏邦透過西蒙娜推舉她，另一次則是曾擔任過波爾多市長跟法國總理的阿蘭・朱佩（Alain Juppé）[2]對她的看重。

這六年來，她一直秉持著謹慎的態度，避免讓人反感，避免變成一個開口貧窮、閉口貧窮的問政者。不只是貧窮議題，她對市政的每個領域都有興趣。她意識到，最大的挑戰是說服那些自以為是的「專家」，或是長久以來負責社會難題的社工，因為長期累積的挫敗讓他們對底層市民有著相當負面的看法。其他的挑戰還包括她因為強調公民權而被歸類為偏左的政治傾向，文化背景的差異使得每個人對同樣的字彙有著不同的解讀，她必須謹慎不讓自己掉入派系陷阱。

費妮，二〇一五年聯合國氣候變遷大會，巴黎近郊勒布爾熱（Le Bourget）。

選舉期間，她發起了一連串的鄰里會議，建立一個市政府跟公民

2 譯註：阿蘭・朱佩於一九九五至九七年間擔任法國總理，一九九五至二〇〇四年間擔任波爾多市長，二〇〇六年至今，再次擔任該市市長。

對話的機制。這是朱佩的主要政見之一，也是他未來的施政重點之一。這些鄰里會議中的一個工作與對話小組，將目標放在進一步認識遭遇困境的年輕人。第四世界的持久志願者杜桑讓參與了這個小組，他是第四世界在波爾多市「新興行業百工坊」的負責人。在這個小組，處境最不利的年輕人在現實生活中的遭遇，受到認真討論。費妮希望能夠以這個團體的成功經驗為基礎，繼續成立其他小組。

費妮常說她需要回到基層，透過第四世界運動，近距離地聆聽赤貧家庭的聲音，好更新她跟家庭的結盟關係，這樣才不會閉鎖在行政體制的慣性內。她回憶道：「當阿蘭・朱佩要我在八天內提出未來施政的優先順序時，我自問，怎樣才能讓大家聽到窮人的優先順序，而不是我個人主觀認定的？」

費妮也提及：「回顧這段往事，我找到自己在這個運動的根，還有我在伯爾娜德身邊學習和底層結盟的那段初學時光，回望走過的痕跡令人感到寬慰，更鼓勵我接下西蒙娜的火炬。我充滿熱情，但同時也學會謙卑，因為她們兩位的標準都很高。未來的使命艱鉅，所以我很高興很快有機會和運動內其他當選的民意代表齊聚一堂，一起充電，這是絕對必要的。」

## 在城市的核心榮耀底層公民

費妮在新的職務上和至貧公民一起奮戰，我則給自己一個新的挑戰。我衷心想要榮耀若瑟神父一生的奮鬥，也透過若瑟神父，榮耀整個第四世界。

### 向「希望的園丁」若瑟神父致敬

一九八八年一月底，若瑟神父過世前三個禮拜寫了一封信給我，他在信中提出一個要求。他再次提及至貧公民需要的安全感，他希望：「在新的一年，我們繼續這趟很久以前就開始的旅程，切盼有朝一日，我們可以說：赤貧只是一場噩夢。」接著是幾句他親手書寫的筆跡，比較私人的話語。他最後這封信，對我來說是個邀請；我會將忠誠到底，不因他的辭世而停止投身。

我渴望分享一點自己所得到的，因此，當第四世界運動建議大家用若瑟神父的名字來為一些地方或街道命名時，我被深深吸引。我知道我們的市長非常仰慕若瑟神父，所以我在一九八九年四月十三日大膽寫了一封信給市長：「若瑟神父是我們這個時代的偉大人物，用他的名字為一條路命名，是一種表達推崇的方式，藉此讓他的名字永垂不朽。容我強調，如果這個請求成為可能，我們希望以此命名的，會是城裡的重要道路，而不是偏僻小徑；寒酸的胡同，我們並不需要。」

七月六日，我收到夏邦市長的回信：「我們的確應該見證若瑟神父超凡的感召力，再沒有比這樣的建議更合理、更正當的事了；讓他永存在人們的記憶中，是我們每個人應盡的義務，我會盡力來完成我該盡的義務。」

三個月過去了；我們都知道，在一個市政府裡面，行政程序繁瑣，公文堆疊，在等待的同時，有時候還是得再次提醒進度。趁著第四世界運動當時的法國副主席法蘭絲到波爾多公開演講的機緣，第四世界運動為她取得會見市長的機會：「跟市長一起思考，這座城市要如何向若瑟．赫忍斯基神父致敬。」西蒙娜為我們爭取到和市長面對面的時間是十二月一號，就在法蘭絲演講前。

**相遇之處，榮耀每一位波爾多人，沒有一絲排擠**

我們還是一直想著要讓一條道路冠上神父之名，法蘭絲則發現她受邀演講的市府戲劇廳是個好地方，因為那是各協會、組織舉辦各種文化藝術活動的地方，是一個思想交會之處，許多波爾多人早晚會來踏訪；她也得知，這個戲劇廳自一九八三年修整之後，若瑟神父是首批受邀來此演講的講者之一，於是她說：「應該以若瑟神父的名字為這間戲劇廳命名。」西蒙娜舉雙手贊成。法蘭絲便向夏邦市長提出這個要求，市長立即回應：「這個點子太好了！」他隨即起身打電話給他的祕書，做出指示：「從今天開始，這間戲劇廳就叫做『若瑟．赫忍斯基廳』，我們要為此舉辦一場盛大的慶祝活動。」市長在翌日的公開演講便宣布了這個決定。

接下來就是一些具體的事情要解決，諸如訂下慶祝活動的日期，決定牌匾的材質與文字的內容，我們得要和市府的建築師商量這件事。法國第四世界建議的文字內容，是一九八三年若瑟神父在此廳堂發表演說中的一句金言：

有朝一日，人類終將擺脫赤貧和排斥；終將相信自己，相信自己的仁道。

建築師建議懸掛牌匾的位置，我們覺得太高，不容易讓大家注意到。市府最後答應支付紀念牌匾的費用，並印製開幕式的邀請函。我們也想要讓第四世界家庭在儀式上坐在榮譽席。第四世界平民大學的參與者準備了一份講稿，由兩位代表宣讀，其中一些句子至今仍迴盪在我的記憶裡：

若瑟神父讓自己成為希望的園丁，他一直想在我們心中撒下滿全的希望，這樣的希望過去沒人有過，我們必須成為他辛勤勞動的果實，收割他耕種的成果；深知他是一名良農，我們得要成為好種子，追隨他的腳步，繼續播種，好收割他愛的果實。

揭幕儀式結束後，其中一位發言的代表告訴我們：「過去我露宿街頭，今天卻在這座廳堂受到接待，而且還代表其他人在市長面前發言，真是不可思議！」

**貫徹到底**

即便如此，我還是不滿意。因為大家依然習慣沿用「市府戲劇廳」這個稱呼，而非「若瑟．赫忍斯基廳」，同時銀製的紀念牌匾跟牆壁的顏色融在一起，無法吸引目光，而且掛得太高。市府答應要印製三千份說明傳單，這不容易，因為我們要求很高：雙色的亮光紙，而且要圖文並茂。市長先生答應要跟第四世界一起簽署一封公開信，希望從今爾後，戲劇廳的使用者在他們的邀請函或活動廣告上，使用「若瑟．赫忍斯基廳」這個名稱。

對第四世界運動，特別對是第四世界家庭來說，這個地方有點屬於他們，我們在此組織了好幾次公開造勢活動。最終，我還是說服西蒙娜把牌匾放低，讓大家能一目瞭然，特別是在兩扇出入的大門上也刻下廳堂的名字。想要達到真正的目標，得夠頑強才行。

一九九四年三月，偕同第四世界的朋友們，我們終於歡欣鼓舞地進入這間充分個人化的廳堂，在國際家庭年的背景下，在此舉辦了第四世界平民大學。

一九九五年，第四世界運動在皮爾雷訓練中心召開為期一週的大會，來自世界各地的盟友齊聚一堂。大會的名稱是「形成共識」（Accorité）。這是由印度洋模里西斯島的盟友命名的，有和諧或共識之意。我們如何在我們家人、貧窮家庭，乃至於整個社會之間，創造和諧與共識？這是一個長期持續投身的關鍵，不可懈怠。

這跟十七年前若瑟神父給我的金言是一樣的：「你跟先生、孩子們的和諧是非常重要的……。」我意識到他們總是在背後支持著我，幫助我在家庭生活與社會投身之間找到和諧，超越各種張力。每一位盟友的歷程都不一樣，只有自己才能認識自己的能耐。我很幸運能夠擁有一個凝聚力非常強的家庭，當然我還是要兼顧日常生活。我的孩子用他自己的話表達他的支持：「因為母親，我有機會稍稍接觸到被排擠的同胞，並看到他們所懷抱的價值。」我先生退休後，為弱勢青年在街頭成立一個雕刻工作坊，他現在比我還要投入；我的孩子也找到他們自己能夠投身的方式。

在我陳述的這段歷史裡面，兒童有著非常特別的位置。打從一九七九年國際兒童年開始，一直到一九九六年的今天，兒童並沒有用威脅性的方式質問不公平的現狀，而是在友愛中凝聚大家的力量。現在我已經不是第四世界運動在波爾多的負責人，我跟我的孫子還有他們的同學投入第四世界塔波里兒童運動。最近，我們正在準備世界拒絕赤貧日的活動，在費妮的幫忙下，小朋友預定在市政府舉辦一場塔波里的展覽。

藉由回顧過去這十七年，我有機會整理一團看似非常分散的思緒。故事由一批人起了頭，然後，另一批人接下了棒子，他們用另一種形式創造新局，同時又被另一群對苦難做出回應的夥伴所豐富，這一切在在讓我意識到，在這場奮鬥中，每個人都是一顆珍珠，每顆珍珠都有自己獨特的位置。這串珍珠由若瑟神父起了頭，這串項鍊，也許時而明亮時而隱晦，有時密實有時鬆散，不管怎樣，這串項鍊將最貧窮的公民跟其他人連結起來，維繫並牽起線段的兩端，讓珍珠不至於墜落。最重要的是成為珠串中的一顆，大家越來越靠近彼此，再也不會對周遭的人所遭逢的不義保持沉默，不再對身邊的人漠不關心。

# 【第六章】和無權無勢者一起追求公義

## 一名工會幹部如何和醫院的清潔員工結盟？

本章作者／雅妮、唐弟予、伊莎伯爾・佛秀（Isabelle Frochaux）

工會越來越難代表臨時工與非技術性的工人，接觸這群勞工特別困難，想要將他們組織起來，挑戰性更大。在爭取自身權益方面，外界通常認為他們比較缺乏積極性，所以也比較沒有影響力。但基於對正義的追求，工會總不希望看見這群弱勢勞工和一般勞工之間的落差越來越大。工會在兩個目標之間相互拉鋸：增強力量以贏得抗爭，以及照顧最弱勢的非技術性工人，兩者似乎很難融合。

在法國一家醫院裡，非技術性的臨時清潔工過去通常被排除於工會之外，有時甚至對工會感到恐懼。他們最後終於加入工會，甚至成為工會的正式員工。這同時也改變了醫院員工間的關係，改變了工會的策略，也使醫院的體制產生變化，將清潔工對病人的

雅妮，一九九八年，第四世界抗貧書展，巴黎。

了解納入體系，做為資料建構的一環。

雅妮（Annie Fifre）是聖愛蒂醫院（Saint-Etienne）檢驗室的檢驗員，也是法國跨行業勞動民民主聯盟（CFDT）在這家醫院的工會領導。她在本文中闡述一段歷經十五年的努力所造成的改變：她首先改變自己，質疑自己身為工會領導的心態，以及她看待同事的方式。她努力和清潔員工建立友誼，尋找共識；並將清潔工被排擠的狀況以及他們的期待，列入工會的工作計畫。

這個故事描繪了一個兩難：一方面急切地想要解決組織中不公平的狀況，另一方面，為了使個別與集體能夠轉變而成熟發展，在耐心前進的同時，還得保持自由度。

一九八二年五月十五日，布魯塞爾，第四世界運動二十五周年慶。

故事的主角雅妮以第一人稱來述說這個故事。

## 從一名勞工聯盟代表的離職說起

一九八一年，寶樂為了加入第四世界運動的持久志願者行列而離職，她原本是醫院的勞工聯盟代表（Confédération générale du travail），這件事讓我開始對這個運動感到好奇。

我試著去瞭解這個運動，為此而讀了一些第四世界出版的書籍；閱讀之後，我馬上想跟身邊的人分享。基於我自己和母親的生活經驗，我知道書裡說的都是真的，但是，或許是因為忽略、無知或感到羞辱，大家都避而不談。

這段時間，第四世界準備在比利時舉

行二十五周年慶的活動，那是一場十萬人的大型聚會，活動標舉一個觀念：「人人都該享有充分的權利」。

我決定為這次的活動在醫院募款，替參與這個集會的代表們提供旅費。這讓我有許多機會跟同事聊聊第四世界運動，這次集會將有許多來自不同國家的窮人聚集在一起。談得越多，我就越篤定自己也希望參與這次的慶祝活動。

集會的那個週末讓我留下相當深刻的印象，我看見，第四世界的家庭們因為能夠聚在一起發聲、提出建議而感到驕傲。這改變了我看待窮人的方式。我記得有一名婦女站出來見證，這名婦女身上的洋裝裙襬脫了線，我告訴自己：「如果是在別處，看到這般打扮的人，我只會注意到她脫線的裙襬；但是在那裡，我只看到一名婦女，我聽到她說的話。我意識到：平時，我們對窮人的外表所懷有的成見很快就占滿我們的心智，以致於我們再也聽不見他們想跟我們說的話語。」

我開始在醫院的佈告欄張貼第四世界的月刊《路標》（*Feuille de Route*）。有好幾個月的時間，我在醫院的行動僅限於張貼這份刊物。但是，這個舉動帶來意想不到的效果。

從布魯塞爾的慶祝活動回來後，我也開始參與第四世界的其他活動，像街頭圖書館、平民大學等。不過這些活動和我的生活、醫院的工作以及身為工會的領導人，仍然沒有產生什麼連結。

隨後，在位於皮爾雷第四世界運動總部的一次陶成活動，我跟一名持久志願者說我是工會成員。聽畢，她告訴我，極度貧窮的人就算有一份工作，通常也沒有加入工會的條件，也因此無法與其他勞工團結互助，所以總是做不久；麻煩上門時，他們必須獨自面對，而且經常受到誤解，然後情況越來越糟，致使他們不得不離職，有時候甚至直接被炒魷魚，卻沒有申訴的管道。她說這個問題很嚴重。

我感到震驚，想起自己所屬的工會，我覺得自己的工會不可能會排擠任何勞工的！回家後，我不斷思考這個問題，想起醫院裡的清潔工並沒有參與工會。工會也沒有與他們聯繫，即便他們似乎是最弱勢、最需要受到護衛的勞工。

## 和馬媛一起學習

我重新觀察醫院的情況。馬媛，一名很有活力的清潔工，讓我瞭解到許多事情，例如：在醫院，每年每位員工都受邀參加一年一度的大團聚，但是清潔女工都沒參加。在餐廳裡，她們也沒跟大家坐在一起；還有，清潔工在檢驗室用鹼性溶液清洗用具時，沒有人告訴她們這種化學藥品的成分以及應該小心的地方。馬媛還說，當檢驗員打破試管，他們不會自己清理，總是叫清潔工來做，更不會避免走在剛拖過的地板上。

我從來沒有思考過這些，也沒想過這對她們來說意味著什麼。

馬媛說，最惱人的是，大家對她們的工作沒有抱持絲毫敬意，上述這些情形背後的蔑視，才是最令她感到憤慨的。

我們還談到清潔員工的待遇，對馬媛來說，光靠每個月的收入，連要去看一場電影或買一本書都是相當奢侈的。

有好幾個月的時間，馬媛是醫院工會清潔員工唯一的代表。我們很快有了一個共識，如果其他清潔工要為自己贏得尊重並促進權益，加入工會替自己說話應該是最好的方式。於是我們開始一一去說服清潔工，但這比我們想像的還要困難。

我們在工會裡爭取，要將工會介紹寫得簡單易懂，讓大家都能明白。我們也在宣傳單上強調，醫院裡的每個人都有貢獻，缺少任何一群人，就沒辦法順利運作。我們要求無論身在醫院裡的哪一個階層，都應該擁有同等的紅利獎金。這一點工會同意了，但是醫院的管理階層卻不同意。

馬媛還參加員工訓練委員會，為醫院裡最底層的勞工，包括清潔人員，爭取更多的經費；醫療系統通常稱他們為D類員工，她努力讓他們也能得到品質良好的在職訓練。

這一切都讓我們覺得非常好，我們也認為情況會慢慢改變。但是，動員的情形並不如我們所預期的。馬媛依然是底層員工中唯一加入工會的代表。後來，馬媛決定去參加一個X光技術人員的訓練課程，便離開了醫院的工會。有好幾年的時間，我不曾在工會的圈子裡再見到她。

經過兩年的努力之後，我似乎又回到原點。融入清潔部門的員工這件事，還是沒什麼進展。這使我更感到孤單和困惑，我們哪裡做錯了呢？

## 怎麼和醫院的清潔工相遇？

我理解到，和馬媛交談並不難，因為她有過一般勞工的經驗，經歷過一般法國工人爭取勞工權益的文化洗禮，但是要跟其他清潔女工談論工會，就不是那麼簡單了。

較弱勢的清潔工沒有參加工會的經驗，對工會缺乏信任。如果我以工會成員的身分接近她們，難免帶著一種強勢的地位，那意味著我知道得比較多，我得向她們解釋，如果她們不理解，我就感到挫折等等。慢慢地，我讓自己變得更敏銳，減少遽下論斷的念頭，多花時間觀察。

我開始回想母親的經驗。我的母親年輕時也做過清潔工作，她在別人家裡幫傭。我的母親看到我試著理解醫院的清潔工，便跟我分享許多她未曾透露的往事。她說，她以前的老闆有一個十歲的女兒，常常故意弄掉刀叉，然後對她說：「撿起來吧，反正妳不過是個傭人！」

我開始轉變心情與態度，接近清潔員工時，單純只是想和她們做朋友，不只是為了她們，也為了自己。

我繼續張貼《路標》月刊，我發現閱讀這份刊物的人多是清潔工。莫妮佳，一名清潔工朋友，開始和我聊起這份刊物的內容。香塔爾、荷內等清潔工同事也慢慢加入討論的行列，刊物的內容博得她們深深的共鳴，她們也有類似的經驗。

## 參與第四世界的各種活動：建立新關係的良機

一九八五年，我邀請醫院的清潔工同事參與第四世界運動在日內瓦國際勞工組織舉辦的活動，來自世界各地的青年於國際勞工組織述說他們的工作經驗。一九八七年十月十七日，我和清潔工同事們又一起參加在巴黎自由人權廣場首次舉辦的世界拒絕赤貧日活動。

新的情況開始發生。荷內開始在醫院義賣第四世界的聖誕卡，並跟其他員工談論第四世界；醫院內不同「層級」的員工開始交談，坐在同一張桌子用餐。五年的努力，開始發生小小的改變。但是，我覺得同事、長官與工會的人和她們之間的關係還是頗為疏離，甚至是緊張的，有時同事甚至會笑我：「妳和妳那些清潔工們！」

## 小朋友扮演起橋樑角色

有一天，我一進辦公室便說：「我遇到麻煩了，為了主持第四世界在一個貧困區為孩子舉辦的工作坊，一個叫做『知識藝術分享週』的活動，我需要一台顯微鏡，可是，答應借我顯微鏡的那位物理老師臨時變卦了。」

誰去跟檢驗室主任借一台顯微鏡？誰願意帶領知識藝術分享週的活動？我的五位同事一一伸出援手，協助活動的進行。清潔員工香塔爾也參加這次的活動，不同級別的員工經歷了一場共同的體驗。

在同一個時期，香塔爾要求加入工會，而一名男性清潔工安德肋也跟著加入。但是，工會的其他人明白該如何對待他們嗎？他們能夠意識到這兩個人加入工會的艱辛歷程嗎？

## 在罷工的過程中，形塑緊密的結盟關係

一九八八年秋天，尚達樂和安德肋加入工會後不久，法國境內發生了護士們的聯合罷工行動，後來所有醫療人員也跟進。

在工會裡面，我堅持必須也為醫療人員中的D類員工（清潔員工）爭取權益，我聽到別人說：「這事我們管不著，我們又不是社工。」

在整個協商過程中，我和其他兩三位工會幹部，成功地讓醫院的工會組織寫信給全國工會聯盟，向他們表示，爭取權益的過程中，不該在醫院底層員工與其他級別的員工之間製造更大的差距。

不久後，全國聯盟工會幹部到我們醫院做說明，表示「B類員工」（護士與檢驗員）薪資增加的額度在七百到一千五百法郎之間，C類與D類員工薪資增加的最高額度為六百法朗。大家都覺得很好，但是我覺得這個決議令人難以接受，一旁的安德肋卻不發一言。

會後，大家坐在一起，包括檢驗員瑪莉和工會幹部，這時，安德肋解釋：「工會的一些會議，我聽不太懂，所以也很難參與。很抱歉，我讓工會失望了。」瑪莉認為安德肋不用為此感到抱歉。她表示，以後每次工會委員會開完會後，她願意和安德肋一起討論，澄清一些他聽不明白的地方。

## 安德肋成為工會員工

來年，安德肋成為工會領導團隊的一員，瑪莉繼續信守她的承諾。第二年，他說他想要成為工會的半職員工，領導部門決定支持，並與管理部門協商，而且得到了認可。

最近，趁著寫這個故事的機會，我問安德肋是什麼原因讓他成為工會的職員？他回答說，他一直在為更多的正義而奮鬥。例如小時候，「有一個胖子在學校總是被欺負，我就會去替他討回公道。我常為這種事跟人幹架，事後偶爾還會受到處罰。」他說，他的父母曾經太窮而無法參與勞工運動，但是他記得別人曾告訴他，他的祖父以前曾在示威運動中舉著抗議標語。

工會部門曾經抱怨安德肋的工作品質，特別是書寫方面，因為他總是無法準時交稿，或者即使交稿了也沒有做得很好。但是，他總是親切地對待員工跟病人們。他在本院一棟被命名為「慈善」的醫療大樓工作，那裡位於醫院最邊緣的角落，名聲很不好，因為其中的病人大都是無家可歸者跟老人，很少有員工想去那棟大樓工作。有一次，我跟他去散發工會傳單，看到他如何跟每個人握手，包括老人、病人及員工。他跟每個人談話，而每個人都認識他，這實在很特別。最後，工會意識到他改善了這棟大樓跟醫院其他員工的關係。而且，過去那棟大樓的工會成員總是很少，現在卻有慢慢增加的趨勢，以往沒有人能夠像他那樣在那裡成功推動工會。

越來越多的清潔員工加入工會，並開始承擔責任，例如海倫宣佈她要投入「團結關懷就業契約」計畫的工會活動。因為參加這個就業計畫的人，大都是非技術性工人，只得到六個月期限的半職工作。他們擔任醫院最底層的工作，必須接受訓練以獲得一些技能，才能在六個月後找到真正的工作。海倫跟工會解釋，他們的處境甚至比清潔工更糟糕，還說假如工會不想背離它成立的初衷，那麼這些人就必須成為工會優先關懷的對象。

### 交棒給瑪莉與安娜

我的目標是讓清潔工成為積極活躍的成員，我認為透過這種方式可以為他們贏得自由，取得生活的自主權。安德肋和海倫成為積極參與的工會成員，假如他們繼續得到支援，就能夠為其他人投身。許多人成為工會的成員，也有許多人開始改變自己的態度，敢於要求在職訓練，並勇往直前。現在香塔爾在工會參加了一個名為「第四世界的活水成員與工會的成員，如何團結關懷？」的計畫，她在那裡貢獻很多，也獲得職業訓練與新的安全感。

最近我問香塔爾，她身上發生了什麼改變？她跟我說，她已經不需要用掛在脖子上的十字架來保護自己，以避免別人對她的傷害。「我看這條項鍊並沒有真的保護我抵抗壞人，現在我努力要更堅強。」我問她，她的力量來自何處？她告訴我：「首先是我女兒，然後，也許我找到可以信靠的人，就像你或是瑪莉……十八年前我到醫院工作時，也許那裡有許多這樣的人，但是我看不到。現在我試著多聽，也更專注。以前，我沒辦法走向別人。」

一九九五年，我要求卸下工會的領導責任，為了保留更多時間去接觸其他人。第四世界運動跟醫院管理部門開始一項合作計畫，希望替那些參加「團結關懷就業契約」的約聘勞工，創造真正的職業訓練機會。收到醫院頒給我服務二十年的金牌獎那天，我跟院長說明這項計畫，他接受了。這是我一生中唯一一次，沒有以工會代表的身分與院長交談，我藉此機會暢所欲言。他有點驚訝我在頒獎典禮上這樣大膽發言，便叫我會後去見他。第四世界運動的幾位負責人跟我一起去；計畫於焉展開。我對這個計畫非常感興趣，希望有時間在這方面專心投入；我也希望有時間休息，卸下擔任工會代表的壓力。

要求卸任的信件寄出去之後，工會的祕書安娜和瑪莉求我留下，並擔任工會的顧問。我問她們，我留下來有何幫助？她們倆人都用書面文字回答我這個問題。我接受並感動於她們如此嚴肅看待這件事：她們告訴我，工會需要我的觀點以及第四世界運動的觀點，也需要借重我接觸那些遭受不公平待遇的工人的經驗。她們還表示特別需要我和她們一起為「團結關懷就業契約」的計畫奮鬥。

我覺得十三年來的努力，最正面的效果便是瑪莉與安娜在信中所表達的，而且她們今天繼續以她們的能力證明此事。

瑪莉在她的信中說她常常觀察我，看我如何尋尋覓覓，最後終於找到莎羅特，一名經常受到屈辱的清潔工。工會一直想保護她，卻不得其門而入。而我，從那之後，也看到瑪莉如何尋尋覓覓，找到其他好幾位清潔員工，並以充分的尊重陪伴她們，讓她們成為平等的合作夥伴。

安娜也得到力量，陪伴那些累垮的清潔女工，並護衛那些參與「團結關懷就業契約」的臨時工，有時甚至必須對抗其他的工會，因為她想給那些沒有文憑的人一個位子。她甚至敢在領導部門面前替清潔工爭取，強調在每天的交接會議中，清潔工也應該參加，特別指出她們在晨間交接會議（morning meeting）中是不可或缺的；她的意見得到首肯。這些夜班跟日班團隊的交接會議，讓護士和護佐們有機會交換資訊，理解病人的狀況，事實上清潔人員也能夠提供很多訊息，因為病人，特別是家境清寒的病人，很容易跟他們交心。醫院因此改變了工作方式，現在清潔人員也能夠貢獻所知，一起達成共同的使命：了解病人，改善醫療品質。

（本章翻譯：楊淑秀、陳彥秦、林聖齡）

【第七章】

# 歐洲和轄下最窮的公民

## 一名歐盟官員如何成為第四世界的大使？

本章作者／潘得城、何多思、克里秦、李察義、通格讓、宮達．麥西蒂（Gunda Macioti）、唐弟予

歐盟經常忽略至貧公民被排擠的痛苦及他們的貢獻，這使得歐盟對民主的追尋蒙上一層陰影。

不過，還是有幾道門打開了，一些歐盟官員與議員敏銳感受到並關切第四世界運動的經驗與貢獻。整個歐盟體系在好幾個領域的政策制訂上，諮詢這個運動的意見與看法；歐洲最貧窮的公民開始可以讓自己的意見受到重視。

這篇故事告訴我們，一位歐盟的官員在發現赤貧的世界之後，是如何痛苦地在個人生活與專業領域，重新質疑自己的世界觀及他在這個世界的行動方式；某些原本看似無

關的公、私領域如何交集，特別是如何從抗拒改變到鬆動固有的思維。這個故事也描述出，一些個人的、非正式的關係如何變成組織性與制度性的關係。

故事由不同的人物來描述，包括官員、政治人物、投身的公民，不過整個故事還是以潘得城（Robert Pendville）為主軸，他一直是建設歐盟的先鋒。

一九五七年的《羅馬條約》[1]讓歐洲持久和平的希望具體呈現，那些昨日互相敵視的國家，包括法國、義大利、西德、荷蘭、比利時與盧森堡，共同簽署了這項條約。這就是歐洲共同體的建立，日後的歐盟。同一年，在諾瓦集無住屋者營區，另一個和平的希望誕生了，這個希望誕生於營區的住戶與來自其他生活圈的人所成立的協會，一個安定和諧，沒有赤貧、暴力與恐懼的和平，悄悄萌芽。

當然，這兩個事件並沒有馬上造成同樣的轟動，大部分的歐洲人震撼於歐盟的建立，對赤貧的存在卻一無所知，甚至並未將這兩者連結起來，即便他們聽說過後者。不過，若瑟神父在歐盟創建的那一刻，就感受到那是人類邁向合一的一大步，是歐洲赤貧者的希望。他決定盡一切努力和這些歐洲組織合作。這看來似乎不可思議，因為當時他還住在諾瓦集貧民窟的鐵皮屋裡面，身邊圍繞著遭受這個社會排擠的家庭，以及一群被視為烏托邦主義者的男女志願者。不過，他的視野所散發的力量觸動了人心，一個接著一個地，這些人開始實踐第四世界與歐洲各組織間的實質合作關係。

歐盟本身有一天必須用自己的眼光，提筆寫下這頁歷史，才不至於遺忘這些曾經付出的努力。在這裡，我們選擇以潘得城的眼光來看這段歷史，他是第一個將歐盟與第四世界視野結合起來的歐盟官員；觀察歐盟與第四世界運動的關係如何演進的同時，我們也會看到他個人的生命路徑、意識與行動的演進。

## 極端貧窮觸及每一個領域

潘得城首先描述三十七年的投身所取得的進展：

有許多重要的進展，不過，如果我必須將這些進展總結為一個，我會說：今天由第四世界運動和至貧家庭提出來的赤貧議題，受到歐盟執委會以橫向而非縱向的角度來看待，不是由單一領域的權責來面對，而是全面地正視。這不再是一個單獨

1 譯註：一九五七年三月二十五日，在義大利首都羅馬簽訂了《歐洲經濟共同體條約》和《歐洲原子能聯營條約》，合稱《羅馬條約》，一九五八年一月一日起生效；同日，在比利時首都布魯塞爾，歐洲經濟共同體成立。

的問題，不再只交付給幾個專家，而是在歐盟執委會的每個部門都得到重視。歐盟執委會的主席雅克·德洛爾（Jaques Delors）接見了第四世界的代表，並進行長時間的對話。他的繼任者雅克·桑特（Jaques Santer），在任職兩個月後，選擇接見第四世界運動的主席奧莉雯·德佛絲，兩人進行了四十分鐘的會談。現在我們在歐盟執委會已經贏得一個受到認可的地位，這是重要的一步，是未來的一種保證，代表最貧窮的歐洲公民將慢慢成為歐盟正式的新夥伴。一路難行，很多已取得的成果依然是脆弱的，但是路已走出來，對話者就在我們面前，接下來就是繼續前行。

我必須強調「橫向」這個字眼，因為這是一場艱苦的戰役。我們一開始只能從單一領域切入，也就是社會領域。這使得歐洲一連串對抗貧窮的計畫相繼出現，此時我們便能嚴正地表明，對抗貧窮不只是一個社會行動而已，因為它涉及歐盟執委會管轄的所有權責：文化、經濟、區域政治、教育等等。但是每個人都要我們乖乖地回到社會領域，於是我們向大家指出：貧窮涉及人類的各個層面，而且窮人不只是需要幫助的人，他們是百分之百的歐洲公民，是完全的參與者，只是他們的聲音沒有被聽到。

為了走到這一步，必須非常務實。首先必須掌握第四世界運動與歐盟執委會的各種合作機會，然後再創造出一些共事的慣例，一些定期的會見，然後取得參與的權利與責任。在歐盟機制的生命裡，將慢慢出現一個新的夥伴。

歐盟執委會花了不少時間說服自己接受這種行動方式的價值，一如我個人也花了很長的一段時間，才理解到這種合作的好處。

我經歷了自己的大馬士革之路[2]之後，才取得這樣的信念，在這條路上，我遇到了窮人和若瑟神父。發現窮人和我之間的巨大鴻溝，讓我確信：光靠專家無法彌合這道鴻溝，因為這關係到人性尊嚴、倫理與民主，而這些問題和我們每個人都有關係。

## 伸出一隻手，在黑暗中摸索

潘得城於一九五八年成為歐洲共同體[3]（歐盟的前身）的官員，當時共同體才剛

2 譯註：作者這裡引用的典故來自新約聖經，宗徒保祿（使徒保羅）原本迫害教會，但是在他從耶路撒冷前往大馬士革的路上，耶穌向他顯現，因而有了他著名的悔改，這個重生的經驗讓他徹底改變了自己的思想、意志與生命。

3 譯註：歐盟的歷史進程，一九五一年，六個創始國建立了「歐洲煤鋼共同市場」；一九五七年，六個成員國簽署《羅馬條約》，建立了歐洲經濟共同體和歐洲原子能組織；一九七三年，共同體擴大為九個國

成立一年。他一生都在歐盟執委會[4]的新聞總署工作，該署當時是由傑克・哈畢耶（Jacques Rabier）擔任署長。有很長一段時間，哈畢耶也是歐洲之父讓・莫內[5]的參謀長，從一九四〇年代開始，哈畢耶就是莫內最親近的合作夥伴之一。一九五二年，莫內開始建立最高管理公署[6]，便邀請哈畢耶加入，組成六人領導小組。也因此，在歐盟創立的過程中，潘得城一直處於核心。

一九五八年對潘得城和其他同輩來說，貧窮已經不是大家關心的議題，因為當時歐洲正處於所謂「輝煌三十年」的巔峰，歐洲經濟高度發展，當然，首批歐盟官員對社會議題與政治方面的投入是熱誠的，但是在他們眼中，貧窮問題在歐洲已經是過去式。

潘得城描述當時一般歐洲人如何看待貧窮議題：

在我的生活圈，六〇年代是非常活躍的年代，金錢淹到膝蓋，每個人都有工作，大家日子都過得不錯，消費社會開始發展；在我的心裡，貧窮早已不復存在。但是當時有一些重要的思潮影響了我，幫助我理解幾個月後我將發現的事實。當時我參與了一個源自法國的「新生活運動」（Vie Nouvelle），這個運動建基於法國哲學家伊曼紐[7]的人格主義社群精神，這個運動對我的影響特別多，我所歸屬的那個團體包括了來自不同國籍、不同宗教信仰的公務員。傑克・哈畢耶當時是布魯塞家，引入了更多的共同政策；一九七九年，歐洲議會第一次直接選舉；一九九三年，透過《馬斯特利赫特條約》創建了歐盟；二〇〇二年，歐元開始流通；二〇〇七年，歐盟擁有二十七個成員國；二〇〇九年，《里斯本條約》生效，改變歐盟運作方式，該條約規定，任何申請加入歐盟的國家都應當尊重民主自由、人權、基本自由和法治。截至二〇一五年為止，歐盟有二十八個成員國。

4 譯註：歐盟執委會是歐盟的執行機構，設有二十八名委員，分別來自歐盟二十八個成員國，歐委會主席相當於「歐盟總理」，其他委員類似「部長」，任期五年。執委會委員的任命過程複雜，推薦委員人選實際上是各成員國之間協商，乃至討價還價才達成的妥協結果。執委會主席必須考慮黨派、性別、專業技能、工作經驗等條件，從成員國提交的候選人中選定委員，並確定委員的具體分管領域，最後經歐洲議會審議通過方能走馬上任。

5 譯註：讓．莫內（Jean Monnet, 1888-1979）被視為歐洲之父，是歐洲統一的主要設計師。擔曾任「歐洲煤鋼共同體」最高管理公署的首任主席，一九七六年歐洲元首暨政府首長授予莫內首位「歐洲榮譽市民」頭銜。

6 譯註：最高管理公署（The High Authority, 1951-1976），是歐洲煤鋼共同體的執行機構，歐盟執委會的前身。

7 譯註：法國哲學家伊曼紐（Emmanuel Mounier, 1905-1950）於第二次世界大戰期間參加過地下反抗運動，他的主要哲學著作有《人格主義革命和共同體》（一九三四）、《為人格主義的宣言》（一九三六）、《存在主義概論》（一九四六）、《人格主義》（一九四九）等。

爾「新生活運動」國際組織官員的領導人，我們一起思考消費社會的問題，不同的國籍與不同的哲學思維，大大豐富了彼此。

就是在這個團體裡面我遇到了律賓菲克（Ludovic Ravet）。他當時在北大西洋公約組織（OTAN）工作，在媒體上聽到了若瑟神父的呼籲，然後去諾瓦集貧民窟走了一趟。有一次會面，他跟我說：「你應該稍微關心一下貧窮的問題。」又跟我說了一些我聽不懂的事情。之後我們還有過兩、三次的對話，於是我就跟他去了布魯塞爾一個叫做莫樂比（Molenbeek）的社區，那個社區非常窮困，座落在一條運河旁。第四世界的志願者安德勒．默達夫（Andre Modave）就住在那社區的一條死胡同裡。在那個地方，我見到前所未見的景象，我感到不安，那是一個很大的震撼，一個相當強烈的震撼。我一直認為赤貧已經不復存在，窮人只要工作不就得了，當時我認為有足夠的工作提供給每個人。

我幾乎每個星期都去安德勒那裡開會，我必須老實承認，我預感到將會發生什麼事情，但是我並不理解，我不了解安德勒講述的一些事情，對我來說，他所述說的內容是那麼奇特，就彷彿他是在用另一種語言跟我說話似的。他提及一些明確的事例，比方說有些人目不識丁，我覺得那根本是不可能的事。而且我也不明白，為什麼這些志願者要在那裡生活，我不懂他們在做什麼，這真的是非常奇特。

為什麼我會留下來？吸引我的不只是這種奇特與新鮮的感覺，我所感覺到的，很可能是這些志願者思考與投身的力量，他們身上有著我所不理解的東西，卻吸引著我。我清楚地看到他們是認真做事的人，既不是故意冒險犯難，也不是烏托邦主義者。而且他們並不笨，每個人之前都有一份職業，很多人甚至受過極高的教育。這些年輕人有著非凡的學養，在當時的環境背景下，他們大可成就一番事業，卻選擇在這個死胡同的盡頭住下來，這深深觸動了我。他們納入選項的範圍極為寬廣，那是一種驚世的生命選擇，我還沒看過類似的行徑。而且他們不是來為窮人發放食物或分送衣服，如果他們做的是救濟，我能懂，但是他們在那裡完全是為了別的。

我記得我和我太太曾經拜訪過一位叫做安瑪莉的志願者，她自己一個人住在一個社區裡面。那個社區處處都可以聽到孩子哭鬧聲，牆上布滿漏水痕跡，而她就在那裡，帶著書，親近那裡的孩子。如果是我，我一定不願意住在那裡！但是，我聽到了，我看到了；我雖然不懂，不過我好像不能置之不顧。

仔細想想這一切，吸引我的不單單只是志願者，而是窮人和志願者兩者皆吸引了我。窮人讓我害怕，而志願者並沒有排斥我。如果那條死胡同裡面沒有志願者，我肯定是不會冒險走進那裡。事實上，志願者變成赤貧世界與外界的橋樑——赤貧讓人恐懼，那種恐懼深植人們心底，然而同樣的恐懼也在窮人的臉上看得到。看到這些黑暗、陰晦與破敗的社區，一些童年的記憶重新浮現腦海，我重新看到故鄉村落裡的窮人們，以前揮之不去的困惑再度湧上心頭。

我之所以留下來，也許是因為這一切解放了我內在的一些疑惑，那是一些每個人都會追問的問題。一個禮拜又一個禮拜，我來到這個死胡同參加會議。同時，我自己的工作量卻大到不行，如果我的參與只是純粹的善心，大概不會持續太久；我之所以持續不斷，是因為我在那裡找到一些對我來說非常本質的東西。

那些志願者對我寄予極大的信任，我跟安德勒有一種非常特別的緣分，這是言語難以形容的。安德勒每天都寫報告，一如第四世界運動所有的志願者，那是真正的生命紀錄，他會和我分享這些報告。對我來說，這是非常特殊的經驗，他在報告裡面陳述他每天所建立的各種連結。日復一日，我閱讀這些紀錄，不只閱讀，也親眼目睹並親耳聽聞，但是我依然無法理解。安德勒所認識的每一個家庭，對我來說都是難以想像，是時空之外的傳奇人物。

然而，我繼續前往這個冷颼颼的小房間參加會議，那裡四個牆面都會滲水。每晚十一點回到家裡時，我全身都凍僵了，總得要花上兩小時的時間才能讓身體重新暖和起來。我太太跟我說：「你瘋了你。」我試著跟她解釋，這些志願者和他們的若瑟神父與我的一些觀念背道而馳，我必須弄清楚。我看過若瑟神父來參加過一次會議，我記得當這些志願者也不了解時，若瑟神父會毫無保留地指正他們。

我舉了一些例子向我的太太說明，我們一直以來都只看到窮人的錯處，事實上，他們的故事要追溯到久遠以前，這背後有某種惡性循環在運作。儘管這個社會表面上看起來有足夠的錢分給每一個人，卻有一群人一直生活在赤貧中。我太太不同意。我記得有一個故事讓她非常反感，就是有一戶住在破敗棚屋的人家，缺吃少用，可是卻買了一台電視和一些超大洋娃娃給他們的孩子，這個家庭的舉動讓她無法理解。我跟她說，我們和窮人之間的鴻溝，不只存在於經濟方面，同時也存在於文化及社會方面，更源自我們所受的教育，這些不同的鴻溝加起來，阻礙一個人、一個社會去看到全貌。

我竭盡全力向我的太太解釋，這個訓練幫助我替自己建構新的思想；她成為我第一個耐心的對話者，這樣的對話幫了我很大的忙。後來，她在幫助我們的女兒時，自己了悟了。我們有個女兒投身支援一個赤貧家庭，她在協助女兒時才發現到，某些我們平常視為不必要的花費，在一個人陷入絕望時，會有不一樣的意義。比方說，對陷入災難的家庭來說，一台電視或一個美麗的洋娃娃對他們的孩子來說，代表著一道陽光。那是一個避免完全陷入絕望泥淖的策略，一個讓頭冒出水面，繼續活下去的方法，也為了在人前顯得光彩，免得被看不起。在那個時候，家裡的各種收支預算就不是首要的考慮重點了。

但是，如果我們沒有稍微進入赤貧同胞所經歷過的黑暗，以及他們眼見自己的孩子無法脫貧的那種痛苦，我們就無法了解想給孩子一點光明意味著什麼。沒有這層認識，我們就無法理解，於是在我們眼中，他們的所作所為看起來當然就沒有任何意義。透過志願者們溫暖的人性，讓我面對面地看到這個痛苦，即便只是片刻，這個世界就已經轉向。

## 從私人的經驗到公領域的投身

潘得城跟第四世界運動的關係，將慢慢透過與若瑟神父的私人情誼而更加穩固。

我已經不記得具體細節，但是我和他之間產生了一種很深厚的友誼，那份友誼並非以一種理性的方式發生。我猜測他的內心含藏著一種不可思議的的慈愛，那是無法用言語形容的，這種慈愛跟他強烈的意志相比，是很大的反差。這份難以言明的友誼，有時是透過一些具體舉動來表達的。一九七〇年的某一天，歐盟執委會第一次接見我們和第四世界的家庭。在那個大廳堂擠滿了人，突然間，若瑟神父看到我，疾步走向我之後，用力擁抱了我。官方的攝影師原本是要來替第四世界的家庭拍照，因為驚訝於若瑟神父這個爽直的動作，便拍下那個鏡頭，對我來說，那是一張最美的照片。

若瑟神父第一次跟我真正的談話，是在那個死胡同裡參加安德肋的會議時。兩三年來，他已經習慣在這些會議裡看到我，應該知道我是誰。那時候，他突然跟我說：「您呢，您在歐盟執委會為第四世界做什麼？您以後打算怎麼做？」接下來，他就這個主題談到歐盟對赤貧者的重要性，以及其中隱含的各種挑戰等等。

那天，他弄亂了我原有的平衡，但同時又解放了我。事實上，那些年來，不論是在第四世界或是歐盟執委會，事情都非常劇烈而密集地進行著。我每個星期六都必須工作，有時回到家裡都已經半夜了。那同時也是一段非常艱難的時期，我經常問自己一個問題：我該怎麼處理這兩者的關係？我該怎麼找到兩者的交集？在詰問我這些問題時，他也解放了我處於這兩個世界之間所面對的張力，這個張力已經累積到快要無法承受的地步。我把他的質問視為一個真正的派遣，一種使命的交付；時機已經成熟。如果有人在一開始就問我這個問題，我可能會覺得那是一種很唐突的要求，我可能會在執委會做一些小事情來讓對方高興，但那就不會變成我生命中一個如此核心的召叫。

我記得那次之後，如果我沒有做點事，就可能很難面對他，也很難面對志願者。我跟自己說：「現在事情變得越來越具體了，要行動了。但是要做什麼？該怎麼做？」就好像我還沒有學會游泳，人家就把我丟到游泳池裡。我知道應該往哪邊走，但是我從來沒做過，我得自己想辦法。

對若瑟神父的最後回憶讓我意識到，慈愛、信任還有投身的嚴謹要求是密不可分的，那是一個優先順序的提醒。那是幾年後的事情了：一九七三年，我被要求成為第四世界在比利時的創始成員，為此我們召開了一場籌備會議，由於自身工作的關係，我遲到了。我向若瑟神父道歉，他接受了我，但是非常不悅地跟我說：「親愛的朋友，窮人沒辦法再等下去了。」

那次之後，他再也不必對我重複這句話了。那是再一次的顛覆，那意味著：「當然，你的工作很重要，但是別的事情也很重要，而且這些事情也沒辦法等。你今天原本該做一個選擇，把窮人放在第一順位。」這樣說的意思，是要把事情放在應該有的位置，貧窮的問題在你的生命中不應該是次要的問題，因為在其他每個地方，貧窮都被放在次要的地位，也就是有空的時候才管的事情。如果你要事情發生真正的改變，它就必須成為你生命中最核心的憂慮。

與歐洲的抗貧計畫首次接觸

首先出現在我腦海的想法是，我得跟其他人談談這件事，可是我真不知道該怎麼踏出第一步？後來我決定先跟我的「新生活」小組談。畢竟是因為這個小組，我才走到第四世界。這個小組大約有十五位官員，當時歐盟執委會在布魯塞爾約有六百位官員，相較之下，十五人實在很少。不過大家都是老朋友，跟他們講話的時候我可以放心大膽直言，所以先在小組練習，慢慢找到適當的用字遣詞，替將來做好準備，讓執委會能聽懂另一個世界的語言。

執委會的新聞局局長傑克．哈畢耶馬上對我提出的議題表達高度興趣，他後來成為第四世界在歐盟執委會最堅實的盟友。他一直是個偉大的民主倡議者，他當時所領導的新聞局一直相當開放，頗具遠見，尋找各種能夠促進民主參與的元素，當時世界各地的革命或民主運動，都能在傑克．哈畢耶的周遭找到共鳴。他和莫內是莫逆之交，他們有著共同的視野，反對戰爭、種族歧視，反對一切矮化人性的元素，著眼於尋求人與人的合一，這跟東方聖哲所嚮往的大同世界並無二致。新聞局所提供的資訊平台，就是要成為建設歐盟的有力工具：除了提供資訊給共同體的成員國之外，同時更要創造全歐的共同輿論，讓各種互異的進步思潮得以匯聚，創造各種條件，讓歐洲人可以凝聚起來。

潘得城和哈畢耶的第一個嘗試，便是邀請若瑟神父向一群歐盟官員發表談話。何多恩（Ton Redegeld）是荷蘭籍的持久志願者，在若瑟神父和德佛絲女士與歐盟建立公共關係的過程中，他一直是重要的助手。他在一九八七年撰文回憶道：「那次會議是歐盟執委會成立以來，第一次以歐洲赤貧公民角度，追問歐洲共同體在民主、政治參與和人權方面，是否貫徹了初衷？若瑟神父的演講，讓這一小撮歐洲官員開始一起思考極端貧窮在歐洲的情況。拜他們所賜，『歐洲第四世界團結協會』成立了，由局長夫人安瑪莉・哈畢耶（Anne-Marie Rabier）帶頭推動，也因此，這把火炬得以持續照耀整個歐洲。」

協會成立之後，每個月都會寄出一份月訊給上千位歐洲官員與議員，這份月訊也邀請讀者回饋，更邀請他們分享在日常職務中遇到的相關資訊與困境。若瑟神父在和歐洲官員第一次見面時就提出這項邀請，因為當時多數官員都認為赤貧已經消失，或者認為即使赤貧繼續存在，他們也無法在自己的職位上看出什麼眉目，因此若瑟神父希望每位官員建立一份「貧窮檔案」。

稍後，面對聯合國的官員，若瑟神父還是提出相同的建議，他甚至對尋求公義、對抗赤貧的所有公民，也提出同樣的建議。直到生命最後一刻，局長夫人安瑪莉一直推動這股書寫的風潮，保持著書寫「盟友日誌」的習慣，記錄下各種不同的生活圈和窮人編織出的連結，藉此累積足夠的善意理解，以便做出無害的善行。

若瑟神父對歐洲官員首次演講後，潘得城和哈畢耶追問，怎樣才能推動整個歐盟執委會扛起應該承擔的政治責任。

哈畢耶提醒我一個有利的巧合：郭亞貝[8]是我們的主管，同時負責新聞局與社會事務局。所以我們很容易就可以和社會事務局的官員取得聯繫，他們有足夠的立場要求整個歐盟執委會面對貧窮這個議題。皮德斐[9]是郭亞貝部長辦公室的成員，一位前衛人士，我很欣賞他，我們之前有過很多交談，所以我跟他談及此事。他一

8　譯註：郭亞貝（Albert Coppé, 1911-1999）為比利時經濟學家，身兼歐盟官員，曾擔任歐盟社會事務總署（Commissioner for Social Affairs）部長。

9　譯註：皮德斐（Pierre Defraigne），經濟學家，擔任歐盟官員長達三十五年（一九七〇至二〇〇五），先前在隸屬於歐洲學院的 Madariaga 基金會擔任執行長。歐洲學院是培養歐盟官員的最高學府，創立於一九四九年。

直覺得我太過理想化，但是當我跟他提到第四世界運動的時候，他卻馬上說真是太棒了，郭亞貝部長一定會支持的，一定要安排他們跟部長會面。但是問題來了，郭亞貝部長只能以官方的身分接待歐洲屬性的組織，可是那個時候，第四世界還沒有在當時歐洲共同體的六個成員國正式登記，連比利時的第四世界都還不具有法人地位。

跟郭亞貝部長正式會面的可能性，很快就傳到若瑟神父和德佛絲女士的耳裡，整個第四世界運動負責國際關係的團隊高度重視這件事，於是在一些第四世界還沒有法人登記的國家裡，聯絡已經認識的姐妹協會，提出合作的建議，以便能在窮人與歐洲的官方機構間建立對話機制，而第四世界在歐洲各國的友會紛紛做出正面的回應。就這樣，「第四世界歐洲聯盟」（Fédération Européenne d’Aide à Toute Détresse）成立了，遍佈當時歐洲共同體的六個成員國。這個例子指出，第四世界和歐洲各機構間的關係並非單向道。

跟私人關係一樣，與一個體制建立關係，也要從雙方都決意認識彼此開始，潘得城回憶道：

我還記得，我們和好幾個第四世界歐洲聯盟代表一起開會，我們認為要讓歐洲共同體開始認識一個它還不認識的現實，就得要催促它開始研究這件事。我跟皮德斐談了這個主意，他覺得可行，鼓勵我直接跟郭亞貝提出建議。不僅如此，他還建議我們跟郭亞貝部長進行正式會面，召開記者會，運用新聞局的所有資源，將這件事公諸於世。

就這樣，一九七二年十月三日，郭亞貝部長接見了第四世界歐洲聯盟，由若瑟神父及其他協會的負責人出席。會面的成果是一份郭亞貝掌管的部會與第四世界之間的正式契約，委託第四世界人際關係研究暨訓練中心進行一份相關研究，研究將命名為「評估第四世界的方法學標竿」。「第四世界」這個詞彙在當時還鮮為人知，一如它所指涉的赤貧族群。部門的新聞稿以及記者會向整個歐洲宣佈了這個前所未有的消息，歐盟執委會的第一個具體投入也因此在公眾的監督下，取得了一個廣闊的政策遠景。

同樣在一九七二年的十月，九國高峰會[10]在巴黎舉行，「第一個歐洲社會行動計

10 譯註：由於共同體的巨大成功，一九七二年十月的九國高峰會之後，丹麥、愛爾蘭和英國於一九七三年一月一日正式加入歐盟，成員國從六個擴大到九個。

畫」暫告停止。繼郭亞貝之後擔任社會事務總署署長的喜樂瑞（Patrick Hillery），則將原計畫改寫為「歐洲第一個對抗貧窮的行動與研究計畫」，並將這個計畫的草案交給當時的社會事務服務處處長克里秦（Leo Crijns）。克里秦在一九八七年撰文回憶道：「我當然不是這個領域的專家，可是執委會卻輕而易舉地通過我寫的計畫，沒有經過任何討論。這件事不可能有另一種結果，因為執委會裡面沒有半個貧窮問題的專家！九個成員國的代表都認為我們是世界上發展得最好的國家，所以我們的境內少有人民會因為貧窮而受到排擠，或許我們只需要個別幫助幾個成員國的公民好好使用已經建置好的社會安全系統。話說回來，如果他們不會善加使用已有的福利政策，那麼首先應該檢討的是他們自己。有一個代表甚至說，貧窮早已在他們的國境內消失無蹤……，反正，這林林總總加起來，讓這個計畫寸步難行。」

這時候，前任歐盟社會事務總署署長喜樂瑞委託第四世界歐洲聯盟做的研究就更顯出意義，對此，繼任的克里秦當然知情，於是他召集了一個七人專家小組，包括第四世界的德佛絲女士。七人小組對第一個計畫做出了重要的貢獻，還組織了一場研討會，邀請若瑟神父來演講，後來並草擬了一些基礎文件，得到執委會和歐洲議會的雙邊支持。就這樣，這第一個歐洲抗貧計畫於一九七五年七月二十二日通過審核，包括二十多個先導行動和跨國研究計畫。

這些計畫不僅對赤貧族群發生重要影響，也在地方與跨國層次影響了合作夥伴的行動方式。歐洲體制意識到窮人的存在，必須採取行動。若瑟神父在諾瓦集貧困區發展出來的種種行動，例如在各個層面支持赤貧家庭的「社區總體營造計畫」（Family Advancement Housing）、學前學校（Pre-Schools）、第四世界平民大學等前衛行動，在整個歐洲開展，並得到重要的財務資助。有了歐盟做後盾，地方機關與國立機構開始承認，在他們的管轄範圍內依然存在著赤貧，並對此展開行動。另一個重要的影響便是諮詢小組的成立，小組有十八個成員，包括當時歐盟的九個成員國代表、一名歐盟的資方代表、一名歐盟的勞方代表，再加上原本的七人專家小組。這個諮詢小組監督、評估各個計畫的執行狀況，並針對極端貧窮的知與行建立起一個跨國的視野。

第一波的計畫一直延續到一九八〇年，即使各國政府強力阻抗；政府特別擔心公眾輿論，怕人民知道赤貧依然存在。即便如此，由於一小撮人不屈不撓，特別是社會事務總署的李察義（Ivor Richard）[11]署長，因為他們的努力，各種計畫前仆後繼。一九八五年第二波計畫面世，然後第三波、第四波。一如克里秦所言：「現在貧窮議題已經進入議程，對此負有責任的每一個相關人士，都應該齊心面對貧窮對這個時代造成的挑戰，

11 李察義是英國籍歐盟委員，一九八一至一九八五年擔任歐盟執委會社會事務總署署長。

意識到自己必須投入這場奮戰。」[12]潘得城回憶道：

先是調查研究，接著是一波又一波的行動計畫付諸實現，歐盟成員國第一次意識到貧窮問題，第四世界的概念慢慢烙印在公眾的腦海裡。整個議題現在已經掌握在社會問題專家的手裡，我們本來可以就此打住，心滿意足；但是我意識到，一個撼動我們生命的社會現實，應該更廣泛地被同胞們所認識，對此，新聞局有責任，因為社會事務總署缺乏向公眾宣導的材料。為此，我們有了接受第四世界實習生到新聞局工作的想法。

## 第四世界的特使們

哈畢耶在歐盟新聞總署任內一直有一項政策，就是接受實習生，好讓他們能夠擁有一個全歐的視野，同時也讓歐盟執委會擁抱年輕人的新思潮。就這樣，第四世界運動的持久志願者郝安妮（Annie Howeler）、何春雨（Huguette Bossot）與何多恩相繼來到新聞總署實習。在哈畢耶的心思裡，他們得要在歐盟執委會慢慢營造出一個第四世界的常駐代表團，第四世界運動當然馬上熱烈響應這個想法。

事情就這樣決定，第四世界的持久志願者在實習期間，可以自由地在新聞總署、社會事務總署和其他部門間穿梭，廣結善緣，我則被任命為第四世界實習生的負責人。

當時在歐盟執委會約有三百位來自不同國家的實習生，按規定，他們只能在實習的部門活動，研究一個範圍明確的專題。但是對第四世界的實習生，我卻有著不一樣的做法，我讓他們自由地去和歐盟其他領域的人士結緣，如果有必要，我還會助他們一臂之力，因為他們的目標跟其他實習生不一樣。我們不僅希望他們能夠在歐盟得到訓練，也希望他們能夠將一些重要的訊息傳遞出去。他們在實習的時間以外組織會議，邀請官員們參加；可是在工會組織或甜菜工業組織的實習生，肯定不會得到同樣的自由。

這些第四世界的實習生想要研究的議題，是當時歐盟執委會的其他部門前所未聞的，所以執委會充分理解到這個議題的重要性。跟第四世界一樣，新聞總署也開始針對歐洲一千萬個窮人的生命進行理解，建構檔案資料。當時，新聞總署在其他領域所累積

12 《第四世界季刊》（*Revue Quart Monde*），一九八七年，第一二四期。

的資訊是如此充分，但對於貧窮卻所知有限。

為此，潘得城和哈畢耶以及其他在新聞總署的官員都承認，他們需要第四世界持久志願者銳利的目光，他們需要後者協助：怎樣才能在歐盟累積的浩瀚資訊中，保存窮人存在的痕跡？怎樣才能好好收藏底層的歐洲公民跟歐盟來往的歷史？在兒童遭受強制寄養或失業的統計數字後面，我們對經濟的變革做出了什麼樣的思考？對社會住宅，我們採取了什麼嶄新的策略？面對學校教育的失敗，我們採取了什麼樣的行動？必須覺察到赤貧的存在，才能做出有效的回應。

兩造的合作關係並非一種權力關係，而是平等互惠的連結，是良知良能的啟發。大家都有一個共同的目標，就是鞏固並擴展民主的精神，不遺忘任何一位公民，必須確保沒有任何人被排擠在外。如果歐盟執委會只為某一部分的歐盟公民努力，卻遺忘底層公民的權利，那麼它存在的意義與尊榮就必然受到質疑。

在歐盟創建的過程中，第四世界之所以成為新的夥伴，是因為歐盟和第四世界運動以平等的態度面對彼此，而非一方苦苦哀求、另一方高高在上，雙方都堅信彼此追求的是赤貧公民與其他公民的共同利益。這跟歐洲之父讓．莫內的原則雷同：「為了和平，我們能夠做的最大努力，就是說服人類進行交談，但是，必須創造交談的條件，每個條件都不可或缺。其中一個是平等的精神，任一方都不應該想要占對方便宜；另一個條件是，確認大家談的是同一件事情；最後一個條件是，大家努力要追尋的是共同的利益。」[13]

## 公開生活的新夥伴

將對抗貧窮置於民主的進程上，這樣的視野必須要有政治層面的直接行動。打從一九七〇年，為了在這個層次上督促議員，潘得城開始跟歐洲議會取得聯繫，質問他們為赤貧公民代言的方式。一九七九年六月，歐洲議會首次進行普選，第四世界法籍志願者華必安（Benoît Fabiani）也登記在候選人名單中，他跟選區中同樣為弱勢族爭取權益的團體一起參選，他的參選行動有助於大家注意到極端貧窮繼續在歐洲橫行的事實，並引起公眾討論。每一位候選人都收到一封信，信中談及在歐洲範圍內，依然有人遭受不人道的生活條件所折磨，議員也應該為他們代言。第四世界運動的成員也一一拜訪了各區的歐盟議員候選人，他們向候選人重提這封信的內容，補充地方的實際情況，並以選民的身分增加這封信的份量。當選的議員都受邀參與歐盟議會內的「第四世界委員會」。共有五十多位議員投入這個委員會，並在議會內傳達第四世界關心的議題以及提

13 *Mémoires*, Monnet, Jean, Fayard, 1988.

出的建言。

從此以後，「第四世界」這個名詞成為歐盟執委會和歐洲議會的日常語彙之一，同時，在歐盟辦公室以外的地方，這個新的夥伴關係也成為日常生活的一部分。回顧這段漫長的夥伴關係，若要論最重要的公共事件之一，就必然要提及一九七七年十一月十七日的大型慶祝活動：第四世界運動在布魯塞爾舉辦的二十周年慶。五千人參與了這場紀念活動，他們來自整個歐洲和北美洲，若瑟神父在當天呼籲大家負起當負的責任，無論是政府、各個生活圈的公民或第四世界家庭本身，所有人結盟一起對抗赤貧造成的磨難。他並同時發出對抗文盲的挑戰：務必讓每個歐洲公民都能讀書識字，擁有一技之長。之後，有上千位公民，雖然已經成年，卻克服學習障礙與自卑的心態，在協助之下重拾書本、接受訓練。在當時，歐盟成員國以及公眾都不承認自己的國境內還有文盲存在。

也因此，在歐盟執委會的「第四世界特使」主動發函給歐盟的教育總署，要求舉行一場會面，共同思考歐盟如何投入掃盲的行動。歐盟執委會當時沒有任何一篇報告提到歐洲境內文盲的存在與處境，於是一場漫長的合作就此開始。一如當初跟社會事務總署的合作，首先必須要建構一個根本的認識，向歐盟各成員國證明文盲繼續存在於他們的國境內。歐盟執委會的權威發生了重要的影響力，打破各成員國的沉默——他們對此議題原先的態度是諱莫如深。開始進行研究之後，大家發現到，許多國家的民間組織早已展開行動，對草根組織的掃盲行動進行評估後，發現這些行動非常奏效。研究所獲得的結果呈交之後，邀請歐盟與各國政府也扛起責任，他們也都從善如流。

第四世界跟歐洲的另一段歷史影響到整個歐盟執委會。一九八二年五月十五日，上萬名第四世界的代表聚集在布魯塞爾，想想看，在那個時代，二十三萬兩千五百位公民簽名發出呼籲：任憑百姓生活在赤貧中，嚴重傷害了人權。歐盟執委會與歐盟議會的高層參加了這場盛會，當時歐盟執委會主席駝甲士（Gaston Thorn）向與會者發出一封公開信；就業與社會事務總署的李察義署長則接見了由若瑟神父率領的一群第四世界代表。這次會晤，純屬政治層次的見面，創造了一個前所未有的先例，駝甲士感嘆道：

這可以說是一種自相牴觸的狀態——窮人的需要越是迫切多樣，他們的聲音卻越發薄弱隱微。大部分的勞工能夠組織起來，讓自己的聲音被聽見，即便如此，也無法總是達到預期的目標。相對地，那些找不到工作的人，他們的聲音就更不容易被聽見了；至於那些喪失工作能力的人，又更不用說了。有住房的人，他們的聲音被聽見了，他們以房東或房客的身分發聲；但是，無家可歸者卻沒有任何壓力團體替他們發聲。有機會受教育的公民，他們的父母或師長，都隸屬於某個工會或機關團體，都有個協商的地方，不識字的公民要去哪裡找到歸屬？

有了這樣的思考，讓我很想見見若瑟神父，我想在歐洲的範圍內，他所創立的組織應該是唯一一個為成千上萬赤貧公民發聲的組織，這個族群被迫生活在極度窘困的處境下，各國政府都羞於承認他們的存在，而這個族群也無法光靠自己組織起來，吸引公眾的注意。為此，第四世界和歐盟執委會的定期會見慢慢建立起來。跟若瑟神父與第四世界家庭代表團的多次交談，讓我對他們的處境有了比較清楚的理解，我還記得一對英國夫婦，他們想盡辦法要成家立業，即使教育、就業與住宅問題橫阻眼前。為了建立這樣的合作關係，必須有定期的會面與聯繫，才能展開共同的行動，這樣的要求合情合理，在其他領域早就這麼做了。14

之後，第四世界運動跟歐盟體制內的各個機構一起組織了其他的活動，凝聚第四世界的家庭以及和他們結盟的朋友。歐盟理事會舉辦多次和兒童的會見，歐洲青年中心則聚集了第四世界的年輕人，第四世界歐洲範圍內的平民大學則定期在歐洲經濟社會理事會舉行。這些研討會讓第四世界的代表和對抗赤貧的個人與協會團體，偕同歐盟體制，一起思考下列問題：在討論歐洲各國的最低收入保障政策時，為了和窮人建立夥伴關係，在地方、國家與歐洲層級上，必須創造什麼樣的條件？如何使用文化的力量來對抗赤貧？這些問題不再只是停留在研究的層次，而是和相關夥伴一起進行實際的協議，一九九五年六月，第四世界運動主席德佛絲在歐洲經濟社會理事會第四世界平民大學的開幕式上致詞時，便這樣表示：「這些研討會開闢出一個相遇的空間，在這裡，我們練習和最貧窮的同胞建立夥伴關係；為了貫徹民主精神，這是最關鍵的練習。」

這次研討會由歐盟文化總署、經濟社會理事會和第四世界一起合辦，這是一個新的里程碑，也象徵潘得城三十年來在歐盟體制內不屈不撓的奮鬥成果。他從一開始就意識到，赤貧碰觸到人類生活的所有層面，進入到人類精神的深處，包括歷史、藝術與文化。當時已經從執委會退休的潘得城，全心投入這場會議的準備工作，他回憶道：

> 文化總署是執委會當時剛成立的新部門。文化對若瑟神父來說至關重要，他從一開始就帶許多藝術家進入諾瓦集貧困區的核心，在最缺乏和諧、被拆、被毀的赤貧之地，他發展了街頭圖書館，成立藝術與詩的工作坊。文化是老祖宗留給我們每個人的精神遺產，但是生活在赤貧中的家庭，他們的經驗卻沒能在文化的長流裡留下痕跡。

14 《第四世界季刊》，一九八七年，第一二四期。

說服文化總署也加入對抗赤貧的行列，並不容易。文化總署和第四世界代表的第一次會面非常失禮，第四世界的代表們長途跋涉而來，署裡的官員卻沒有準備椅子給他們坐。

於是，我去跟署長申訴，我說：「我覺得汗顏，我替文化總署覺得丟臉，替整個歐盟執委會覺得丟臉。」我想起二十年前，若瑟神父跟我說過的話：「我親愛的朋友，窮人是沒辦法等的。」於是便跟署長說：「讓那些以窮人之名遠道而來的代表受到此等羞辱，真該感到羞愧。」我相信負責接待的人並沒有意識到自己在做什麼，不管如何，我學到了合理的生氣可以讓大家回到正確的位置上。後來我們贏得另一次會面的機會。但是，真正的推動力則來自另一位署長。

一九九三年三月，第四世界運動的分支「塔波里兒童運動」，創作了一片巨大的展示牆，為了慶祝國際童詩日，這片展示牆來到布魯塞爾市政府展覽。通格讓（Jean Tonglet）當時是第四世界派駐歐盟執委會的代表，我們倆就想，應該讓這片展示牆也到歐盟展出一段時間。這個要求得到了許可，新任文化總署署長周德邦（Joao de Deus Pinhero）[15]甚至親臨揭幕式，他仔細聆聽兒童的呼聲超過半個小時的時間，當時派駐歐盟的記者群對這一幕印象深刻。

跟文化總署署長建立的聯繫讓我們有機會和他的部會成員建立關係，特別是負責文化事務的官員傑松雄教授（J. Pinhero）。當時也真是天時地利人和，又稱《馬斯垂特條約》（Maastricht）的《歐盟條約》於一九九三年生效，其中第一百二十八條關於文化的部分，開啟了新的行動領域，而在這個新領域上，歐盟執委會諮詢了我們的看法。

一九九四年七月，貝約翰（Jean-Michel Baer）被任命為新的文化總署署長，九月他便接見了第四世界運動的代表，並且因為這些代表表達渴望學習而感到詫異；第四世界的兒童潛藏著各種創造力，文化總署在這個領域有太多可以行動的地方。他同意在未來舉辦一場研討會，焦點是如何以文化對抗赤貧，讓文化領域的行動者與生活在赤貧中的百姓能夠交流、對談，並一起做出行動的建議。他希望這次的研討會能夠為執委會下一季的文化行動帶來新的思維，他全心投入，提供服務，並資助研討會全部費用。

一九九五年六月，整整三天的研討會，歐洲各國最貧困的社區代表，還有畫家、作家、演員、歌手、學者、文化政策的負責人、圖書館館員、書店店長、記者、教師、歐盟官員等，在歐盟執委會的會議廳齊聚一堂，來自不同生活圈的人

15 譯註：周德邦是葡萄牙籍歐盟委員，一九九三至九四年間任歐盟文化總署署長。

歐盟官員潘得城與若瑟神父，一九七六年，布魯塞爾，於歐洲經濟共同體（歐盟前身）。

有機會認識彼此、交流對話、歌唱、歡笑，練習一起共事。他們一起思考，在這個資訊社會，要以哪一種現代化的方式來對抗赤貧？每個人的責任又是什麼？在資訊社會，知識的交流與文化的傳遞越來越依靠社會連結，並因此創造經濟效益，而那些無法進入資訊社會的百姓，當然就越來越被排擠在就業市場之外。第四世界的代表充分表達了他們是多麼需要天地大美，以便重建自己的生命；需要認識自己的歷史，才能不再因赤貧而感到自卑，以便真正的脫貧；需要習得一技之長，才能藉此理解這個世界並貢獻自己。

貝約翰在結論時說道：「謝謝你們為歐盟的各機構帶來一股新鮮的空氣，我們這個時代迫切需要的，是讓最貧窮的公民能夠展現他們的文化，並為他們打開各道文化之門。」而代表經濟社會委員會主持研討會的卡羅（Caroll）先生，則忍不住分享自己在愛爾蘭的童年歲月，當年他們全家擠在一間斗室過活，因此他感謝在場的每一位參與者讓他重新跟自己的過往修和：「你們幫助我們跨越疆界，超越藩籬。」

潘得城在研討會結束的那天晚上感到欣慰，為期三天的研討對將來執委會和成員國的文化政策產生了長遠的影響。正確地說，他對這些年來不曾懈怠的奮鬥感到欣慰，即使整個過程中並非總是得到旁人的理解，他說：

我不能說自己這一生成就了什麼，但是讓我感到自豪的是，在被撕裂的民族與其他同胞之間，我為兩者的和解與新關係的重建盡了棉薄之力。我經常跟我的子女與孫子們說，能夠為這項志業貢獻心力，能夠遇到一群慷慨又開放的男女志士，是我這輩子莫大的福氣，值得我投入畢生的精力。我曾經是公僕，但是我的社會投身、專業與公務一直緊密結合。在建立歐盟的過程中，閃現出第四世界的火花，他們點醒了我，歐盟和這群散佈在其境內的赤貧子民也需要重建關係，這是同一場奮鬥，還有許多需要繼續努力的，能夠參與其中，是我這輩子的福氣。

【第八章】

# 風雨同舟

## 一家小型企業與一名赤貧雇工的傳奇

本章作者／歐雅妮和歐漢米夫婦、唐弟予、傅妮

中小企業經不起風險，不過仍然可以對技術最不熟練的工人有所貢獻：藉著給予關注和訓練，讓他們有機會融入現代的經濟體系。默理（Maurice）是個無家可歸的中年人，他將全部希望寄託在一份木匠的工作上，但是接踵而至的困境，卻讓這份單純的願望變得岌岌可危。

老闆的家庭、其他工人和默理之間逐漸增強的連結，使這個故事有了完滿的結局。木工坊上上下下團結一致的氛圍，讓默理慢慢變成一位受人敬重的勞工，同時也昇華了木工坊內部的氛圍，大家變得互動更為頻繁、更樂於合作，造就了更加人性化與更利於學習的工作環境。

一九九三年十月十七日，歐漢米、歐雅妮夫婦，於巴黎自由人權廣場。

細木工坊的企業主夫婦歐雅妮（Annick Aubry）和歐漢米（Jean-Michel Aubry）口述了這段故事，他們指出，極端貧窮不應該被簡化成一個單一的問題，比如這個故事裡面提到的失業，實際上生活裡各種面向都會受到影響，包括：教育、家庭生活、居住權、公民權、社交關係等等。這個故事主要著重於我們對於受苦者的責任，以及該如何尊重受苦者的自主權。

本文主角之一歐雅妮，年輕時讀的是祕書實務，有二十五年的時間，她和先生歐漢米一起經營一家細木工坊，育有三子，今天已經是祖母級。三十年來，她以盟友的身分投身於第四世界運動。關於兒童保護的議題，她曾經以過來人的身分，在政府相關單位做了兩次公開的見證。

## 老闆和老闆娘的自我介紹

**歐漢米：**我是怎麼認識第四世界的？十多年前有一天，村裡的一家商店貼了一張攝影展的海報，與赤貧有關。我呢，以前我不知道赤貧是什麼，但是我太太知道。

**歐雅妮：**我們家有九個兄弟姊妹，我是老大。我們以前住在鄉下，我爸爸是農村的季節性工人，哪個農場有需要，他就去打工，生活很不容易，爸爸的工作很不穩定，家裡有一餐沒一餐的。有時候我爸爸在外面被人家羞辱，所以在家裡，他跟媽媽的爭吵也是常有的事。但最糟糕的不是這個，而是外界對我們投以異樣的眼光，因為我們的物質條件比人差，因為我們的生活比較複雜。我們是村裡的窮人家，別人看待我們的目光是很難背負的重擔。

十四歲的時候，我和幾個妹妹都被強制寄養。我清楚記得那是五月十三號，一個星期一的早晨，幾個憲兵來學校找我們，在全班面前，那是很可怕的一刻。之前的禮拜六，學校老師就事先跟我們說，會有人來學校找我們，我們開始哭了起來。老師和師母試著安慰我們，他們說：「以後日子會比較好過，你們可以學習一技之長，這樣你們比較容易翻身……」我們在衛生福利部底下的一個中途之家度過了三個月，我的妹妹們被安排到不同的寄養家庭，我則被安排到巴黎一間由修女開辦的職業學校，但是在這之前，沒有人向我解釋我要去哪裡？要做什麼？

圍繞在我們身邊的鄰里，還有整個社會，對我們這樣的家庭有著非常嚴苛的論斷，特別是針對我們的父母，我們這些孩子難免也跟著抱怨，但這樣並不會讓情況好轉。所以，我們要不就學著閉嘴不說，試著跟別人一樣，融入他人之中，要不就變得叛逆起來。我試著把這一切都隱藏在心底的角落，但是，你就是忘不了。

我十八歲開始出社會，我跟同事們扯一堆謊，杜撰自己的家世。我還記得那種自欺欺人的苦痛，因為我不敢說真話，怕別人會看不起我。我拒絕別人的憐憫，拒絕別人論斷我的父母；但是獨自一人時，我沒有力量和裝備去抵抗排山倒海的異樣眼光。

那時候，我開始參加天主教職工青年會，但是，我經歷過的痛苦還是無處可說，我和其他人還是格格不入，我沒辦法真正融入他們，我覺得自己跟他們真的很不一樣。

很多年後，我跟先生一起透過那場攝影展發現了第四世界運動。對我來說，那是我和自己的相遇，強烈的契合。我很驚訝，在第四世界，窮人被對待的方式完全不同於我過去所經歷的，他們理解窮人，他們愛窮人，在這群人眼中，窮人有著重要的地位。

我第一次遇到一群不會踐踏窮人的人，不僅如此，窮人被放在重要的位置，因為他們相信窮人有話要說，不比別人差。其實我自己也一直這麼認為，但是我無法表達出來，因為主流社會並不這麼想。

跟第四世界在一起，讓我跟自己和解，而且我不再孤單。我也發現到，有一群人即使沒有經歷過極端貧窮，卻和我們這樣的家庭站在一起，和我們一起奮鬥，這就帶給我一種榮譽感，以自己的出身為傲，從那時候開始，我對自己的根源不再羞於啟齒。

**歐漢米：**認識第四世界運動以前，我參加過很多社會行動，包括工會和天主教的社會運動，雖然我不是天主教徒，也不信神，但是我在天主教職工青年會、天主教工人運動以及基督徒農村陣線找到我所要追尋的理想，幫助我尋求社會正義。這些個天主教的運動凝聚了許多人，不管是不是基督徒，大家聚在一起，省思在自己的日常生活中如何展開行動，他們想要改變世界，讓社會變得更人性化、更符合正義。

我的出身並不貧窮，算是來自勞動階層。在那次第四世界的攝影展裡面，有一句話打動了我，就是：「別再救濟」。我雖然沒被救濟過，也不曾因為別人的救濟而蒙受過羞辱，但是，當我遇到第四世界運動的時候，我覺得自己過去參與過的各種奮鬥，還有我的社會觀點，變得越來越清楚，也更清楚自己的投身方向。

後來我聽了一場若瑟神父的演講，他不打誑語，真實描述底層的生命。演講之後，我們開始跟一位第四世界的志願者和三、四對夫妻定期聚會，組成一個小團體，開始思考自己生活周遭是否存在著社會排斥？排斥的溫床是什麼？這樣的反思幫助我們看見，自己的生活圈確實存在著社會排斥，我們可能不是故意要排擠別人，但是因為不夠細心，我們創造甚至促成這種排擠他者的行為。

對我們來說，成為第四世界的盟友可以展開的行動是多層次的，我們可以投入為了修法而舉辦的造勢行動，或是為了創造新的公民意識而展開全國或國際性的大型活動，或是默默無聞的日常舉動，即使別人覺得不重要，卻有著同等的價值。

別人經常追問我們：「你們在做什麼？我們可以做什麼來幫助你們？」我們總是回答：「在你的生活圈護衛窮人的權利，舉凡職場或你參與的工會、政治、社群、宗教活動，都要如此。」但是他們不知道要怎麼做，就失去耐心，要我們幫他們找一些機構當義工，他們想要直接救濟窮人。事實上，這是每天的投身，就是注意身邊發生的事，理解在我們周遭，貧困同胞是怎麼被對待的；我們要做的不是馬上可以看到成果的事情，不是一頂在某些特定日子才戴在頭上的帽子，而是持之以恆的日常行動，慢慢地我們會看到身邊有些小小的事情開始發生改變。

## 書寫默理的故事，日復一日

（身為第四世界運動的盟友，歐雅妮每天寫日誌，記錄所有和貧窮以及社會排斥相關的事件、行動與省思，這一段默理的故事，便是從她的日誌中整理出來的）

我們是在一九八八年的春天認識默理，那時候我們在找一個木匠。那段時間，漢米獨挑大樑，我則負責細木工坊的行政工作；我們決定要雇用默理，因為他在工坊附近徘徊不去，而我們需要一個什麼事都能幹的助手。共事一段時間之後，我們很快發現，雖然默理會做的事情不少，但是缺乏主動性，老是需要有人跟在後面督促。

多年的信念和投身，讓我們決定給他機會，繼續聘用他。我知道漢米對工作要求嚴格，又不是很有耐心，他希望找一個有責任感又能獨當一面的工作夥伴。他期待高品質的工作成果，因為唯有如此，我們這樣的小企業才能生存，客戶是不會包容瑕疵的。所以，默理跟我們在一起的頭幾個月發生很多衝突。漢米經常得要晚上加班，有時連星期天都要工作，才能收拾默理留下的殘局。

話雖如此，我們有機會和默理建立了緊密的關係，他跟我們分享他內心操煩的許多事，這些煩惱讓他沒辦法穩定下來。他住在一輛沒水沒電的拖車裡面，冬天沒有暖氣，車裡面變得很冷，他晚上沒辦法好好睡覺。

他不常談下班或週末的生活，但是我們知道他多半和酒友一起在酒吧殺時間，這是再自然不過的事情，至少在那些地方可以找到一點溫暖。有些時候，他無精打采地來上工；有些時候，他甚至沒來上班，這是漢米最受不了的地方，因為工作進度已經擬好，客戶在等，這樣很難做事。

## 尋覓住屋

有一天，我們去巴黎一個客戶家，他們家裡鋪著白色地毯，得要穿上拖鞋才能工作。漢米很替默理感到難為情，因為他的襪子實在臭到不行。收工後，他們好好討論了這件事。漢米跟默理說，他能夠接受也能夠理解，但是總得顧慮客戶的感受，衛生這方面得要改善才行，畢竟生意能否興隆全靠客戶捧場。他們談到默理現在住的拖車，沒水沒電，無法盥洗；如果默理繼續住在那種地方，肯定沒辦法顧全工作。

漢米和我都心知肚明，默理自己一個人肯定租不到房子，於是我們決定一起幫他找，如果找到合適的，就推薦給他，由他來決定要不要去看房子。因為已經一起談過，我們也知道房東通常會希望把房子租給有固定收入的人，而默理目前手中還湊不到三張薪資單，也沒足夠的錢支付兩個月的押金，連第一個月的房租都沒著落；所以我們說好，先借給他這筆錢，日後他再慢慢償還。

有一天，我們找到一間一個月一千法郎的出租房，出乎意外的便宜。我們讓他當天下午就去看房，實在太適合他了，他看起來滿高興的。我們把押金和房租交給他，他就出發去了仲介公司。一位祕書接待了他，向他要求銀行存款證明（我們壓根沒想到這個！）、兩個月的房租、三張薪資證明、一張在職證明，還有最近三個月內的地址證明。他沒有存款證明（他以為自己被銀行禁止開支票），而且因為他住在拖車，所以當然也沒有地址證明。在這種情況下，祕書小姐跟他說沒辦法把房子租給他。真是不可思議，你既然需要租房，是要去哪裡生出地址證明？

默理回到公司，我透過辦公室的窗戶看他駝著背、垂頭喪氣走進來。他說：「別人不可能把房子租給我的，我被拒絕了，我沒有存款證明，也沒有地址證明。」被拒絕是件挺難堪的事，聽的人也覺得難受；我們曾經給他一線希望，現在要怎麼走出難關？

他也提到祕書小姐對他不太有禮貌；這點，漢米不能接受。他決定打電話給仲介公司，接電話的正是那位祕書小姐，漢米自我介紹後，說明他的員工需要租房，而且非常緊急，他下午去看的那間公寓剛好非常適合他，他想知道基於何種原因仲介不肯租房給他。他也簡短地告訴對方，在接待客戶的時候，即使別人不符合我們開出來的條件，也應該待人以禮。最後達成的共識是，只需要存款證明與在職證明即可。

我們跟默理說，他應該去他的開戶銀行問清狀況。一個小時之後，我從窗戶看到他昂首闊步走進來，意氣風發地告訴我們：「沒問題，解決了，銀行並沒有禁止我開支票。我拿到證明，然後去仲介那邊，這次那個小姐很客氣。」我們也很替他高興，便跟他說：「你看，永遠不要放棄。」他回答我們：「話是沒錯，但是，那也是因為你們有影響力，別人願意聽你們，如果沒有你們，也不會成功。」他說得很有道理，正是這點讓我們覺得難過，因為真的是這樣，如果我們沒有介入，他肯定租不到房子。我們意識到，這世界真的是有錢判生，無錢判死。

對此，我們也做了討論，我們跟他說，希望他沒有白白受苦，或許下回，沒有禮貌的人能夠學會尊重他人，更有人情味。我們也跟他說他真是勇敢，能夠超越歧視的目光，如果沒有他的勇敢，我們即使有影響力，恐怕也幫不了什麼忙。

那天晚上，默理終於有了自己的家，他的喜樂溢於言表。

## 同是公民

工作方面，問題層出不窮；此外，離婚之後，默理非常孤單。下工後，他全部的時間都花在酒吧，錢都往那裡撒。他越來越常要求我們讓他預支薪水，但是我們不想超過一定數額，怕他月底的時候沒錢花。有時他連吃飯錢都沒有，這讓我們很頭疼，該怎麼辦？

一天黃昏，我們剛參加完第四世界的國際盟友大會，內心因為這場相遇激出的思想火花而有一種深刻的滿足感。漢米出門買菸的時候，剛好遇到默理在酒吧裡噙著淚水跟人家傾訴他的操煩；於是漢米邀他到家裡坐坐，擔心他在公開場合跟人家大談私事，對他不利。在我們那樣的小鎮裡，七嘴八舌，事無大小，一下子就傳開了。那時候剛好是晚餐時間，我們邊吃邊談，氣氛比較輕鬆。

他回憶往事，談到沒人可以訴苦，加上他的前妻給他惹了很多麻煩，離婚後因為沒人管、沒人理，像隻孤鳥，自然也就沒有心情整理小窩。我們也談到他住在拖車那段日子，他說：「我被當成無家可歸者，我甚至不能去辦投票登記，事實上，大家不當我是個公民。」於是我們跟他提到第四世界運動，還提到巴黎自由人權廣場上那塊赤貧犧牲者紀念碑，碑文提到任憑人們生活在赤貧中就是侵犯人權；而且每個月十七號，石碑旁都會聚集一群人，他們公開見證赤貧繼續存在的事實，如果哪天他願意，我們可以一起去。

幾天後，漢米和默理剛好要去自由人權廣場附近的一個客戶家工作，漢米就帶默理去造訪這塊石碑。默理很驚訝在巴黎市中心，在艾菲爾鐵塔前一個這麼美麗的地方，居然銘刻著這樣一段文字：「哪裡有人被迫生活在赤貧中，那裡的人權就受到侵犯、剝奪……」

之後，某個月的十七號，他陪我們一起去廣場的石碑前參加聚會，他陷入沉思，看得出來他因為所見所聞而深受感動，他看到人群中有些人跟他一樣日子不好過，同時，也有其他生活圈的人跟他們站在一起。

## 陽關道與獨木橋

然後，在一九八九年二月的某個上午，默理沒來上工。因為前一晚，漢米生氣責備默理沒按照程序做事，以致於耽擱了預定出貨的時間。第三天，他來跟我們要了當月的薪資，然後表示要離職；很可惜，他就快要還清全部欠款了。即使預料他這一走可能會遇到種種挑戰，我們並沒有挽留他。

他很快就找到另一份工作，這讓我們放下心來。但是，這份工作沒有持續多久。後來他又找到一份新的工作，大概做了三到四個月。有一天，他來看我們，說他某個月十七號去自由人權廣場的赤貧犧牲者紀念碑參加聚會，但是沒看到我們。我深受感動，卻對漢米的態度感到失望，因為他裝忙，只跟默理簡單寒暄了幾句。他們倆的關係有了裂痕，其實漢米不知如何自處，他原本希望和默理一起實踐理想，但是結果令他大失所望。他不想扮演社工或助人者的角色，他對自己有很高的期望，或許太高也說不定，而默理讓他失望了。而且默理跟我們在一起的最後那兩個月，漢米幾乎沒有時間休息，他必須在週末收拾默理留下的殘局，因為默理在工法上犯了許多錯誤。在疲累中，漢米甚至被工具割傷拇指，還動了手術，整整兩個月的時間手指都無法好好伸展。他自己一個人跟默理共事太累了，實在行不通。

凡此種種，默理一清二楚，他知道自己給漢米製造了很多麻煩，他也猜到漢米其實是對自己感到失望，因為理想沒能具體落實。

## 面對苦痛

大概有兩年的時間，大家失去聯絡，漢米偶爾會在路上碰到默理。然後，在一九九〇年十二月的某一天，漢米在一家酒吧再次遇見默理，他身邊出現了一個新的伴侶，叫雷娜。他已經失業一年多了，因為付不出房租，早已離開原本那間公寓。有好幾個月的時間，他們夫妻倆流落街頭，一開始，他們睡在雷娜的一輛老爺車裡面，有時也睡在廢棄的空屋。天氣太冷的時候，他們就故意睡在派出所門口的長椅上，滿心以為警察會把他們帶上車，送去收容所；但是，什麼事也沒發生！他們只能去墓園邊的水龍頭取水盥洗，然後試著去夜間才開放的遊民收容所。他們說，其實一開始，他們不想跟其他「流浪漢」睡在一起。即便如此，他們還是去了，至少可以在收容所待到早上八點，晚上還有一餐熱食，白天就到酒吧取暖。就這樣，兩人花光雷娜每月領取的「融入的最低生活保障金」。該怎麼辦？要去哪裡？接下來做什麼好？默理向漢米解釋，沒有地址，人家不肯給工作，即使去郵局辦了郵政信箱，人家也會覺得你很可疑；加上木匠工具箱被偷，沒有任何一個老闆會雇用他。

遊民收容所很難接受夫妻同住，所以他們就找了一些願意在冬天接待流浪夫妻的家庭。最近兩個月來，有一個家庭讓他們借住在一間沒有暖氣、毫無舒適可言的房間，但是他們得用勞務換取食宿。

漢米告訴他，他的細木工坊最近需要幫手，如果他有興趣，可以過來看看。默理重提他已經沒有木匠工具箱，漢米跟他說沒關係。

漢米回家後跟我說了事情的經過，在經歷上次那個教訓之後，我很驚訝他還要默理回來工作。我要漢米深思熟慮後再做決定，如果真要再度雇用他，就要承擔後果，不管發生什麼事，都要互相支持，不能半途而廢。過去這兩年，默理一直漂泊不定，重新起步得花一段時間適應，而且其他同事要有心理準備。漢米說，這兩年來我們公司擴大經營，有了團隊，他不再是獨自一人去面對默理。我說好，可是要先跟其他員工商量；他們要知道，默理出狀況的時候，他們必須幫忙承擔；要讓他們了解情況，除非他們同意，否則最好不要輕易嘗試。

講清楚以後，公司上上下下都表示願意接受這個挑戰，我們願意和這對努力想要脫貧的夫妻同甘共苦。我們決定在星期天邀請默理和雷娜到家裡來，向他們提議這個工作機會。因為他們沒有交通工具，所以漢米就開車到二十五公里外載他們過來。新的一場冒險再次展開。

## 信心危機

一九九一年二月四日，我第一次見到雷娜，她穿戴整齊，頭髮經過仔細梳理，還化了淡妝，很快就跟我們打成一片。默理總是非常低調，讓人幾乎忘了他的存在，不過他看起來是愉悅的。漢米邀請默理再度加入工作團隊讓雷娜非常高興，她是一個情感比較外放的人，有機會重返比較正常的生活讓她非常開心，如果能夠有自己的窩那就更好了，因為默理受不了那戶收容他們的人家。女主人一天到晚跟在他們後面，要他們交代行蹤。

默理接受了漢米的邀請，他重提工具箱跟交通的問題。他們得要找到一間離公司比較近的住屋，在找到房子之前，我們說好先借給默理一輛車子，讓他可以第二天就來上工，而且說好這輛車只能做通勤使用。默理重新開始工作，卻難於上青天；公司的領班說：「我沒想到人真的『三日無餾，爬上樹』（技藝稍有廢弛便變得生疏）。」我們注意到默理似乎懷著病痛，工作時無法全力施展，經常抱怨肚子痛。醫生給他開了一些消炎藥，但是好像沒有任何效果。默理三餐幾乎都沒吃多少，過去那兩年的流浪生活讓他的身體每況愈下，他還可以撐多久？

默理和雷娜夫妻倆再次展開找房子的不可思議之旅，他們依然費盡千辛萬苦，房東依然萬般懷疑。後來，雷娜打電話給我，說她找到房子，手邊也有付押金的錢，但是仲介公司臨時變卦，說條件不符。雷娜在填寫資料時據實以報，說他們除了政府發放的融入津貼外，沒有其他收入，仲介公司便說他們的收入不穩定，無法將公寓出租給他們。雷娜想要對人誠實，結果卻是遭到拒絕。她無法承受這種結果，她真的想要有自己的家！我告訴她別灰心，我們會跟他們一起找，不會讓他們單獨承受。她回我說：「我從來沒有放棄過，從來沒有，明天一定會更好的。」

第二天，房東打電話來：「我沒辦法再留宿默理和雷娜了，我要請他們收拾行李，然後走人。首先，默理沒來家裡幫忙整修，我知道他們要去照顧一個老奶奶，但是雷娜一個人去就夠了啊，默理應該來幫忙工作的。」我們試著跟她解釋說默理已經工作了一整個禮拜，加上身體不好，週末也是需要休息，但是房東太太聽不進去，她說當初說好了就是這樣：「而且，最關鍵的是，他們讓我很失望，我的錢不見了，這點我無法容忍。我告訴你們，事情到此為止，我只好把他們趕出去。」

這到底是什麼情況，為什麼會這樣？我們有點目瞪口呆。怪罪默理和雷娜，會不會太過草率？房東有證據嗎？她說她的錢都放同一個地方，大家都知道。她告訴我們雷娜這個週末去照顧的老奶奶大概住在什麼地方，問我們要不要去找他們？我們真的無所適從。她想去找他們，跟他們攤牌。

我們真的一籌莫展，內心狐疑，萬一房東說的是真的怎麼辦？最後我們決定上路。

我們很快就找到老奶奶家，也發現那輛公司借給默理的公務車，他將車子挪作他用。看到我們，他們夫妻倆都很驚訝。漢米開門見山，說房東打了電話，要他們走人。默理故作鎮定對雷娜說：「親愛的，我們終於自由了。」雷娜看起來不是那麼開心，再次流落街頭一點都不愜意，他們猜背後的原因一定是因為默理這個週末沒去幫忙勞務，我們確認了他們的猜測。默理便說：「難道因為我們一無所有，我們就一文不值，我們就不可以幫助其他人！雷娜早就答應人家這個週末要照顧這個行動不便的老奶奶，因為她的孩子出遠門去了。我們早就跟房東說這個週末我們不在，但是她就是非要我替她工作不可。」說時遲，那時快，雷娜已經穿上靴子，準備打電話給遊民中心。

我們不敢說出全部的實情，怎麼辦？趁雷娜去打電話的時候，我們跟默理說咱們出去轉一轉，試著跟他解釋真正的原因。散步回來的時候，房東跟她先生也趕到了。默理走進去，我們和雷娜留在外面。事情談開了，雷娜忍不住流淚爭辯，別人憑什麼把她當賊看？但是，要怎麼替自己脫罪才好？我們身為旁觀者也很難受。

默理走開的時候，房東當著雷娜的面批評她的愛人沒有擔當，試著把過錯往默理身上推。她說：「雷娜，你們兩個，總有一個要站出來承擔。」大家心中不免聯想，搞不好是默理，要不然，他幹嘛逃避？懷疑會蔓延開來嗎？這時候，雷娜想起不久前看到房東十歲的女兒手裡拿著百元大鈔。房東夫婦便說，那很正常，那是他們給女兒的零用錢。雷娜說她當時問小女孩她怎麼會有這麼多錢，她還記得當時跟房東的女兒說：「你運氣真好，我真希望自己也能半路撿到這麼多錢。」但是，討論就此打住，房東沒把這段聽進去，就逕自離開。

雷娜放聲大哭，不甘心被當賊看；我們也不知道該怎麼表達立場，我問她：「你確定不是默理？」她回我說：「沒錯，他沒錢花的時候，我會給他我的補助金。」然後她加了一句：「如果連你們也不信任我們，那要怎麼辦？」我被這句話搖醒，便跟她說，我們的關係沒變，無論發生什麼，我們都會跟他們站在一起；我們不會拋下他們不管，明天默理應該照常上工。

雷娜和默理開始吵架，事情變得越來越糟。我們留下來陪他們，試著讓他們冷靜下來；雷娜說現在遊民收容所已經不收留夫妻，晚上他們會在老奶奶家過夜，再看看下一步怎麼走。他們夫妻倆平靜下來之後，我們才離開。

回到家，房東又打電話來，非常抱歉地說：「錢真的是我女兒拿的，怎麼辦？」我們先謝謝她願意告訴我們這個消息，然後告訴她，現在該做的第一件事就是去跟默理和雷娜道歉，因為這個誤解讓他們受到很大傷害。房東說她知道，她會馬上去跟他們道歉，請他們回來。我們跟房東說，如果他們不願意回去，千萬別勉強；她強調說她會讓他們自由決定。

晚上默理來電，平常都是雷娜打電話，默理總是站在幕後。他的聲音洋溢著喜樂：「我們又恢復原狀啦。」他告訴我們，他們又回到原來的房東那裡了。

第二天，漢米告訴我其實默理不想回去，但是他知道對女人來說，餐風露宿實在不是辦法，是為了雷娜他才接受回去的；不過，事情既然已經發生，也很難挽回，賓主心中都有疙瘩。

這件事發生後的第三天，正是雷娜的生日，我寄了張明信片給她，圖片是第四世界在自由人權廣場上的那塊石碑。在祝福她生日快樂的同時，也請她原諒我，即使我知道自己會跟他們風雨同舟，但是我曾經在某一刻起了一丁點的懷疑……控訴一無所有者是如此的輕而易舉！

有一位志願者定期跟我們分享日常的行動，當我在電話中跟他傾吐這件事時，他跟我說：「你想想看，如果你們不在默理身邊，如果沒有你們的見證，這對夫妻的正義肯定得不到平反，你們得好好記下這段故事。」我跟他說：「真不知道這件事要帶我們走到哪裡去！」我們和默理與雷娜的故事才剛開始，就這麼多枝節，這是一個怎樣的禮拜天啊！

這件事發生的時候，我正在讀若瑟神父的一本書《窮人，遇見真神》（*The Poor, encounter of the True God*），這本書最後幾句話讓我很受用，就像是一場及時雨，澆灌在我們剛剛開墾的心田上，召喚我們深刻地轉化自己：「只有人才能愛人，這是赤貧同胞教導我的一件事。我很運氣，在很小的時候就有機會認識至貧的同胞；另一個運氣是，我不斷遭遇失敗，這讓我免於陷入自以為是的誘惑，不至於故作姿態，想證明自己有多厲害。耶穌基督並沒有在窮人面前裝模作樣，我們也不可以。第四世界的家庭對真誠有著敏銳的洞察力；他們不會對裝腔作勢的人揭露自己；而那些真心誠意站在他們面前的人，在痛苦前進的同時，也會有驚喜與讚嘆相伴。」

## 一直得跟人家證明

第二天，我打電話給仲介公司的員工，他畢竟留了一絲希望給雷娜。我認識這個員工，他的態度讓我很不解。他跟我說，根據公司的調查，雷娜紀錄很不好，所以他實在幫不上忙。我試著跟他解釋，他們公司得到的資訊可能和事實不符，有時要厚道一點，對人多存點信任之心。他認為我說話有點過分，無法苟同，難以繼續談下去。

第三天，他主動打電話過來：「我有個建議，你可以用你的名義替你的員工租房子，如果你願意，我可以給你轉租的權利。」之前我就跟漢米商量過這個可能性，我們覺得這種做法沒給默理與雷娜充分的自主權，而且他們所渴望取得的權利也遭到剝奪；但是，我當下還是抓住這個機會，由我們公司來承租房子給員工。房屋仲介跟我說：

「我只認識你們夫妻，有問題我就找你們倆；他們是圓是扁，我不想知道。」我回他說：「我信任他們。」事實上，我大話說得太快，其實我對雷娜的認識也非常有限。而且最近別人又再度控訴她一堆有的沒有的……但有一件事是確定的，那就是我們站在他們這邊，沒有後路可退了。

雷娜和默理接受了這個變通方法，但是很難接受再次受到懷疑。我們跟他們說，這次我們都有責任，務必讓事情順順當當的，這樣一來，我們就可以向房屋仲介證明，他當初看走眼了，他應該信任你們才對。這一切，默理都知道、都懂，他回我說：「一大到晚得跟人家證明，很累！」很可惜，現實真的如默理所言。

事情最後就這麼敲定了，我們承租公寓，再轉租給默理夫妻，這件事根本就在我們的計畫之外，違反我們的原則。不管怎麼樣，默理和雷娜搬了進來，他們努力美化公寓，將裡面打理得非常漂亮，多少年來的夢想終於實現，有了自己溫暖的小窩。

## 工人的生活

這段時期，默理充分融入，公司氣氛改變了，整個工作團隊都感到驕傲，因為我們這段冒險的旅程非常成功。巴斯卡是個喜歡獨立作業的年輕人，不習慣團隊工作。默理出現之後，他不得不改變往日作風。有時候漢米會告訴我，默理是如何教導巴斯卡學會耐心。默理意志堅強，他想要超越困境，渴望改善自己的木工技巧，渴望向別人學習，這種種都為公司帶來一種新的團隊精神，對企業非常有利。

同時我們也注意到，默理飽受病痛折磨，體重急速下降，吃得很少，卻堅持要繼續工作。當然，這樣下去他肯定吃不消，但是我很驚訝，他是怎麼跟負責員工健康的特約醫生隱藏病情的？我覺得很不可思議，這意味著回到職場、重新成為勞工的那種喜樂，遠超過他所承受的病痛；這意味著，過去那些年，被當成一文不值的廢人的那種心理上的痛苦，遠遠超過肉體的痛楚；為了避免再次蒙羞受辱，他不想失去工作。

他最終還是去醫院做了檢查，醫生為他動了手術，手術完他又重新回到工作崗位。但是手術沒有發揮作用，後來醫院才發現他長了一顆惡性腫瘤，他應該住院進行放射線治療與化療，痊癒的機會很渺茫。

我們定期到醫院探望他，巴斯卡也常常去看他。病情沒有好轉，五月中，默理出院回家。在這段時間，我和雷娜又一起面對了一件涉及社福部門及法院的複雜情況。看來沒有任何人願意信任他們，麻煩一件接著一件。因為我的再次介入，事情又有了圓滿的結局，原因無他：別人不肯信任他們，卻信任我。他們後來甚至發現，默理和雷娜不但沒欠社福部門任何款項，相反地，他們還應該得到一筆遲遲未發給他們的福利金。他們當然很高興能收到這筆錢，但是，我覺得整個調查過程非常不公平。我們再一次看到，缺乏支持的人，不僅什麼都得不到，還可能當冤大頭。

一九九一年六月八日，漢米和巴斯卡準備去默理和雷娜家裝設一個新的壁櫥，同一時刻，救護車也來了。漢米立刻打電話給我，我趕到急診室，跟醫師說我是他們的朋友，醫師跟我說明狀況，他說默理已經走到盡頭，醒不過來了；巡房前，他還向我做了許多詳細的解釋，我得跟雷娜宣布這個令人難過的消息。

漢米也來了，他告訴雷娜實情；雷娜幾乎昏厥過去，我們只好呼叫醫生。她整個人縮成一團，走路像個木頭人；她一直發抖，說她心好痛。我緊緊抱著她。

遊民收容所的負責人方濟幫我們找到一家葬儀社，他為我們介紹的殯儀館很有人情味。雷娜說他們沒有錢辦喪事，可能要把默理放到專門埋葬窮人的公墓去。殯儀館的小姐跟她說：「錢的事情您不用擔心，我來處理。您只要告訴我您的願望即可。」她真的為默理的葬禮募款，而且她講話的方式充滿人道精神，在這種悲傷時刻，遇到這樣的人真是幸運。方濟向雷娜承諾，一定會和駐院的神父一起為默理準備一場莊嚴的告別式，讓家屬安心，也讓死者得到安息。

那天晚上，雷娜到我們家過夜，因為她怕一個人面對那個空空蕩蕩的家。第二天中午，她要我帶她回家。看到默理留下的衣物，她又開始大哭。我們開始整理，她只留下她最近才替他買的一件睡袍、他生前最愛穿的一件毛衣，還有入冬他狀況很不好時好友送他的一條圍巾。她有感而發：「我運氣真差……默理走得太早……但是，至少他沒像喪家犬一樣死在路邊。」是啊，確實是如此。

星期一早上，漢米跟員工宣布了這個消息，巴斯卡想表示一點心意，大家決定送一個花圈，漢米也想加入，但是讓員工全權處理。他們用一部分的錢買了花圈，剩下的錢就當成奠儀送給雷娜。漢米想把默理留下的一支折疊式米尺交還給雷娜，那是默理的工具箱被偷走後，手上唯一擁有的工具，而且是同事轉手賣給他的。雷娜要漢米留下來做紀念，我們決定把這支米尺放在辦公桌當成鎮紙。

默理還留給我們另一個紀念品，就是他親手為我們的浴室製作的置物櫃，充分展現出他的手藝，可惜他沒有時間替雷娜再做一個。

## 歐漢米的見證

（默理過世兩年後，也就是一九九三年，歐漢米在十月十七日的世界拒絕赤貧日來到巴黎自由人權廣場，當天的紀念活動就圍繞著赤貧犧牲者紀念碑；五年前，漢米曾經和默理一起在這裡讀過碑文。人生路途，有時緣深有時緣淺，不管如何，這塊碑文曾經將他們連結在一起。當天站出來說話的，除了第四世界的家庭代表、歐盟委員會的主席雅克．德洛爾，還有漢米，他述說了他和默理的相遇）

一九九三年十月十七日，歐漢米、歐雅妮夫婦（前排右一、二），於巴黎自由人權廣場。

今天晚上，我想見證默理的生命、勇氣還有他想要得到肯定的決心，以及我們一起學習到的功課。我是一家小型企業的負責人，我和妻子開設了一家細木工坊，我們僱用了默理當木匠。一開始，我們工坊只有我跟他兩個木匠；打從開始共事，我就發現他的生活遇到很多困難。默理告訴我，他住在一輛拖車裡面，沒有水，沒有電，冬天也沒有暖氣。物質的匱乏加上孤獨寂寞，限制了他的潛力，他因此飽受痛苦，他的苦也包括一直遭受否定。他說：「沒人拿我當公民看待。」

有一天，他非常沮喪，我便跟他提到第四世界運動。在偶然的情況下，我們出差到巴黎，我帶他來到這個廣場。他很驚訝這個世界居然有這樣一塊石碑，也很驚訝有人和最貧窮的同胞站在一起。不久之後，默理撐不下去，他的生活條件實在太差，他要求離職，我也沒留他，也沒想要跟他繼續保持聯繫。有一天，默理又出現在我們面前，我太太接待了他，我卻故意漠視他。他說上個月十七號他去了自由人權廣場，以為可以見到我，但是我卻沒有出現。他這番話讓我們想了好久，我們跟他走過的那段路，意義何在？對默理來說，這塊石碑象徵著和好，象徵著人與人之間的友愛與和平；他來到這個廣場，不是為了和過去的老闆見面，而是為了和人真誠相遇，和一個跟他一樣想要拒絕赤貧的公民相遇。

又過了不久，我再次遇到默理，我走向他。當時他再度流落街頭，和他的女友露天睡在外面。她跟我說他找不到工作，租不到房子，沒有人肯信任他。他的處境讓我非常不安，我跟公司的其他員工提到這件事，現在我們公司擴大了，如果大家都願意，我覺得默理可以重新融入木工的行列。所以，我再次雇用了默理。

做為一個小型企業的負責人，我不敢說自己手上有個錦囊，可以解決赤貧帶來的挑戰，但是我不能接受有人在世間找不到容身之處。

幾個月前，默理的健康情況已經很不好，即使他擁有社福保險，可以享受免費醫療，但是就醫時，醫院卻沒有為他進行詳細的檢查。為了重新找回勞動的尊嚴，為了保持工作的狀態，他吃了很多止痛藥；他甚至讓照顧員工的特約醫生以為他健康情況良好。我們為他和他的女友租到一間公寓，重新找回他們失去的居住權利；他硬撐了兩個月，到後來實在不行了，才去看醫生；接著他請了病假，動了好幾次手術；發現罹癌後，默理又撐了兩個月，最後安息於他的家中。他在尊嚴中去世，他找回勞工、配偶與朋友的身分。

在我們公司，每個員工都想念默理。我們曾經緊緊相連，希望大家可以一起達成目標，公司的氣氛因為默理而發生改變；在默理的告別式上，同事們集資送了一個花圈，上面寫著：「致默理，我們的好同事。」跟公司同事與我的妻子經歷過這一切，我覺得自己與所有投身團結關懷的朋友緊緊相連，他們在自己的職場、協會或教堂，即使不被理解，卻扛起責任，抵抗赤貧與歧視。

一九八七年的十月十七日，在這裡我聽到若瑟神父跟我們說：「今天晚上，我們大家，不管是公民、部會首長、立法委員、公務員，還是其他人，我們都和失業者、窮人、無家可歸者以及沒機會識字的同胞立下盟約，這樣的盟約，不是一天一夜的事，而是一輩子的事。」

對我來說，這個約定不是要我們憑空杜撰解決方案，而是邀請我們和最貧窮的同胞建立連結，聆聽他們想要跟我們說什麼，試著理解他們；這個約定，給我們力量和底層同胞一起拒絕那原本不該存在的赤貧；這個約定，讓我們一起成為真正的公民，讓整個社會一起往前行。

## 未來的標竿

默理過世後，漢米和雅妮繼續投身，漢米說：「生命依然持續下去，昨天有默理與我們同在，今天有狄畏。狄畏有時也流落街頭，而且別人對他有著相當負面的評價，很多人說他命中破格，事情被他插手就會失敗；但是，我們發現他是因為不識字而感到焦慮，所以他用盡一切方法掩蓋這件事，免得被嘲笑，工作時如果有說明文字要念，他就抓狂。跟狄畏一起前進的過程中，也有衝突跟關係破裂的時刻，然而毫無疑問的是，關係可以重建、可以持續，分道揚鑣之後，還是可以再次會合，繼續前路。這就是我們跟默理學到的功課：路是人走出來的。這個堅定的信念幫助我們不要過度承擔，不要企圖扮演所有的角色，並邀請其他人投入，包括他們的員工、職業訓練中心、房東等。雷娜後來離開了，因為她覺得欠我們太多，她還不起，我們扮演太多角色了……，我們一路學到很多教訓，不容易，但還是要繼續，才能俯仰無愧。」

【第九章】

# 法官會聆聽無人理睬的公民嗎？

## 一名律師和一個十手所指的家庭一起奮鬥的故事

本章作者／米麗安、唐弟子

法律專業人士很少為至貧公民辯護，在他們眼中這是屬於「沒有希望的案子」。即使願意為他們發聲，也傾向於主張自己的委託人不必為該事負責。極少有律師能夠提供平台給這些人，讓他們的意見被聽到，讓他們的觀點得到重視。

某一天，一名年輕的律師認真聆聽了一個遭受不公平對待的家庭，後來其他律師也加入陣容，而跟這個家庭有密切來往的鄰居幫助了律師。遠親不如近鄰，事實上，這些鄰居是這個家庭的「第一線律師」，他們發現到這個案子真正不公平的地方：過去，這對夫妻真實的聲音從來不被採納，一直是第三者在發聲，像輔導員、社工員或社會監護人；然而這些人很少站在至貧者的角度來看事情，事實上，他們並不瞭解他們，甚至未審先判，在法院判決之前就對他們下了判斷。

這名律師運用她專業的敏銳度對抗高等法院，在判決前替這個家庭捍衛權利。這名律師深信，至貧公民一樣應該獲享充分的基本人權。他們最後出現在斯特拉斯堡的歐洲人權法院，經過多方的奮戰之後，這個家庭的聲音成功地被當地及區域權威人士聽到，並獲得他們所期待的結果，也就是遭到強制寄養的孩子終於回到他們的身邊。

律師米麗安（Myriam Grütter）是這篇故事的說書人，她將幾個主要人物帶上舞臺：志願者安納莉絲（Anneliese Oeschger）、第四世界活水成員深歌女士、鄰居包先生（Braun）、她的朋友法學專家謝喜樂（Cecile），以及一名在大學任教的法學教授。

這個故事發生在瑞士的一個小村莊，一對夫妻的孩子一出生就被強制寄養在育幼院，社會服務中心的社工員甚至告訴那對夫妻，如果他們繼續懷孕，將來出世的孩子也會被安排寄養。社會服務中心單方面下了這個決定，理由是這個家庭的房子破敗不堪，先生經常沒工作，而且還有酗酒的問題。這對夫妻甚至還沒有機會照顧自己的孩子，就提前被判定為「不適任的父母」。

故事的主要目的不是要判斷這個案件，也不是要分析這個處境特殊的家庭被迫遭逢的極端貧窮，更不是要評判這對父母，即使我們的文化習慣於這種作風。這個故事想要描述的，是一場奮鬥，爭取的是每一個人在被判決之前，都應該有機會充分表達意見，聲音應該被聽見，那是每一個公民的基本權利。但是，如果你沒有任何社會資源，如果你是生活在極端貧窮中的公民，這樣的基本權利似乎很容易遭到忽略。我們也看到，當這個家庭的看法後來真正地被聽到，並且得到法律的扶助，惡性循環就打破了：他們的社會關係，以及小女孩與她父母的人生，從此發生改變。

米麗安是一位年輕的法學專家，是傑出的學者，她保持清醒的目光，誠實，自我要求嚴格，這讓她選擇以正義為志業。她從自己的家庭經驗中學到，真正的正義並非總是如同書本中所呈現的樣貌，面對生命的種種挑戰，我們必須不斷對這個還沒完成的正義發出質疑，不要受先見與成見所蒙蔽，要看清事情的真相，寧願謹慎存疑而緩慢前進，也不要過於自信而倉卒成事。這樣的態度與行事風格讓她看起來不安，而且不確定，卻也讓她得以不斷更新自己。

這段故事出人意料地，把米麗安引領到歐洲層級的司法奮鬥。一切都來自一些她並沒有事先謀劃的相遇、一些事件、與其他人的連結，以及她充分回應這一切的能力。但是，這些連結並非偶然的結果，她個人的生命追尋與人性化的專業理想，都讓她細心耕耘這些人與人的連結，這些連結是這趟旅程的燈塔。因此，這篇故事也對於如何編織這類型的關係網絡，為我們畫出一個路標。在這個網絡裡面，沒有誰必須臣服於誰，沒有所謂指揮他人的統帥，相反地，每一個人都從別人身上領受到一份知識，這個知識讓人們開展新的空間，一個得以展開行動的自由領域。

## 展開序幕的一封信

一九九三年九月中旬，我剛度假回來。在朋友與兄弟的陪伴下，我第一次飛越海洋，在巴西度過六個星期，沿著亞馬遜河穿越原始森林，遍行巴西，造訪了各大城市。回到瑞士，思緒還懸在雲際，信箱裡發現的第一封信便是安納莉絲的來函。

我相當欣賞安納莉絲，我在瑞士第四世界運動特佛中心（Treyvaux）實習時認識了她。和我一樣，她也是學法律的，在我為期四個月的實習中，她以第四世界持久志願者的身分在那裡工作。想到安納莉絲，就讓我想起自己生命中一段非常重要的時光，當時我剛剛在英國度過孤單的一年，那是我研究生的第一學年，還沒完全融入當地的大學，而當時我試圖擺脫父母的束縛。特佛中心的實習對我來說，是這段動盪時期的一座堅實的標竿，幫助我定位自己。

當時，我參加了為赤貧家庭籌辦的度假活動，他們來自瑞士以及歐洲其他國家。他們當中大多數人一輩子都沒有經歷過這樣的休閒時光。他們對我的信任讓我重新找回自信，另一方面，整個活動籌備小組持續與認真的對話，讓我能夠從經驗中學習，並以建設性的方式回應各種狀況。我親身體驗到，**認真對待一個人，讓他有機會貢獻自己的能**

**力，會是讓他走出困境的有效處方。**

這段實習也讓我學會感激我自己的家庭，意識到我的父母為了讓子女擁有光明的前程所做的各種奮鬥，我對他們的敬意日漸加深。事實上，他們一直用一種互助的精神教育子女，我深受影響而不自知。

特佛中心的家庭假期活動結束後，實習的第二個部分與兒童及家庭的權利有關，我和安納莉絲一起合作編寫一份報告。整整兩個月，我有機會學以致用，貢獻淺薄的知識，因此更確認自己的生涯抉擇，並從中找到意義。

安納莉絲在信中向我談及一個孩子剛出生就被強制寄養的瑞士家庭，孩子的父母被剝奪了監護權。這對夫妻在得知這樣的決定之後，帶著才出世五天的嬰兒，悄悄地離開醫院，前往祖母家尋求庇護。幾天後，代表公權力的社工員伴隨著員警，來到老祖母家，他們帶走嬰兒，並且告訴這對夫妻，他們將來的孩子也會受到同樣的處置。

事後的前幾個月，嬰兒的父母甚至不知道他們的孩子被安置在哪裡；他們向地方法院的法官提出申訴，反對公權力剝奪父母的監護權。法官曾經做了兩份關於當事人教育能力的調查，調查結果一份是負面的，另一份是正面的。現在的問題，就是要依據這兩份調查報告來做出判決，而且父母兩人必須在法官面前清楚表達他們為什麼反對孩子的監護權被取消。

安納莉絲在信末說，她沒辦法有所行動，眼前必須要請一名辯護律師才行，這就是她寫信給我的原因。

她也告訴我第四世界運動之所以知道這件事，是因為運動的活水成員深歌女士在電視上看到這則報導後，通知了他們：「深歌女士在電視上看到這則報導，就替我們把它錄下來，因為她馬上理解到這是一件不公義的事情，我們也立即寫信給這個家庭，向他們表達我們的支持。然後，我們馬上接到這個家庭的鄰居包先生打來的電話，正是他吸引媒體注意到這件事。於是深歌女士和我在一九九三年七月二十三日去拜訪了這個家庭。」

第一次見面時，深歌女士的在場非常關鍵，因為她自己經歷過赤貧，所以她和這個經歷痛苦並充滿防衛的家庭馬上就建立起信任關係，這樣的關係讓大家有機會了解他們的看法，也得知他們信任包先生對他們的處境所提出的說明。

不過一開始的幾次會面，我很難認真聽取包先生的意見，他話很多，而且聽起來經常沒有邏輯與連貫性，不管是哪一個律師都可能會有這樣的專業反應：要他閉嘴，叫他下次不必再來了。

如果安納莉絲沒有告訴我，是因為包先生的緣故我們才有機會知道這件事，我真的會叫他別再插手。後來我才慢慢理解到，想要護衛這個家庭的話，那麼包先生所說的一切關於村裡的人際往來，是非常重要的。而且，如果少了包先生，我跟這個家庭的溝通也不會成功。

這個家庭經歷過極端的赤貧、排擠和恐懼。沒有人對他們表示過信任，他們不習慣跟別人溝通，在對談的過程中，我經常聽不懂他們的意思。我後來得知村民也看不起包先生，有一位村民告訴我，包先生小學肄業，只上了四年學校。不過他閱讀能力很強，藏不住話，直腸子。

## 自由決定是否接棒

其實，我可以簡單地幫助這對父母擬一封訴狀，讓他們自己簽名後再寄出去，不過，可以想見這種做法不會有什麼效用。我們甚至可以預料，法官會傳喚兩造去開庭預審，然後協調出一個解決的方案。如果沒有辯護律師，這對父母的聲音很難被聽到。他們夫妻倆拙於表達，而村裡代表公權力的一方卻非常善辯。

在我收到安納莉絲的信並和她取得聯繫的時候，孩子的母親已經收回她原本發出的申訴，因為她和村裡的監護人委員會討論過後，委員會建議她這麼做。這對夫妻結了婚，然後孩子的父親馬上失去自己對孩子的監護權，所以他們才會提出那份申訴狀。

我理解到這對夫妻需要專業的法律扶助，而且必須是非常出色的扶助。我自己雖然擁有律師執照，但是一直遲疑要不要實際執業，因為除了一年的實習以外，我在這個領域還沒有任何經驗。事實上我大部分的經驗是在初審法庭擔任書記，並在伯恩（Berne）大學籌辦的一場公法研討會擔任助理，我不曾為人辯護過。

所以我試著聯絡一位同事，她同時也是開業律師，想問她是否願意接受這個案子，可惜她當時正在度假，但是事況緊急，這個案子有申訴期限。

我很清楚自己要貫徹到底，否則從一開始就不該涉入。我已經開始和這個家庭來往，現在我不能拍拍雙手，跟他們說你們得自己想辦法。**我在第四世界實習期間，經常聽到有些家庭被一些親切的社工員放棄，一開始這些助人者都古道熱腸，但是一段時間之後，他們就被相繼而來的事件所淹沒。**

有了這一層認識，我決定全心投入，更重要的是事況緊急，如果沒有及時介入，「法律之前人人平等」這句話就要變成空洞的宣言，難以修復了。另一方面，我欣賞安納莉絲，對她的請求就更加嚴肅看待。我知道她和其他第四世界的夥伴們都會和我站在一起，隨時準備好支持我、鼓勵我。

## 第一步：認識相關人士並從他們身上學習

這對父母隨同安納莉絲以及包先生來到我的辦公室，大家一起商量。我起草了一份陳訴狀，經他們認可之後寄出。

這對夫妻頗為沉默，相反地包先生則是說個不停，而且經常偏離主題。我覺得他提出的解決方法有點不切實際，比如遊說議員之類的，但是當我開始抱怨這點並嫌他囉唆的時候，安納莉絲卻提醒了我：他的觀察力其實很敏銳，他會注意到不同事件之間的連結，大家卻經常忽略這點。後來我開始認真聽他說話，注意到他對不正義的事情反應強烈，做周密分析的能力也頗強，甚至可以預知結果，他能夠了解各方勢力之間的抗衡關係。他有時會打電話給我——最後終於學會避免在夜間打來——讓我知道事情的最新發展。

這位父親的媽媽也會打電話來，表達她內心的悲痛，也詢問我的意見（而我卻難以提供），藉此得到一些鼓勵。每當我想起她，總是很欽佩她的奉獻，儘管與兒子的關係使她煩惱，她仍忠於自己的家人，傾全力支持他們。

### 第二步：尋求共識

下一個關卡是雙方當事人都受邀出席的司法聽證，我們試著與擁有監護權的地方當局建立共識。這對父母的狀況頗受爭議，法官知道這位父親過去曾經酗酒，現在他希望爭取監護權，法官便堅持他應該先接受戒酒治療，並且毫不隱藏對這個家庭的輕視與不信任，擺明了他已經認定情況不會有所改善。然而事實上，這位父親已經進步很多：成家之後，他就變得比較冷靜清醒；他也有一份穩定的工作（雖然只是兼職），而且據他親友所說，他已經慢慢擺脫酒癮。

整個討論過程幾乎都聚焦在一點，那就是他需要戒酒治療。剛開始他拒絕，但我鼓勵他接受，這樣一來才有可能在六個月之後把小孩接回家。最後他雖然答應了，卻跟我說：「沒有用的！」我們簽了同意書，同時有人大聲對我們宣讀同意書內容。同意書的規定非常嚴厲，比方說其中有一條是：他們兩位不得干涉寄養家庭的父母。

接下來幾週，我的當事人明確表示不打算與社工討論戒酒治療的事，並且要我撤銷同意書。這樣很麻煩，法官必然會否決我們的請求，事實也正是如此。

我們很生氣法官居然完全沒有參考我們詳盡的陳述狀，彷彿它根本就不存在。這對父母的看法一點都不受重視，只有權威人士和心理師的立場獲得採納，尤其給予負面評價的那位。另外一位心理師給了這對父母正面的評價，但是他只跟這對父母碰過兩次面，而他的同業卻跟村裡大半的居民討論過這對夫妻。我們準備的陳訴狀完全被忽略，這件事讓我很受打擊，顯然當事人的發言權因此遭到了剝奪，而我的工作不正是應該保障這點？

身為律師，我所做的從未如此受到全然漠視，我很懊惱，建議這個家庭堅持上訴高等法院。

## 面對種種困難，繼續尋求接棒者

我們上訴到州的最高法院，但很不容易。一開始我犯了程序上的錯誤，把申訴送錯了法院，因為我缺乏這方面的經驗，沒有注意到歐洲人權公約明訂，申訴必須先經過獨立於行政體系的法院審查，然後才能送進高等法院審判。此外，這個案子的申訴期限不再是三十天，而是十天。高等法院其實可以決定不受理，但他們沒有這樣做，而我在兩個禮拜之後才發現。

這兩個禮拜讓我感覺很糟糕。在這段困難的時期，謝喜樂幫我很多忙，她耐心聽我訴說，重建我的信心。她也是一名律師，當時跟我一起在大學當助理。

我跟她提過這件案子，事實上她覺得我涉入太多了，她認為讓事情自然發展比較好。然後因緣際會，謝喜樂轉換跑道去高等法院當訴訟案件書記官，負責研究申訴案件並且為法官們草擬判決書。我需要她的幫忙，因為我錯過了程序上的期限，讓情況對我有點不利。我們開始認真討論，當她發現有些規定可能違法，她的專業自尊便油然而生。

一起工作之後，謝喜樂的專業態度有了些許改變。她開始認真查看那些其他同事們都不想理會的申訴檔案：**監護權、兒童的安置、社會工作者侵犯個案的人身自由**——這些都跟窮人有關。她說，與我一起面對我的當事人的情況、共同思考，讓她對這些案件有了不同的看法。她說她收到的各種上訴案件，要不是根本就不公平，就是經常不夠完整。她開始更深入地探索，尋求更多證據。在幫法官草擬判決理由的時候，她總是很小心地用字遣辭，避免傷害雙方當事人。**找到正確的用詞、避免傷害任何一方，對於正義的伸張是很關鍵的**。

我很高興也很驚訝謝喜樂如此投入。我們在大學裡談論不正義的議題時，總停留在理論層次；現在，因為在高等法院擔任上訴案件書記，她才開始接觸到不正義的實際案例，開始透過檔案來認識背後隱藏的人及其困境。

我知道這份工作對她有很大的影響，雖然她沒辦法跟我分享細節，因為都是高度機密的案件，我還是試著表達我的支持。

在謝喜樂開始她的新工作之後不久，就經手了我的委託人的申訴。雖然我早已將她牽涉進來，但是由於無法保有這個職位所要求的客觀，她只好拒絕處理這個案件。

## 高等法院傾聽並尊重弱勢者

司法程序對於這樣的上訴，通常只進行書面審理程序，事實上，這是違反《歐洲人權公約》（ECHR）的。即便如此，針對這次的案件，法官團隊決定傳喚雙方當事人親自出庭，他們認為親眼見到當事人非常重要。

在上訴法庭，我舉出了地方法院法官有失公允的疏忽，他沒有引述任何這個家庭已表明的立場。我陳述在整個過程中，他們被聽取意見以及被認真看待的權利受到踐踏。這或許促使法官決定要求社會處的代表跟當事人出庭應訊，這是第一次在這類案件裡，最高法院不只是審查書面內容而已，這是一個成功的判例。

這也是第一次，我的當事人覺得受到尊重，那些執法者和他們面對面坐著，仔細聆聽並且認真看待他們；對他們來說，這是一個生命的轉捩點。

而我則試圖指出，自從這個家庭被認真對待之後，他們發生的一些改變及其價值。例如，儘管困難重重，這對父母仍定期探視他們孩子，要知道他們和孩子相距六十公里之遙，而他們沒有交通工具，甚至沒有錢付火車票，而且他們必須克服對社工和兒童保護局的恐懼。最後，社工讓他們在某些週末帶孩子回家，這代表一個成功的進展。後來，這些週末的探視依然持續著。

然而，社工卻拒絕讓他們帶小女兒去度假，主因是社會審查員的報告，這位審查員跟這對夫妻住在同一個村子。她總是在孩子週末返家時突然打電話給這對父母（有時甚至在週間去電），查詢是否所有的事情都順利進行。事實上，她經常以極端的批評口吻說話，而且不停地提供各種「自以為是的好建議」。她在報告裡宣稱自己：「無法長期承擔把嬰兒留給這對父母的責任：孩子並沒有受到妥善的照顧，而且這對父母提供孩子不良示範。」所以，這個案件該如何處理，這位社會審查員已有定見，社會局也站在同一陣線，他們的資訊都從她那裡取得。

**我再次指出，其他人總是以這家庭之名發言，漠視他們表達意見的權利**。社會局要求我當事人的雇主，直接將兒童津貼匯到鄉公所，而不是匯給當事人。我是在一個偶然的機會裡從第三者得知此事，社會局甚至沒有直接知會我的當事人。這顯然是不合法的：這類的行為，必須有公文通知，並給當事人申訴的機會；我們便揭發了這件違法情事。

對這個家庭，政府的作風有很多違法的地方；我們提出質疑，做出反應後，他們才慢慢開始改善他們的做法。

雖然法官對我們列舉的例子留下深刻的印象，但是，社會局和專家的報告還是相當有份量。他們採用其他標準來評斷這個家庭，說這個家庭不值得幫助、狀況不斷，他們舉例說這個父親有一次騎輕型機車時酒測超過標準值。這樣的報告嚇壞了法官，他們決定暫停審理六個月。法官想給我的當事人一個證明自己的機會，因為以目前的情況看來，現在就進行判決對他們不利。

## 一連串的考驗

**（生活在赤貧中的人總是不斷地受到考驗**，而且，每次的考驗都是再一次的蒙羞；當現實生活趨於困難，而且沒有任何資源、沒有任何支持可資協助他們改變生活現狀時，外界依然要求他們必須正常運作。許多次，米麗安律師和這個家庭試著要求支持，例如跟孩子一起共度假期，暫時得到一點休息，但總是一再遭到拒絕）

公設監護人拒絕讓他們在暑假的時候帶小女兒去度假，說這對夫妻吵架後，這位年輕的媽媽又再次失去了工作。因為這對夫妻總是面臨缺錢的窘境，所以公設監護人認為這位年輕的媽媽應該先找到另一份工作，度假絕對不是最要緊的事。

除了經濟壓力之外，管理機構的審查跟過度反應，以及這對夫妻生活的不穩定因素，在在影響到他們的婚姻。

孩子被強制寄養的消息在電視披露之後，村里幹事告訴我當事人的母親，說他不會再幫助這個家庭了。今年在高等法院審查之後，他也拒絕幫助這位祖母填寫申請表格，她要為住在老人之家的年邁父親申請補助。但是過去那些年，他總是伸出援手。

一直走到斯特拉斯堡的歐洲人權法院

三月底，高等法院做出判決，我們的上訴被否決，這對父母無法將孩子帶回身邊。

我們向聯邦法院提出公法上訴（public law appeal），聯邦法院駁回了我們免費法律援助的要求，我們估計，贏得上訴的機會等於零。這段期間，聯邦法院出版了一份裁決（judgment），指出聯邦法院在審查下級法院對監護權的判決時，立場要相當謹慎與克制。這樣一來，我們的上訴幾乎是沒有希望的，按照過去的經驗，在聯邦法庭的審理過程中很難引用家庭生活的權利達成辯護。

一位我大學時曾在他手下擔任過助教的教授，看了我的公法上訴書，他認為聯邦法院這種做法很難讓人信服。他寫了一封信給一位有權審理此案的聯邦法官，表示這個孩子跟她父母的命運吉凶未卜，聯邦法院必須藉此機會全面檢討家庭的基本權利，聯邦法院對此責無旁貸。

我知道這個案件讓他忿忿不平，他無法不挺身而出，他的投入讓我非常感動。

聯邦法院駁回我們的上訴，只是重複伯恩州上訴法院的調查結果，並給予孩子的父母親非常負面的評價。針對這個案件，聯邦法院只採取了負面觀點，根本沒有參考這個家庭本身提出的意見，真令人感到失望與氣憤。

再者，雖然有教授的信，聯邦法院還是拒絕審理此案，他們不願意適用歐洲人權公約第八條「家庭生活的權利」來審查這個案件；聯邦法院明顯犯了錯，他們明明可以引用第八條。

歷經過所有的風風雨雨，奮鬥仍持續著，有一件事是確定的：這個家庭不再是孤軍奮戰，其他人也陸續加入這場奮鬥。這就改變了他們對這場奮鬥跟自身尊嚴的看法。

至於那位被法官視為「參考對象」的社會審查員，在一九九五年初離職了，也許她開始深思這個家庭的處境，並質疑自己對他們的判斷是否正確。她把這對父母描述成無法以身作則，並認為他們沒有表現出任何改善的意願，由於這些不利的報告，所以在她最後幾次訪視時，這對夫婦拒絕開門讓她進入。由於缺乏社會審查員，負責兒童保護的社工禁止孩子週末回家，只要還沒有找到新的審查員監視會面，孩子週末一律不能回家。

我們必須趕快找到一個能夠真正「理解」這個家庭的社會審查員，讓他成為這對夫妻跟社工之間的橋樑。

很幸運地，透過第四世界運動的朋友名單，我們找到一位年輕女士，她當下就接受了這項任務。一九九五年四月，她開始拜訪這對夫妻，在孩子返家的時間去探望他們，也陪伴他們和負責寄養的社工面談。由於慢慢建立起來的信任和友誼，這位女士有機會從這對夫妻身上了解到更多。一九九六年初，她寫了一份關於他們親子關係的報告，內容對他們有利，也提及她跟他們一起合作的各種可能性。當然，她的報告跟先前關於這個家庭的報告完全是南轅北轍。這意味著，當這對夫妻感覺到自己被接納，對外界不再感到害怕時，他們也就能以非常正面的方式來回應。由於這份正面的報告，這對夫妻得到允許，在夏天、秋天跟聖誕節假期，都可以跟孩子共度一個禮拜的假期。

一九九六年初，這位審查員開始跟社會局的社工洽談孩子的返家計畫，孩子到聖誕節就滿三歲了。他們從社福單位那裡獲得了適當的支持，現在這孩子可以永遠跟家人在一起了。

我們向聯邦法院提出新的上訴，沒有得到預期的結果。在瑞士窮盡所有努力之後，我們決定將這個案件送到斯特拉斯堡（Strasbourg）的歐洲人權法院，希望能重建這個家庭應有的權利，也重建所有赤貧家庭的權利——他們的生活已經夠艱困，骨肉分離的同時，還要成為俎上之肉，任人宰割，無法為自己發聲。

在窮人的權利遭受非法侵犯的時候，各級法院卻和地方當局一唱一和，默許違法的情況繼續發生。由於日常生活的各種壓力，導致窮人家無力回應，正義遙遙無期，窮人陷入沉默。但是，在這個故事裡，由於其他貧窮家庭的團結與支持，這個家庭的真實情況得以由當事人本身來陳述，也得到一位律師的支持，她運用她的專業，與這個家庭同舟共濟，這就像滾雪球一樣，激發了其他人的投身，包括高等學府與司法機構。每個人都因此改變自己的視野，並引起內在與外在的變革。這就證明了，大眾通常漠視赤貧對人權的侵犯，將之視為無關緊要，這種情況嚴重質疑著人權的本質，一如若瑟神父所言：「至貧者是人類各種理想的啟蒙者。」如果我們懂得從至貧者的經驗中汲取教導，賦予應有的價值與份量，我們就能夠讓所有人都從中獲益，變得更人性、更人道。

【第十章】

# 走出羞辱

## 牧師、村莊和一個到處被嫌棄的家庭

本章作者／保羅、唐弟子

由於赤貧的關係，日常生活看似混亂無序的家庭有可能遭到鄰里嫌棄，成為眾矢之的，閒言閒語圍繞著他們，迫使他們四處流浪，居無定所。

本章陳述的故事正是這樣的一個英國家庭，不過我們發現，一旦獲得長期支持，有人與他們一起努力，他們便不再流浪。這個家庭最後終於找到一個穩定的落腳處，雖然一開始也是備受排擠，不過後來街坊鄰居漸漸變得友善，這個家庭的孩子也找到合適的教育機構。

接下來的說書人是鄉村牧師保羅（Paul Arnesen）和該村的村民瑪莉（Marie）、阿朗（Allan）、羅斯（Ross）。

## 想做點事，但從何做起？

我在大學時代就認識了第四世界，記得是一九六八年，我參加了第四世界在富兒特家庭中心（Frimhurst Family House）[1]的活動，不知道為什麼，當時我內心有一道光被點亮了。或許是深深受到持久志願者何瑪莉（Mary Rabagliati）的影響，她是第四世界在英國的開拓者，自此之後，我一直是第四世界的朋友。

後來為了找工作，我離開了富兒特地區，但心裡一直有個追問：我應該為這個運動做點事，卻又不太知道要從哪裡開始著手？該做什麼？

一九七四年我回到倫敦，何瑪莉要我幫忙陪伴底層家庭去參加第四世界在倫敦的平民大學，我答應了她。在這段時期，我遇到我的妻子，後來我帶她去認識富兒特家庭度假中心，於是夫妻倆都成為第四世界的支持者。

當時我在衛生福利部工作，陸續承擔了不同的責任，包括拜訪社會福利的申請人，確保他們有足夠的資源支應起碼的生活；我也拜訪獨自扶養兒女的單親媽媽，目標是從男方那裡取得財務支援；我在政府部門的最後一份工作，是在櫃台接待各項福利的申請者。當了四年的公職社工之後，我決定轉換跑道去當牧師，因為我想在更深的層次上助人，而不只是給予金錢。於是我到索爾茲柏里神學院（Salisbury theological college）攻讀神學，想研究第四世界對抗貧窮的實踐之道，但是，我的論文指導教授好像不太了解我的葫蘆裡賣的是什麼藥。有十年的時間，我都沒跟第四世界有任何接觸，即使這個運動繼續把我當成朋友，繼續郵寄他們的刊物給我；直到我搬到英國西北邊君不理郡（Cumbria）的狄家村，事情才有了改變。那村子離蘇格蘭不遠，接下來我要跟各位陳述的故事就發生在那裡。

## 瑪莉的悲傷往事

一九八六年我們在狄家村安頓下來，開始我的牧師生涯。一九九一年，我們注意到村裡來了新鄰居，一家三口，夫妻倆和一個男孩，男孩應該十歲了吧。他們經常路過我家門口，並且會停下來和我們的狗說話；我很好奇他們是誰？從哪裡搬過來的？以前怎麼都沒見過？

直到有一天，母子倆在我家門口停下腳步，這個女人叫瑪莉，她兒子羅斯就杵在我們家門口一動也不動。瑪莉的神情很不愉快，看起來很多操煩。我請他們進到屋裡喝杯茶，我也不知道為什麼脫口就說：「說說你們的故事吧。」

1 富兒特家庭中心是第四世界運動在倫敦近郊的一個家庭度假中心，讓飽受赤貧折磨的家庭可以在那裡重新取得力量，發現自己的才能和潛力。

我不知道她的來意，她看起來相當憤怒，劈頭就說：「為什麼老天爺允許這些事情發生？為什麼老天爺眼睜睜看著我們這樣活著？為什麼我的人生發生這麼多可怕的事情？」

接著她談了自己的人生：一九四九年出生於蘇格蘭，一出生就被生母拋棄，阿姨來醫院抱她回家，外婆把她養到三歲大；接著她就被放在機構。整個童年，她不知道換過幾個中途之家，最後被安置在一個寄養家庭，十七歲住進一家精神療養院。

有好多年的時間，她就在這些機構與醫療院所進進出出；住在卡利斯（Carlisle）精神療養院的時候生了一個女兒，但是孩子一出生就馬上被強制寄養，沒有人給她任何解釋，她認為這根本就是違法的；此後她不曾有過女兒的消息。後來她遇到一個男人，他們於一九七九年結了婚，有了一個兒子，就是羅斯。後來她跟孩子的爸爸離了婚，但是繼續把羅斯帶在身邊；離婚後，她的第一任男友阿朗，也就是那無緣女兒的父親，前來跟他們一起生活。

瑪莉聽說父親生病，便搬來君不理郡，好就近照顧；結果，她的麻煩接踵而至。他們先是住在一個無家者收容中心，後來又搬到一輛拖車裡面；接著他們在白港城（Whitehaven）申請到一間社會住宅，但是跟鄰居發生爭吵，鄰居向他們的窗戶猛丟石頭，她說是因為阿朗喝酒的關係。後來便搬家了，但麻煩還是緊追不捨，最後他們又回到拖車。

她跟我講述這段故事的時候，情況又有了新的變化，她現在和羅斯住在一間窄到不可思議的小套房裡：既是臥室，也是客廳與廚房；這對她、對兒子都不好。後來阿朗在狄家村申請到一間房子，這就是為什麼她會經常出現在這裡的原因。

瑪莉的故事讓我想到第四世界，腦海便出現了一道微光。我跟她說我認識一個組織，可能可以幫一點忙，我來連絡看看。我打電話到倫敦去，當時的負責人是史特・威廉（Stuart Williams），他建議瑪莉和位於蘇格蘭的柏蘭登（Braendam）家庭度假中心聯繫，這個中心跟第四世界有夥伴關係；他認為由瑪莉自己去聯絡比較好，這樣瑪莉可以自己做主。

第二天早上，瑪莉在我家門口留下一張紙條，上面寫說不必跟第四世界聯絡了，她不值得別人替她擔心。這樣的結果讓我很難過，我實在不知道接下來要怎麼辦。這段時間，我在蘇格蘭人類關係學院參與了一個團體，成員包括醫生、社工還有神職人員，能夠在這個團體跟大家分享瑪莉的故事，讓我的無力感有了出口。

他們建議我寫信給瑪莉，說我已經按照約定打電話聯絡了第四世界，如果她願意，可以和我聯絡。結果她真的又來看我，我給了她柏蘭登的電話。她打了電話，然後跟我說，做這些事情讓她感到很不自在。不久，柏蘭登的工作人員打電話跟我解釋說，如果沒有社會局的公文，他們無法替瑪莉提供任何服務。可惜，瑪莉對社會局失去信心，她怕社工會把羅斯帶去安置機構；她一點都不想跟社工打交道。

所以她繼續住白港城那間僅容旋馬的小套房，三不五時則來村裡探望阿朗。不久後，她提到她想搬來狄家村，不過不是要和阿朗住在一起。那時剛好是暑假，我和妻子不久就出門度假去了。

## 恐懼和各種威嚇

度假回來，我們在報紙上看到好幾篇報導，「房客權益協會」抱怨狄家村變成垃圾桶，被用來收容各種問題家庭，我很快就了解到瑪莉和羅斯成為眾矢之的。房客權益協會的成員發現狄家村分配了一間住房給瑪莉，瑪莉都還沒簽同意書，未來的鄰居就已經劍拔弩張。他們讀了白港地區的新聞快報，不希望類似事件發生在狄家村，於是他們組織了一個聯署活動，希望平價住宅的經理不要跟瑪莉簽訂租約，還威脅說如果事與願違，他們就不付房租，如果瑪莉和羅斯搬進他們社區，大家等著瞧，這對母子的日子不會好過。

我決定寫一封信投書地方報紙，護衛像瑪莉這樣的家庭，我並沒有指名道姓；然而報社不但沒有刊出我的投書，還斷章取義，濫用我的投書內容，杜撰了一長篇報導，還放上瑪莉的照片，標題寫著：「牧師和問題家庭一起瞎鬧」。

這篇報導一刊出來，許多平價住宅的房客馬上聯合起來攻擊我。有一個先生，住在分配給瑪莉的那間公寓旁邊，某日當街把我叫住，他很生氣我居然站在瑪莉那邊，說他真不知道我在想什麼。

事情一發不可收拾，平常的房客會議只有小貓兩三隻，那篇報導刊出之後居然來了五十二位房客，那天我也在場。平價住宅的經理強調，房客會議不討論個別案件。房客將陳情書交給了她，她跟大家保證，如果新房客沒有遵守住宅的各種規定，有關當局一定會採取必要措施。但是，她也說明，每個人都有權利得到合適的住所，她不會在壓力下屈服。房客們看到我也在場，但是我一句話都沒說。第二天我打電話給平價住宅經理，告訴她我很擔心瑪莉，她說她何嘗不是膽戰心驚。瑪莉卻因為終於能有自己的房子而高興不已，但是，如果她接受這間住房，鄰居可能會給她好看。

我想，這些鄰居的擔心也不是空穴來風，於是我去拜訪了好幾個住戶；我跟他們說，我了解他們的擔心，沒人喜歡暴力和破壞公物的行為，不過，我認為瑪莉和羅斯只是代罪羔羊，將白港平價住宅發生的各種壞事都歸罪到他們母子頭上，是不公平的。但是這些拜訪絲毫沒有減輕居民的焦慮，他們反而認為我被瑪莉牽著鼻子走。

瑪莉一直夢想擁有一間屬於自己的房子，跟阿朗在一起讓她不太有安全感，所以即便外面風聲鶴唳，她還是決定在聖誕節前夕搬進狄家村的平價住宅。

## 真正的假期

在第四世界這邊也有一些進展，十月十七日世界拒絕赤貧日之前，我曾經寫了一篇有關瑪莉的見證；每年這個時候，第四世界都會邀請所有公民以尊重、平等之心，寫下有關赤貧同胞的生命見證，然後在十月十七日那天公開分享。

就在我將見證寄出去不久，一位第四世界的志願者就來阿朗家拜訪瑪莉和羅斯，並邀請他們去富兒特家庭度假中心過聖誕節。聖誕節快結束的時候，我開車去接他們母子，一見面，我就馬上感覺到他們倆有了不小的轉變，變得更活潑、開朗、正面！

在回程的車上，瑪莉告訴我，她好喜歡用電腦寫故事，她將童話仙子的故事和自己的經歷融合在一起；度假期間，她將自己創作的故事說給孩子們聽。她也很喜歡幫忙照顧小孩，有一天晚上，她在孩子就寢前說故事，大家都聽得津津有味；另外一天，她和大家一起準備兒童慶生會，用縫紉機幫忙縫製慶生會的禮帽和禮服。

接著，她提到之前她曾經想要參加村裡帶領的兒童活動，但是村民都不要她。

她也提到，她好高興看到羅斯做他喜歡做的事情，雖然一開始，羅斯像往常一樣暴躁易怒。她還提到以前在那個社區，羅斯忍受了很多暴力，鄰居把垃圾倒在他們家的院子，還在他們家的牆上胡亂塗鴉，畫一堆骷髏頭，上面還寫著羅斯的名字，孩子受不了這種對待，就變得跟他們一樣，越來越暴力。但是在富兒特，羅斯終於得到片刻的寧靜，輪到他使用電腦的時候，安靜乖巧，也參加了烙畫活動。聖誕節的時候，羅斯和其他小孩一起為父母演出一場話劇，他還是男主角呢。瑪莉很驕傲地告訴我，聖誕夜那天，羅斯很早就上床去睡了，年紀不小卻依然保有童心，乖乖等待聖誕老公公的拜訪；當媽的看到兒子害羞、安靜、乖巧、專注，而且全心全意，真是喜出望外啊！瑪莉說：「這是羅斯五年來，第一次過聖誕節。」我心想，如果狄家村的人看到現在的瑪莉和羅斯，瞥見他們身上的種種美善，該有多好！

當我們抵達村內的時候，發現阿朗家黑暗一片；他被斷電了。我們去城裡買了代幣，讓阿朗投進電錶，以便復電。赤貧一直都存在，隨時伺機肆虐。瑪莉和羅斯試著住進新房子，但是鄰居卻不斷威嚇。瑪莉和阿朗的關係看起來也沒有好到哪裡去，有一天，她跟我說她從二樓摔倒，但是她同時又寫信給富兒特的志願者，說阿朗推她，她才會受傷。

我再次遇到瓶頸，實在無法招架，一點都不知道接下來要怎麼辦。事情越變越糟，村民對他們的異樣眼光絲毫沒有改變，不但不給予支持，還落井下石。我再次寫信給富兒特，要求他們接待瑪莉和羅斯。

那時候，富兒特的負責人是持久志願者芳紀和飛力夫婦，他們回覆我說：「清官難斷家務事，到目前為止，以我們有限的了解，很難說誰對誰錯。不過，我們感覺到這對伴侶之間有著很強的連結；如果復活節的假期，我們只接待瑪莉而不接待阿朗，似乎就是在否定他們的伴侶關係。瑪莉多次向我們表示她對阿朗的依戀，因此我們想同時接待瑪莉與阿朗，如果我們肯認他們的伴侶關係，或許能夠強化他們的連結，這一著棋值得試試看。」

我認為這是一個關鍵的轉折，富兒特的復活節假期增進了兩人的關係，從那時候開始，我比較能夠將他們當成一個家庭；而且阿朗變得越來越開放，也比較放鬆。阿朗在富兒特度假中心受到尊重和肯定，他在園藝方面的能力得以充分發揮；他已經很久沒有學以致用了，能夠再次發揮所長，並傳授給其他人，讓他覺得自己有用，夢想成了現實。

## 羅斯被退學

但是，新的困境不斷發生，這次是羅斯。阿朗覺得羅斯不去上學，一天到晚待在家裡沒事幹，不是辦法。

羅斯因為在偉勝中學（Worthington）對某些同學與老師做出不當的舉動，被罰在家管教，除了要求他待在家裡，學校沒有別的做法。這讓瑪莉與阿朗重新建立起來的伴侶關係受到挑戰，因為羅斯待在家裡，終日無所事事。瑪莉繼續受到鄰居閒言閒語的騷擾，而羅斯猛烈回應這些言語攻擊。

有一天，我邀了瑪莉和平價住宅經理到家裡聊聊；我們清楚理解到，瑪莉認為她終於可以和阿朗過著快樂的日子，但是羅斯沒去上學讓家裡的氣氛變得很緊張。道別的時候，平價住宅經理說她會召開一個正式會議，和相關人士一起討論羅斯的就學問題。

會議召開的時候，社工員和學校的教學顧問都出席了，但是會後瑪莉與阿朗卻一臉不高興，因為有人說羅斯之所以如此，全是瑪莉的錯……。即便如此，這場會議仍有正面價值，大家都意識到羅斯之所以在家無所事事，是因為校長並沒有將羅斯正式退學，才會一直懸在那裡；會前大家都不知道羅斯已經那麼久沒去上學，所以沒有任何人採取行動。現在都已經六月了，學期都快結束了，這幾個月來羅斯都待在家裡，耗盡家裡的精神與荷包。

會後，社區一所小型中學很快就接受了羅斯，但是三天後，羅斯又因為「行為不當」被罰「在家管教」。

這段期間，瑪莉已經放棄擁有自宅的想法，並決定搬去和阿朗一起住。現在他們最大的操煩就是羅斯的就學問題。有好長一段時間，瑪莉一直強調羅斯需要特別的幫助，他需要一間寄宿學校，但是沒人把她的話聽進去。瑪莉和我經過漫長的努力，最後終於在一九九二年七月一日召開了一場專案會議，所有相關人員都到場了，我也受邀參加，因為學校社工員了解我和瑪莉一家人的緊密關係。

會前，我特別寫了一篇報告，強調我上面提過的觀點，同時，我也請第四世界的志願者芳紀和飛力夫婦，寫下他們在富兒特家庭度假中心跟羅斯相處的經驗。

這次會議讓我大感驚訝的是，教過羅斯的那幾個老師對羅斯大肆批評，盡是提出一些負面的看法，跟志願者和我在報告中表達的意見完全相反。即便如此，這次會議讓大家有機會認真思考羅斯的就學問題，思考他的需要以及他過去的經歷；瑪莉和阿朗也有機會以家長的身分表達他們對孩子的看法；這對在場的專業人士是一個全新的體驗，因為之前，他們從來不曾認真聆聽家長的意見。

雖然會議紀錄冷冰冰的，一如這類行政會議慣有的風格，不過卻採取了一個全新的立場，摘要如下：

羅斯的需要：

- 穩定：家庭、學校和社區生活的穩定。
- 安全感：知道他沒有被放棄，而且大家都替他擔心。
- 持續性：幫助他的人不能換來換去。

- 需要媽媽，也需要男性典範。
- 需要就學，需要一所適合他的學校。
- 清楚的規則。
- 感覺到自己和其他小孩是平等的，不管在背景、學校，還是日常消費。
- 建設性地運用他的時間。
- 一個他可以達成的生活目標。
- 他自己的空間和休閒活動。

這些主張，跟教育體制和地方當局曾經給羅斯的待遇，大異其趣，這份紀錄甚至明確指出羅斯需要一所寄宿學校，需要家庭支持，需要和他的家人、他的母親保持規律的聯繫，寒暑假則需要教育性的追蹤輔導。其實，好幾個月來，瑪莉不斷提出這些主張，卻到現在才獲得社工等專業人員的首肯。所以總體說來，會議結果算是非常成功，因為羅斯一家人、社福部門和學校之間有了共識，要一起回應羅斯的需要；在此之前，沒人把這個家庭當成合作夥伴。

我受邀參與這場會議也是非比尋常，而且我和富兒特家庭度假中心寫的報告居然也被專業社工採納，這在社工實務界也是很少見的。其實，事情之所以能夠順利進展，要感謝我和妻子跟學校社工結下的善緣；這名學校社工是天主教合唱團的團員，她經常邀請她的合唱團來我的教會演唱；所以我們夫妻倆有機會在非正式場合和她閒聊，我把她當成朋友，經常和她提到瑪莉一家人的窘境，她也很自然地跟她的同事分享這些非正式的訊息，這是非常關鍵的一步。

最後，羅斯終於找到一間住宿學校，並繼續在那邊上學，瑪莉和阿朗都很高興看到他的進步；羅斯週末及寒暑假都會回家。

**「如果你幫他們證婚，教友就不去教堂了。」**

與此同時，瑪莉和阿朗開始參加第四世界每年在博爾頓（Bolton）和利物浦（Liverpool）舉辦的家庭日活動，甚至和英國第四世界代表團到巴黎參加一九九二年十月十七日世界拒絕赤貧日的紀念活動。回來之後，他們對第四世界充滿熱情，還在自己的社區分發十月十七日的傳單。

瑪莉比以往更認真思考自己的生命，她希望自己對別人有所貢獻，有機會幫助別人，於是毛遂自薦，主動提出要去富兒特家庭度假中心幫忙週末的活動。

一九九三年六月，瑪莉與阿朗在教堂結婚，由我主持婚禮。富兒特的志願者遠道而來參加，不僅如此，幾個村民也來了，真是讓我喜出望外。我特別記得潔西的參與，她是我堂區的教友，是個頗受排擠的邊緣人物，我想她能理解瑪莉的處境。

但是，一個我在堂區的好友卻對這場婚禮非常感冒，他甚至跟我說：「你覺得瑪莉與阿朗應該在教堂結婚嗎？這就像一粒屎一樣，會搞壞一鍋粥的。等著瞧吧，如果他們真的在教堂結婚了，其他人就不會再來教堂了。」但是婚禮後，教友還是繼續來參加禮拜。

幾個月後，我和妻子搬到另一個城市任職，我們都很擔心瑪莉和阿朗在我們離開之後的處境。他們會交到新朋友嗎？村民會繼續排擠他們嗎？這個家庭會再次破裂，像以前那樣，再度流離失所、四處流浪嗎？

人生不如意事，依然十之八九，但是經歷了這件事，某些狀況有了改變。瑪莉開始定期去白港城一個家庭中心當義工，幫忙帶領兒童活動，那是她懷抱已久的夢想；她和那裡一位帶領陶塑的女士變成好朋友。還有，遇到困難的時候，她可以向學校社工與其他幾位朋友求助。

後來，他們決定回蘇格蘭，不是為了逃避，而是懷著落葉歸根的心情，回到瑪莉的故鄉，因為她的兄弟姊妹都在那裡。他們和狄家村的村民、第四世界和我的家人繼續保持聯繫，互通信息，而且羅斯在學校過得很好，就快要成為廚師了。

還有一件事值得一提，那就是官方和專業助人者的改變，他們意識到一種新的助人方法。我不知道他們在整個過程中到底學到什麼，不過，他們現在認識了第四世界運動，也意識到這個運動採取的行動方法值得參考。有好些個教友來我家參加十月十七日的籌備會議，我們一起觀看了若瑟神父那部「我為你們做見證」的影片，大家因此可以將瑪莉一家人的具體情況和人權連結起來，對赤貧和人權的關係有了更寬廣的視野。

## 三年後

我想知道其他人會怎麼敘述這段故事，所以我邀請在這段期間認識瑪莉、阿朗與羅斯的相關人士寫下他們的回憶。我問大家，是否記得這個家庭？還有，和這個家庭相遇，對他們發生了什麼影響？他們幾乎是異口同聲，都說這場相遇生發了力量。他們跟我一樣，雖然角度不同，但是都被深深觸動。下面就跟大家分享他們的回信摘要：

### •瑪莉與羅斯在狄家村的隔壁鄰居

說到瑪莉、羅斯和阿朗，哈哈，他們唯一讓大家不開心的，就是在夜間發出刺耳的噪音，擾人清夢，幾乎每天晚上都會上演一次。我去跟他們抗議，他們就改善了，也沒有懷恨在心，而且很有禮貌。

還有一件事情，就是他們出口成髒，我們只好裝聾作啞；但是如果家裡有客人，他們卻在隔壁大吼大叫，互相幹譙，我們也很難為情。這件事我沒跟他們提過，因為我想這是他們習慣的說話方式。

因為您幫助了他們，還成為他們的朋友，讓我也變得比較有包容心。我意識到他們可能從小沒有好的榜樣可以追隨。我還記得他們曾經南下去一個家庭度假中心，大概去了三、四次吧，而這個中心的工作人員還大老遠北上來參加他們的婚禮。

您跟他們還有聯絡嗎？如果有，請替我問候他們。

## •學校社工團隊召集人

我開始接觸這個家庭，是在羅斯上小學的時候，根據一九八一年教育法「通過正式的聲明程序」那條規定，支持羅斯的父母變成我們的責任。但是，我們後來的關係大大超過了職務所賦予的責任。瑪莉不符合機構表格中的任何一個選項，但是，她用絕望的聲音呼救，尋求支持。我只能在某種程度上支持她，然而她的需要遠遠超過我在職務上能夠提供的服務。我想，她開始和第四世界運動建立的關係救了她，大大幫助了她。

我想，那是她的呼聲有生以來第一次被認真對待。這個運動不僅幫助我們理解到她說的話至關重要，也幫助她經歷了一些寶貴的體驗，過去相關人士一直拒絕提供她這樣的機會。我個人也非常高興有機會認識這個運動，希望有機會繼續合作。

### •平價住宅經理

我第一次遇到瑪莉、羅斯和阿朗，是因為他們那間小公寓在聖誕節前夕著火了，那時候羅斯才三歲大。當時瑪莉唯一操心的是，給兒子準備的聖誕禮物燒掉了，怎麼辦？而不是房子燒了要怎麼辦。在我們請工人來修繕房子這段期間，她不肯搬去別的地方，寧願待在二樓，即使無法使用廚房。

對我來說，瑪莉真是一團難解的奧祕，她似乎很能理解我想跟她討論的重點和原則，但是她關心的優先順序跟我大不相同，經常忽略某些我覺得非常核心的問題。後來我才理解到，她之所以不想離開那間她才剛落腳不久的房子，是因為她好不容易才擺脫不斷騷擾她們的舊鄰居。在新的環境裡面還不曾遇到騷擾，所以他們覺得待在這裡相對來說比較安全。

我們清楚知道瑪莉遇到的各種困難，但是，我們社會住宅部門和社會服務部門都幫不了她的忙。現在回想起來，一方面是因為我們實在缺乏理解底層公民的能力，另一方面是沒有人有足夠的時間來回應瑪莉的需要。對我們來說，瑪莉的行為是無法預測的；她前一秒可以是非常理性，但是下一秒就可以變得焦躁，充滿敵意。也因此，很多人都受不了瑪莉，覺得無法招架。面對真正的絕望時，我們經常轉頭不顧，她的行為讓她最後被打發到一堆問題房客中間。

在君不理郡負責東區社會住宅的專業圈子並不大，所以有好多年的時間，瑪莉的故事在我們的圈子裡不斷流傳；申請社會住宅的「奧客名單」只有兩位，瑪莉就是其中之一，大家一致認為，要滿足瑪莉的要求是不可能的任務。

可敬的保羅牧師扮演了一個重要的角色，他不斷在這個家庭、他們的鄰居和村民之間折衝樽俎。這對於我跟瑪莉進行有意義的交談很有幫助，讓我洞察到她生活中之所以出現各種難以處理的矛盾，是因為背後有很多隻「小鬼」在作怪。在社會住宅服務部門工作的同道並沒有特別討厭她，只是不知道怎麼跟她打交道。

我最後終於在她堅硬的外殼下，發現一個可愛的人，我後來才意識到，她這一生歷經風霜，這些傷痛在她身上留下難以抹滅的痕跡。我開始對她稍有認識之後，她便跟我訴說一些發生在她生命中的悲劇事件，實在太難以置信，所以我跟自己說那絕對不是真的，但是我又找不出任何相反的證據。

以前我從來沒聽過第四世界運動，直到這個運動進入瑪莉的生命。我知道瑪莉遇到困難的時候，曾經去一個地方充電，我不知道是不是因為這個充電經驗讓她後來願意跟我談談她的故事；不過有一件事情是確定的，她去那個地方度假之後，我對她有了更多的認識與理解。

像這種困難不斷的家庭一直都存在著，以前，大家對他們比較能夠包容。政府要好好正視底層的現象，除了挹注更多資金，也需要我們每個人變得更人性化，尊重那些和我們大不相同的人。

### •學校社工員

瑪莉一家人之所以被邊緣化，其中一個原因是他們的情況難以定義，不符合任何一條特殊服務的規定，無法轉介；這就是為什麼問題難以解決，他們的處境牽涉到社區的多數居民。

目前社區各項服務的財源改由地方政府提供，事情會變得更棘手。必須要有志工投入服務的第一線，不然就是要施加政治壓力，要求國家提供財源，支撐地方的社會服務。

對瑪莉一家人來說，第四世界運動提供了一個高質量的補充資源，我們在地方並沒有這樣的資源；第四世界將他們視為整體，一家三口都是他們的個案，這種做法在傳統的地方社福機構比較少見。溝通過程中發生的種種困難，也來自這個家庭不停搬遷，這實在讓我們頭痛不已，但是大家的投入非常值得。

## •家庭中心的社區工作者

七年前，我和瑪莉與羅斯第一次接觸，當時我在白港社會住宅從事社區工作。我發現瑪莉受到周邊的人嚴重排擠，認識她的人都叫她「瘋狂瑪莉」，社區的年輕人經常對她口出穢言，她跟鄰居的關係每況愈下。我當時正在組織兒童的課後活動，她毛遂自薦想要幫我；她真的是一個很好的助手，很有藝術天分，對小朋友非常親切、正直，她很喜歡跟小朋友在一起。

天地之大，瑪莉和羅斯竟然找不到一個容身之處，我覺得非常痛心。有好幾個不同的社工好像很排斥他們母子倆，在某些時刻，甚至沒有人願意插手幫他們而對越滾越大的一堆難題：住宅問題、羅斯的就學問題、鄰居的威脅恐嚇等。表面上看起來，他們和各種社會服務的設計格格不入，所以得不到任何幫助。……

透過保羅牧師的介紹，他們一家人和第四世界運動建立了關係，對瑪莉和阿朗來說，這是一個非常珍貴的體驗。我想她在那裡找到自己的用處，那本來就是她一直想要做的，她確實有能力幫助別人。……

認識瑪莉讓我學習到，永遠不要放棄任何人，而且要懂得聆聽。但是我意識到，公部門沒有時間聆聽。有時我不免自問，為什麼某些人在這個社會找不到位子，我認識的好幾個家庭都處在這種情況……

和瑪莉一家人同行的這條路上，有很多筆墨難以形容的感受。

### 「我的使命就是和最被嫌棄的人站在一起」

這件事的圓滿結局對我自己也有著深遠的影響，這讓我更為投入。這件事再次確認我的感受與思考，我更加確信教會的使命跟第四世界運動一樣，就是要跟最被嫌棄的同胞站在一起。

我們不能當牆頭草隨風倒，必須選邊站。很多人問我，以牧師的立場，為什麼要支持瑪莉這樣的人，教會怎麼能夠護衛這種人？他們說，教會應該要護衛的是最高的道德價值，而不是這類人。對那些擔心社區名聲越來越差的居民，還有那些想學孟母三遷的居民來說，接受瑪莉一家人並不容易；要大家改變態度，幾乎是不可能的。

我在佈道的時候常常會提到基督的態度，祂護衛那些被排擠的百姓，但同時祂也沒有定罪人的罪；對我來說，罪人就是那些輕視窮人的人。我不知道我的話有沒有被聽進去，我唯一知道的是，即便有人放風聲威脅，教友還是繼續進教堂參加禮拜。從某方面來說，他們接受了我所採取的立場，即使我的立場讓他們跳腳，我想他們也承認一個牧者真正的使命本該如此。這讓我更加堅信，我優先的使命就是和教區中最貧窮的人站在一起，此舉不僅是為了轉化窮人的命運，更是為了整個教區的益處。

雖然教會聲稱她「優先選擇窮人」、「偏愛窮人」，但是，很多時候都只停留在理論的層次。在一開始，我所做的事，相信所有神職人員都會這麼做，但是如果沒有第四世界那把火炬，我想結局也不會這麼完滿。第四世界運動在這件事上扮演了重要的角色，大家有目共睹。

認識第四世界運動讓我有機會給自己正在經歷的事情「正名」，我不再認為：「糟糕，麻煩大了。」而是認為：「我正在為底層做點事情，我加入對抗赤貧的行列。」和瑪莉一家人一起走過的這段路，讓我有機會具體實踐自己「優先選擇窮人」的決志，現在我可以說自己屬於這段以窮人為優先的歷史。這段故事敘述的正是我成為盟友的過程，我不只是嘴上說自己是第四世界的盟友，也不單是捐出了錢。

其實，整件事之所以能夠功德圓滿，都要感謝瑪莉，是她下定決心要有所改變。是她主動走向我，一次又一次。她大可退卻，但是她心有決斷，她想要改變現況的決心把我和其他人捲了進去。整件事情的關鍵，在於意識到聆聽的重要性，就像《赫忍斯基的實踐之道》[2]一書所說的：「窮人最首要的要求，是有人聽他們說話，並且認真對待他們所說的。」瑪莉遇到的每一個人，不管是學校的老師、社工，還是每一個瑪莉試著溝通的人，他們已經重複聽過瑪莉的那番話，反而變得充耳不聞，當成耳邊風，最後他們只是說：「喔，瑪莉，又來了。」大家都沒有時間認真聆聽。不過，富兒特的志願者認真對待了瑪莉所說的話，想要讓事情有所改變，這樣的態度不可或缺。

另外一個重要的關鍵，是讓瑪莉一家人有機會遇到處境類似的其他家庭，讓他們有機會意識到，他們歸屬於同一個運動、同一群子民。也因此她們一家並不是怪咖，其他人可以理解她的生命經驗，她因此可以重新解讀自己的歷史。

我的妻子和子女對我來說是很重要的支撐，如果不是他們，在很多時刻我一定感到非常孤單。我的家人，特別是我的幾個孩子，經常追問：為什麼其他人不喜歡瑪莉？我自己也必須回答這個問題，想想我是怎麼理解這件事的。如果不是因為第四世界運動，我大概不會主動拿筆記錄這一切；書寫記錄這件事，也幫助志願者理解真正的情況，並投入其中。

為十月十七日世界拒絕赤貧日寫下瑪莉的見證，也非常關鍵，第四世界運動的志願者因此認識了瑪莉的處境，並要求我繼續書寫；對教會的牧師來說，這樣的做法並不常見。如實記下事情發生的經過，讓整件事情慢慢變成我自己的一部分，而形諸文字後，也幫助我看得更清楚。如果沒有書寫這個工夫，我可能做過就忘了。坐下來記錄，事件便再次復活，你有機會深思，看到事與事之間錯綜複雜的關係。

對我和我的家人來說，貧窮不再只是一個政治和社會的問題，不再只是統計數字，而是一件非常強烈的個人經驗；在你面前有一群具體的人，他們有名有姓，他們真實活在我們身邊，他們邀請我對貧窮做出回應，也邀請整個社會做出回應。

2 《赫忍斯基的實踐之道：民主生活中的至貧夥伴》（*The Wresinski Approach: The Poorest Parteners in Democracy*），第四世界出版，一九九一。

# 【第十一章】當聯合國與赤貧者團結一致

## 為第四世界開路的外交官

本章作者／亨利・樂農、文生・法奈利、唐弟予

儘管聯合國經常成為強國的競技場，窮人對聯合國的成立宗旨依然懷抱極大的希望：確保所有人的和平與安全。

國際第四世界運動是一個規模不大的非政府組織，卻在聯合國擁有第一級的諮商地位，這讓它得以在聯合國為窮人發聲，和至貧者一起根除極端貧困，而這也是普世的願望。聯合國前祕書長裴瑞茲（Javier Perez de Cuellar）在任內曾經接見若瑟・赫忍斯基神父，並對他說：「**您是聯合國在赤貧世界的雙目雙耳。**」他的繼任者蓋里（Boutros Boutros-Ghali），於一九九四年十月十七日世界拒絕赤貧日接見了來自四十三個國家的貧窮家庭代表，並於一九九六年要求和貧窮家庭一起思考整個聯合國系統第一個消滅貧

窮十年行動計畫（一九九七至二〇〇六年）。

聯合國的各個分支機構，包括人權理事會、聯合國兒童基金會、聯合國教科文組織、聯合國發展計畫署，都和第四世界運動保持合作關係，以便能夠觸及至貧者、接受赤貧者的質詢，從而貫徹被賦予的使命。

接下來是國際外交官亨利．樂農（Harry Lennon）的故事，長達十二年的時間，他全心協助第四世界與聯合國建立聯繫。如今亨利已經過世了。他的故事透過文生．法奈利（Vincent Fanelli）的協助，得以呈現在各位面前。文生是第四世界的持久志願者，在亨利生前，他們有著深厚的交情。他用自己的筆記與其他志願者的見證，寫成這篇故事。這篇文章描述出一趟充滿張力的旅程，一方面是高級官員的世界與眼光，另一方面是赤貧家庭以及和他們站在一起的志願者的世界與觀點。他們的陳述讓我們得以想像，亨利．樂農憑藉充滿人性、毫無保留、全身投入的態度，最後終於成功地讓兩個世界慢慢靠近彼此。故事也向我們指出盟友投身的一個重要面向：他們和志願者之間建立的友誼，他們為志願者帶來信譽、安全感，打開一扇扇大門，讓他們找到自信，並敢於承擔身為持久志願者可能會有的風險。

若瑟．赫忍斯基神父看到諾瓦集無住屋者營區的家庭還過著他童年的那種生活，忍受著不堪的生活條件，外界卻將他們視為一文不值，這讓若瑟神父下定決心，有一天，他的教會、法國政府、甚至是聯合國，要打開大門，親自接見這些家庭，他們就會明白，極端貧窮應該從地球上徹底消失。

若瑟神父抵達諾瓦集四年之後，就成功地在聯合國教科文組織的巴黎會堂組織了一場研討會，來自歐洲與美洲的人文科學專家齊聚一堂，一起研討持續存在的貧窮。這場研討會讓這個剛剛在貧民窟核心成立不久的組織得到初步的認同，這個組織後來就叫做ATD第四世界運動，未來，它將在聯合國最高的層級接受諮詢。

我們無法在此為您陳述國際第四世界運動與聯合國之間的完整歷史，此處要將重心放在亨利．樂農的身上，他是這段歷史的建築師之一。加入第四世界運動之前，亨利．樂農擔任過記者、美國聯邦政府高級官員，曾被派到不同國家的大使館任職，最後加入聯合國行政部門，成為聯合國祕書長辦公室成員，直到七〇年代初退休為止。

## 「你退休後打算做什麼？」

一九一七年，我在柏林出生。三〇年代的經濟危機剛開始的時候，我十四歲。我們那一代的人深深相信，經濟能夠拯救這個世界。不管你是馬克斯主義的追隨者，或是霍普金斯[1]的信徒，大家都相信：所有的問題都可以透過經濟手段獲得解決。我的生涯就踏著這條路走，先是經濟新聞的記者，然後服公職，接著活躍在國際經濟合作的領域。

但是在我職業生涯的最後幾年，我開始對經濟萬能論感到懷疑。我發覺，五〇年代使用的處方，在六〇年代或七〇年代已經無法產生同樣的效果。

在離開活躍的職場生活之前，有一天我接待了一位日本朋友，他問我：「你退休後打算做什麼？」這個問題的確讓我有些微的不快，因為這正是我擔心的問題，我回答他說：「我這就告訴你我想做什麼，整整三十年的時間，我固守中庸之道，現在我要退休了，我想試著了解中庸之外的兩個極端，左右都好，就是不要中間。」我習慣先說再思考，這樣的作風在扮演公務員的角色上的確不盡理想。不過事後我思考自己跟這位朋友說過的話，意識到那的確是我的真心話，我那個世代所接收的想法已經不再完全適用於新世代，另一方面，在社會的各個邊緣，我們可以找到新的想法與處方。這就是為什麼有一天，我覺得似乎找到自己苦苦追尋的東西了。

事實上，七〇年代末，我在法國《世界日報》讀到一篇關於若瑟·赫忍斯基的文章，之前我已經聽過他的名字，有些事情令我印象深刻。赫忍斯基說，各國政府在企圖協助最貧窮的族群時，許多心思與努力到頭來其實是由最有活力的人獲益，也就是由窮人中最不貧窮的人得利。讀到這裡，我覺得自己好像是第一次撞見一個嶄新的想法，但是很快地，另一個念頭馬上予以推翻：我早已知道他所說的事，其實我對此一直心知肚明，只不過他有辦法把它清楚講出來。我和第四世界運動合作的這些年來，類似的經驗一再出現：我一直學習到新的事物，不過一旦學到並且內化之後，我又覺得其實我一直都隱隱約約知道這些事。這個運動向每一個人質問他們隱約知道的事實，這就是為何我認為它一定會成功的原因。

讀完這篇文章之後，我決定跟第四世界運動在法國皮爾雷的總部聯繫，那時候有一個人跟我說，第四世界的年輕人在法國東部的安省（Ain）有一個大型的聚會，我去了，目的是去看看、去認識這些年輕人。我在那裡也遇到了第四世界的持久志願者，那也是頭一遭。我很喜歡自己親眼所見的一切，這些年輕人手臂上畫龍畫鳳，女孩們妝化得特濃，那可不是裝腔作勢，更不是特意找來一幫小天使，故意讓中產階級張大眼睛。有一位志願者跟我說：「我們讓他們做他們想做的事，不過我們不讓他們喝酒，還是要有底線，有最起碼的原則。」說時遲，那時快，我看到身旁就有一個小夥子正在大飲啤酒，這讓我放下心來，這是最真實的世界。

這些第四世界的年輕人真的觸動了我，我還清楚記得這個大型聚會的許多細節：一位年輕的吉普賽女孩在發言最後害羞地說：「旅行的吉普賽人萬歲！」還有一位年輕的阿爾及利亞人突然暴怒起來，因為他看到另一位阿爾及利亞裔的年輕小夥子重演一齣家

1 譯註：約翰斯．霍普金斯（Johns Hopkins, 1795-1873），美國富商暨慈善家。

庭悲劇時怒不可抑，我也清楚記得這場意外圓滿收場時，現場一片靜默；還有一位志願者在經過我身邊的時候告訴我：「面對最貧窮的公民，沒有哪個政黨好過另一個政黨，都一樣差勁。」我覺得這些志願者都很聰慧、充滿活力與獻身的精神，能力很強，後來的經驗證實這樣的判斷完全正確。

## 與若瑟．赫忍斯基相遇

就在這場大型聚會中，我遇到了若瑟神父，他在活動的第二或第三天抵達，我在一座帳棚下和他面對面坐著。我非常驚訝他對聯合國的種種瞭如指掌，他甚至知道一位即將上任的高層官員叫什麼名字。

之後的許多年，我有很多機會和若瑟神父相遇，我從來沒有懷疑過我身旁站著一位非凡的聖哲。對他的認識越深，原本的仰慕之情之外，更增添了深厚的情誼，他實在冰雪聰明，思緒異常清晰。我也非常欣賞第四世界總部的組織與格局，最重要的是，我對那些圍繞在他身邊的人印象深刻，都非常優秀而且多元。幾年後，我為若瑟神父舉辦了幾場記者會，我非常喜歡他跟媒體講話的方式，他的聲音幾乎總是低沉，這些疲憊的資深記者們，會熄掉手邊的菸，嘴角掛著慧黠的笑意，開始聽他演說。我也親眼看到若瑟神父和聯合國的高層會面，比如和聯合國兒童基金會的執行長詹姆斯．格蘭特（James

P. Grant）[2]的會面，他們顯然一見如故。

我在他身上也看到神修方面的東西，他公開講演的時候，有時談話內容宗教意味太濃。我不是一個修行的人，也不信奉宗教，而是個不可知論者，所以他這種談話方式對我來說有點陌生。我並不總是充分意識到他身上混合著性靈與政治面向，而這正是他之所以偉大的地方。我認為，要解釋這一點，不該從他做了什麼來探索，而是要從他做人處世的態度來探查。其他人說過，理解若瑟神父的最佳方式，是將他視為先知；幾年前，當我試著讓他和我所接觸的聯合國圈子建立關係時，同樣的想法也在我的腦海裡漸漸形成。古時候的先知在面對大災難或時代的奇恥大辱時，對他們的百姓提出警告，試著讓他們找回理性；這便是若瑟神父在我們這個時代所做的。他的體格壯碩，散發出充滿力量的氛圍，還有一雙會說話的眼睛，他肯定可以在舊約聖經時代那些經師與法學專家的名人中占有一席之地。他也是一位行動家，一面籌畫總部梅里（Mery-sur-Oise）的藍圖，一面熱情參與社會與政治生活，理解最新消息，不斷探索這一切局勢對最貧窮的族群可能發生的影響。

2　譯註：詹姆斯．格蘭特於一九八〇至九五年擔任聯合國兒童基金會的第三任執行長。他誕生於北京，十五歲才回到美國。

在安省和年輕人一起共度那三天之後，我告訴自己，踏破鐵鞋無覓處，我找對地方了，我想要加入的就是這樣的運動。或許我應該補充，我一點都不感到驚訝，我覺得自己跟這個運動似曾相識，只是相見恨晚，彷彿在認識它以前，我就已經跟它有過聯繫。我也認識到它並非法國的民間組織，而是一個國際組織，而且在我的居住地紐約也有一支團隊。我聽聞了一些第四世界運動在紐約的事蹟，有一位志願者在一九六四年抵達紐約，英文還非常破，在抵達的次日她就爬上紐約破舊公寓的樓梯，想要認識紐約的窮人！有點瘋狂，不過實在棒透了！所以後來我在紐約結識了美國籍與來自歐洲的志願者，他們真的了解紐約市最貧窮的社區。我馬上就對他們生出一種極大的仰慕與友誼之情。一開始，我不知道自己可以做什麼，志願者在他們和第四世界的家庭聚會時邀我去參加，我就幫忙倒咖啡，讓自己有點用處。在他們的辦公室，總是有一大堆事情要做，我就幫忙填寫信封、摺疊刊物。

## 第四世界運動志願者眼中的亨利・樂農

**法籍持久志願者芳謝**（Franchette Clement-Fanelli）：

亨利熱情地投入他的新生涯，像個充滿幹勁的年輕小夥子似的，就這樣，我們和他展開了緊密的團隊合作，整整十二年的時間。他加入一年後，我們就請他擔任第四世界在美董事會成員；一九八二年，他擔任了第四世界運動在美國的主席，他絲毫不將這個職務當成一種建立自己聲望的手段，名聲是他最不關心的東西。在這個位子上有許多事要做，要承擔很多責任，直到最後一天，他始終毫無保留，卯足全力。在團隊中，不斷出現這些對話：「這件事得問亨利。」「亨利，方便找個時間談一談嗎？」「亨利有回電話嗎？」「等亨利在的時候，我們再討論這件事情。」他不只慷慨獻計，提出謀略，也親自承擔。他常常說：「讓我想一想。」次日，我就會在案頭發現他留下的字條：他已經打電話給某某人，或是他已經開了一張補足差額的支票，或者已經著手草擬一篇文章。當然，我們並非每次都意見相同。那些年歲裡，我們有過非常激烈的討論，有時只是為了一點小差錯，有時則是為了較深層的議題，彼此不合的時間或長或短。但是這些不同的觀點從未對彼此的情誼與互敬造成傷害。

**美籍持久志願者德素宜（Susie Devins）：**

在極短的時間內，亨利就從一位訪客變成這個運動的熱情護衛者，不斷提出問題，試著理解，然後向別人介紹真正的第四世界運動。他對我們超級有耐心，多少次他要幫第四世界向一些基金會申請資助，而我們填寫的表格和給予的回答常常不符合資助者的要求。這並不是說他在扮演橋樑角色時不曾發怒，但是，他真的一心一意想要為這個運動贏得公眾的肯定，按他的說法，便是成為「頂尖的組織」，而這意味著純粹、真材實料，既沒有虛假的門面、多餘的裝飾，也沒有故做姿態的演出。

亨利不會讓別人等他，而且他從來不把任何工作當成他沒辦法彎腰去做的鄙事，大大小小的事他都願意參與，無論是幫忙包裝聖誕禮物，或是在聯合國舉辦攝影展時幫忙搭建展棚，或是維護辦公設備。

「並非總是那麼容易！」

我後來得知這個運動想要認識聯合國，所以我告訴自己，得跟這個我曾經任職過的機構重新取得聯繫。這並不容易，因為一個已經退休的舊人重回過去的職場，對那些繼任的人來說有點尷尬，他們會問你來幹什麼，接著詰問一堆問題。於是我開始向他們解釋第四世界運動，解釋完之後他們問我：「第四世界是啥意思？」他們聽進去的非常有限，而且也不是很感興趣。

國際第四世界運動的主席奧莉雯．德佛絲，過去曾是外交官，若瑟神父和她曾經先透過聯合國教科文組織，後來又透過其他像歐洲委員會這樣的國際組織，和聯合國官員建立起聯繫。他們過去所做的努力，加上我們在紐約所進行的事工，在在讓聯合國的官員慢慢認識這個運動，並且欣賞、看重它。接著，在一九八四年，若瑟神父與聯合國祕書長裴瑞茲會面；我曾經寫信給他，要求安排一場會見。他欣賞若瑟神父，而且慢慢地，他們的關係逐漸加深。

事情並非總是那麼順遂。一九七九年，我們第一次向聯合國申請非政府組織的正式諮商地位，卻遭到拒絕。第二次，我們才得償所願。有一年，我們跟聯合國兒童基金會有很好的合作成果，然而接下來那一年，一切都落空了。我們並非總是知道背後的原因；沒有什麼東西是垂手可得的。

## 亨利・樂農的身影

貝紅日・樂索（Bérengère le Sonneur）是首位和亨利・樂農在紐約共事的持久志願者，他們試圖和聯合國建立起正式的關係，第一個目標是向聯合國負責審查非政府組織諮詢地位的委員會交付一份報告。這份報告，亨利一讀再讀，並提出評語，接著他就將貝紅日介紹給委員會裡的關鍵人物。他總是細心敏感地避免自己占了位子，總是讓位給別人。貝紅日在當年的紀錄寫道：「亨利在這個場域有過那麼多年的經驗，累積出來的智慧讓我們知道：『我們的運動必須不張揚、不製造衝突，專業且堅定。』」

一九七九年，第四世界運動第一次申請諮商地位被拒絕的時候，亨利・樂農和芳謝想出一個點子，他們想要組織紐約區的第四世界家庭去參訪聯合國的建築設施。貝紅日至今對這件事仍然記憶猶新：「亨利非常享受這次的參訪，儘管當時有一位專業嚮導，但是亨利告訴了我們一些聯合國的軼聞花絮，他深知家庭們對此會有興趣。就這樣，在這些家庭眼中，聯合國成為一個超級有意思的地方：一座世界大事上演的舞台，同時也是一個充滿美以及藝術、文化的地方。」在第四世界運動和聯合國建立起正式關係之前，這樣的經驗讓兩者有了一個真實樸素的關係。之後有兩年的時間，這類型的事工與事件慢慢連結起窮人與聯合國。特別是一九八〇年在聯合國大廳舉辦的一場第四世界兒童攝影展，同年，聯合國讓第四世界運動取得非政府組織第二級的諮商地位。

身為第四世界運動在美國的主席，亨利總是不辭辛勞地跟別人解說第四世界的各種行動，並成功地得到福特基金會資助的一項三年研究計畫：記錄一九六四至七五年間，志願者與家庭攜手同行的歷史記憶，這些記憶就發生在紐約市的好幾個貧困社區。這項研究計畫的成果之一，便是《貧窮面貌》（*The Human face of Poverty*）一書的出版，亨利為此書找到了出版社。

亨利的最後一場奮鬥，便是全心投入《赫忍斯基報告》的英文翻譯，也就是若瑟神父一九八七年在法國經濟社會理事會所發表的《極端貧窮與經濟社會不穩定》報告書。對亨利來說，這份《赫忍斯基報告》有普世性的實踐價值，因為在他看來，「這份文件可以成為政府與窮人之間的橋樑，讓兩者的見解相遇相通。」

## 如何連結被排斥者及行政官員的世界？

身為前政府官員，我最感興趣的是如何讓這兩個世界互相連結。一邊是這個運動所熟知的貧窮世界：在那裡，有些父母眼看著子女吸毒；在那裡，小孩經常生病，還有許多如此具體、急迫等待解決的問題。另一邊則是管理階層或政府單位，他們與事實相距甚遠，只透過望遠鏡在遠方觀望；他們並非依靠親眼所見來設想，而是藉著統計和歸納。這樣天差地別的兩個世界，如何能夠連結彼此呢？

比方說，我們在大學讀到的經濟學，指出社會必然存在一定比例的失業人口，那代表著轉換跑道的人，大家就接受了，繼續在這樣的數字下過活。當時，人們說這個比例大約是百分之三，在美國的話就是一百五十萬人。然後，七〇年代的偉大經濟學家們說：「或許百分之三還不夠，我們應該習慣百分之五到六的失業人口。」可是，第四世界的成人甚至沒被算進失業人口裡面，他們的工期總是過短，不符合條件，無法被登記在失業人口中，他們的存在根本沒被計算進去。

參與第四世界運動這麼多年來，我不斷反覆質疑：即便身處兩個世界，而且衡量的尺度天差地別，這個運動對窮人的認識，有可能對政府決策產生影響嗎？

有一天，這個影響真的實現了——若瑟・赫忍斯基代表法國經濟社會理事會，向法國政府提出一份探討極端貧窮的報告書，一份了不起的文件。這個相當可敬的成就，來自持續諮詢窮人、專家學者、政策制定者，經由匯集眾人意見的漫長過程而取得。在政治層面上，能夠在理事會裡得到多數的支持肯定，更是非凡的成就，尤其它還在兩年後促成了《最低收入保障法》的制定。在人性的層面上來說，這也是一個了不起的成就。我曾經聽志願者迪地．賀貝爾（他也是《赫忍斯基報告》編輯小組的一員）提到若瑟神父如何在經濟社會理事會工作：很長一段時間他保持靜默，用心聆聽別人，在走廊等非正式場合努力建立關係。在理事會的各個委員會裡一字一句地審查報告，對他來說一定是個夢魘。當我聽迪地說這個沒耐性、甚至有點急躁的男人，能夠日復一日地坐在那兒，有時還得洗耳恭聽一些傲慢的胡扯，我覺得很感動；他知道自己必須謹慎，不能過度防禦，必須依靠其他人站出來提醒傲慢不羈的發言者找回理性。最後，他成功了，成功得這麼漂亮。

這份報告簡明地述說第四世界家庭的生活處境：他們住在偏遠郊區的拖車裡，卻還是不斷地從一個村莊被驅趕到另一個村莊；當你讀到這個家庭的故事，你知道這些都是真的，你之所以會相信，是因為你知道這些事情真的發生在我們周遭。

這份報告也談及兒童在學校遇到的困難，像是：早餐沒得吃就去上學；母親有時不讓孩子去學校，因為沒有衣服給孩子穿；無法參加學校的校外教學或露營活動；無法跟同學談家裡發生的事；或者親眼見到社工員來家裡質問家長為什麼又沒錢了——你知道這些都是真的。這些小孩沒辦法好好學習，報告裡有非常簡單明瞭的描述。最近我把這個段落讀給一個原本對第四世界運動沒什麼興趣的人聽，他突然間恍然大悟。這些都是眾所皆知的事實，可是好像它非得變成白紙黑字，明文寫在官方的正式報告中，才有辦法進到人們的意識裡頭。

這就是為什麼我在紐約聚集了一個翻譯團隊，有一天我們會有這份報告的英文版，可以在美國和其他英語系國家使用。當然我不奢望這份報告會激發美國政府展開立即的政治行動，但我們可以試著運用相同的方法，使其他國家、城鎮、鄉村也有《赫忍斯基報告》的當地版本，讓那些主宰我們生活的制度，得以真正看重窮人的經驗，因為他們親自體驗過那些極待改善的地方，以及那些行之有年卻毫無成效的做法。

這份報告出版之後，將成為許多國家重要的參考文件，第四世界的奮鬥似乎不得不轉向現世的政治舞台：議會、市政府、住宅管理局、法院等等，這意味著志願者與盟友們必須學習若瑟神父的勇氣，在這個嶄新且艱難的領域展開行動。這也意味著未來，在美國的盟友們不能滿足於精神與財務支持的提供，而應以第四世界的名義，在他們所在的崗位上，充分運用他們的專業能力，與教師、律師、醫生及其他領域的人士結盟。

## 對志願者的支持

亨利沒有將自己的工作限於重要文件的處理，他欣然提供各種服務，任何時候有事需要幫忙，他總是早早就準備好要加入，哪怕要爬上貧窮社區的房子去修補屋頂。他最喜歡第四世界家庭的聚會，一定會有一群孩子跟在他屁股後面，這位高大親切的男士似乎擁有全世界的時間來陪伴他們。透過日常生活的參與，最讓人印象深刻的，恐怕是他對志願者的支持，以下是幾個志願者分享的回憶。

**志願者卡爾・葉尼（Carl Egner），曾是第四世界運動在美國的負責人：**

一九八二年十二月，我第一次見到亨利，當時我正在考慮是否辭去工作加入這個運動；為了幫助自己下決定，我參加了一個第四世界運動替有興趣加入的新人所舉辦的週末活動，包括基本的介紹與各種工作坊，亨利是那個活動的主持人之一，我被派去跟他一起做木工。這令我感到驚訝，不只因為他是位長輩，而且曾經為聯合國和美國政府工作過，也因為他無法分辨一把螺絲起子的正反兩端，結果是我必須教他該怎麼做，最後我們終於完成任務。那天讓我印象最深刻的是亨利⋯⋯我決定加入這個運動有很多原因，而我永遠不會忘記那個跟亨利共度的週末，他對這個運動的熱情，還有他竟然願意花一整天的時間，聽我這個只有他一半歲數的小夥子對他發號施令，而且他以前從來沒見過我……後來，在我遇到種種困難的時候，在我必須重新做選擇的時候，他經常給我必要的支持。

**志願者文生・法奈利（Vincent Fanelli），第四世界運動在美國的創始人之一：**

亨利帶給年輕志願者一種健康的態度，重新衡量自己付出的努力，即使結果沒有符合原先的期待。在我看來，他最重要的付出便是對志願者的支持。因為他在思想上相當獨立，所以他對這個運動的信念便加倍鼓舞了我們。志願者們需要他，但他們可能沒有意識到這份倚賴有多深重，因為亨利從不曾將自己的想法強加在他們身上……他給他們發揮的空間，他的信任也讓他們對自己更有信心。他希望更多年輕的美國人加入這個運動，因為他在他們身上看到美國真正的資產。

**志願者白雅簡（Eugen Brand），多次連任第四世界運動的祕書長：**

亨利跟若瑟・赫忍斯基分享同樣的願景，希望美國能夠改變赤貧者的處境，並為世界各地赤貧者的未來創造各種機會。亨利還夢想由聯合國舉辦一場探討極端貧窮的國際高峰會議，我們將盡自己所能來實現它。先前在哥本哈根的首腦會議，還有聯合國根除貧困的第一個十年計畫，都是邁向同一目標的階段性成就。

## 美國的傳統

（以下是一九八三年亨利發表於美國《第四世界運動季刊》〔*Fourth World Journal*〕的文章，當時第四世界運動正發起一波請願行動。他在文中將希望放在美國尋求自由與天賦人權的傳統，這與聯合國的傳統有著隱而不顯的關係，也因此，對抗極端貧窮這場奮戰攸關雙方的未來）

當第四世界家庭、志願者和支持者到處收集擁護第四世界人權的群眾連署時，他們依循的是一種可敬的美國傳統：奮力將人權擴及到更多人身上，並除去那些廣泛壓抑人權的勢力。

一七七六年通過的《維吉尼亞權利法案》，宣稱殖民地居民擁有自主的權利，它啟發了一七八七年的美國憲法和一七八九年的法國《人權與公民權宣言》。一七八九年，美國通過憲法前十條修正案，通稱為《權利法案》，不僅成為其他國家制定類似法律時的典範，同時也是一九四八年十二月十日聯合國大會頒布的《世界人權宣言》的重要參考依據。

正是美國，特別是不屈不撓的國會議員埃莉諾．羅斯福夫人[3]，時任聯合國籌備委員會的主席，在其他國家仍然猶豫不決時，她成功讓《世界人權宣言》在大會獲得通過。受到強烈使命感的驅動，羅斯福夫人在短短的兩年內便達成目標，在國際協議的歷史上創下紀錄。

爭取而來的權利必須加以捍衛，也應該持續延伸，直到所有被剝削和被壓迫者都得到保護。美國一直都支持聯合國對這些宣言的延伸，無論是透過《兒童人權宣言》、《消除種族歧視和殖民主義》或關於宗教寬容、資訊自由等。

國際第四世界運動經由主張赤貧者和被排斥者的基本人權，強而有力地指出《世界人權宣言》的一個嚴重疏漏。藉著支持第四世界運動護衛赤貧族群的連署聲明，美國人可以讓自己在這一場重要的人性戰役上再次做出正確的選擇。

（本章翻譯：陳彥蓁、楊淑秀）

3 譯註：埃莉諾·羅斯福夫人（Eleanor Roosevelt, 1884-1962），美國小羅斯福總統的妻子。第二次世界大戰後她出任美國首任駐聯合國大使，並主導起草了聯合國的《世界人權宣言》。她是女性主義者，也大力提倡保護人權。

# 【第十二章】窮人的知識碰觸到學者專家

## 一名大學教授與「無知的知者」連結的故事

本章作者／約納・羅生福、唐弟予、艾爾・班亞立

鮮少有學者、研究者和專業工作者認識窮人痛苦的經驗，他們鮮少求助於窮人身上累積的知識以理解貧窮，更不會想到窮人的經驗所帶來的知識能夠轉化各種社會關係。不過，從接下來要陳述的故事，我們會看到專業者、研究者和他們所屬的機構，如何成為對抗赤貧的夥伴。透過這個夥伴關係，他們不得不放下一些過去的理論；一些窮困者和他們所屬的組織，為社會科學領域帶來一份獨特的知識，而社會科學界也認真看待這份由經驗所獲取的知識，這樣的夥伴關係在對抗極端貧窮的行動策略與提倡人權的領域上，提供了一個嶄新的視野。

故事的主角提到，由於他與處境不利的族群相連結，改變了他觀看世事的參考架

作者羅生福（右四），以色列，二〇〇九。

構與視野，而這樣的改變也帶來許多張力，故事的主角怎麼避免這些張力造成負面的影響，並讓它激發行動的自由、加深行動背後的思想厚度？本章的書寫並不在原先的計畫之內，在編寫本書的過程中，羅生福與歐盟官員潘得城訪談時，對潘得城陳述的故事留下深刻的印象，特別是他個人與這個運動相得益彰的關係。羅生福意識到自己也有這樣的經驗，他與這個運動之間長久以來的友誼，其中共同的奮鬥、相互的認識與對話的過程，不也是如此。於是他毛遂自薦，陳述並寫出他自己與這個運動合作的歷程。

羅生福教授是耶路撒冷希伯來大學社會工作學院的創立人，他如何成功地在窮人、專業者與大學之間建立連結？他在實踐的路途中發現了什麼風景？他的行動到底造成了什麼真正的影響？

下面這篇故事出自兩個對話，一個是羅生福教授與本書另一位編撰者唐弟予之間的對談，另一個則來自羅生福與他的同事艾爾．班亞立（Eyal Ben-Ari）。班亞立是耶路撒冷希伯來大學組織人類學的教授，他在參加一場關於本書的研討會之後發現第四世界運動。他答應以他專業的嚴謹與角度，幫忙編寫這個篇章，當然他也以極大的好奇心，探索自己同事從事的這個嶄新的人文與科學方法。

## 最初的幾次相遇，肯定彼此的路徑

三十多年前，在聯合國舉辦的一場關於弱勢家庭的研討會上，我遇到了第四世界運動。我唯一記得當時與會的第四世界成員，就是若瑟神父與奧莉雯．德佛絲。我看得出來，他們兩位在那場研討會上被視為門外漢，若瑟神父有好幾次發言，但是大家都聽不懂他在說什麼，然後奧莉雯試圖幫他「翻譯」。我最欣賞的，是他的熱情與實實在在的態度。他一點都不擔心別人對他的發言有什麼想法，其實在這樣一場國際性的會議裡，科學界的翹楚們都試圖證明自己有理，而他呢，只是說出他所知道的事實以及他的想法。他隨風播種，確信有人會接收。他就是這樣，說出他的想法，然後任憑其他人以自己的方式對待這些撒出去的種子。

由於語言的隔閡，我很難跟他直接交談，而且他似乎也沒有特別注意到我。也因為他是神父，所以我比較難跟他來往，因為我對那些有傳教熱忱的人抱持著戒心，再加上我自己是猶太人，在和別人來往時，我總是想知道他們在二次大戰期間的立場為何。也因此，我很快就得知奧莉雯也屬於大戰期間荷蘭抵抗運動的成員。

至於解除那種對宗教的心防，花了我比較長的時間，我後來才了解到第四世界運動並不是一個傳教組織，這有助於我去接觸幾位首批志願者，比方說伯爾納德，她不信仰任何宗教。

然而特別吸引我的是，他們都非比尋常，做一些沒有人做過的事（在那普勒斯為街頭兒童工作的 Don Mario Borelli 神父除外）。在那場研討會上，除了他們，我沒看到其他人為窮人發聲，並且直接與窮人一起工作。吸引我的還包括奧莉雯那份真誠的努力，她努力想使行動與科學能夠相輔相成，以學術界的用語來陳述窮人的生命以及和窮人一起展開的行動。我覺得這種企圖讓學術界的人重視此議題的方法，相當讓人振奮，即使我當時對於該如何達成這個目標還沒有任何想法，但是我找到認同，因為事實上那也是我的奮鬥。

我曾經是一名社會工作者，我熟知且深愛自己的專業。跟這一群弱勢、別人覺得難以招架的人在一起，我倒是得心應手。我一開始是在以色列軍隊裡擔任精神醫療團隊的社工員，我喜歡社工界所謂的「直接服務」，而且我對直接服務與理論之間的關係非常感興趣。直到那時候，我一直以為要做好直接服務，必須擁有紮實的理論基礎。第四世界運動吸引我的一個很大原因是，它的信念與我原先的想法相反，運動的成員試圖用學術界的人能夠理解的語彙，來表達他們所做的各種努力；他們擁有一份知識，需要得到解釋。

我首次和路易（Louis Loin-Lambert）針對這個主題進行討論，不只是因為他能夠和我以英文溝通，也因為那時候他是第四世界研究機構（Institut de recherche du Mouvement）的負責人。他以一種非常真實、誠懇、深刻的方式，探索理論與行動間的連結。

這讓我重新認識到我自己的奮鬥，我一直想要超越直接服務，改變一些事情，不只是為一、兩個人創造改變，而是為整個社會。這就是為什麼我對公共衛生、社會政策與組織等議題有興趣的原因。我從來就不把這個社會當成我的雇主，我一直視之為改革過程中的合作夥伴所形成的一個整體。我一直把自己看成一個行動者，一個社會發明家，一如若瑟神父和奧莉雯；這點也讓我們更接近彼此。

為了對改變做出貢獻，我一直想要學習科學研究。為此我和兩位同事合作，一起完成了一項針對以色列貧窮家庭的定量分析研究。就因為我做了這份研究，所以受邀參與聯合國那次國際會議，才在那裡遇到了第四世界運動。為何進行這份研究？我記得在那個時期，只有定量分析研究才會得到重視。另一個因素是，那時在以色列，曾經出現一篇談論貧窮的文章，內容泛泛，我覺得其中缺乏最重要的面貌：生活在貧窮中的人。

當時，我並不是特別被貧窮的議題所吸引，我關心的是那些被漠視、被遺忘、被拋棄的人，當然也包括窮人。我在紐約完成的論文答辯，題目就是「社工員與個案間的陌生感」。這篇論文對我之後的種種作為，是很好的摘要說明。這篇論文包含一個想法：為了幫助陌生人，一個我們還不認識的人，必須找到一條跨越陌生感的途徑，必須尋找認識這個人的各種方式。為了達到這個目的，你所需要的遠超過社會科學所提供的各種理論與研究，這些理論研究使用的是社會人口統計學的詞彙來描述這個族群；而我，為了能夠幫助這些陌生人，他們所說的話及他們的個人經驗深深吸引著我。我的研究指出，該如何發現過去曾經對他們有助益的種種經驗，並以此為基礎，了解將來可以幫助他們的各種可能方式。現在，我會說，除非你跟一個貧窮家庭建立某種熟稔的關係，否則你無法協助他。我這篇論文的中心思想，取自芝加哥一名非凡的社會工作者珍・亞當斯[1]：「如果你願意竭盡心思去認識窮人，你就能夠有所成就。」這些事發生在我認識若瑟神父之前的若干年，而若瑟神父正是一個親身實踐過認識之道的人。從這一點看來，聯合國官員亨利．樂農所說的完全正確：「這個運動向你挑戰和面質的，是一個你一直都不陌生的事實。」是的，與第四世界運動的相遇讓我發現，或說重新發現，我已經知道的事情，發現我自己真正熱中的核心。

「排斥」這個概念對我來說非常重要，無疑地，這和我自己的童年經驗有密切的關聯，特別是因為我以一個猶太小孩的身分就讀一所德國小學，而且我又來自一個主張猶太復國主義的家庭，我們周遭卻都是一些在德國尋求同化的猶太家庭，後來我們卻又成了移民巴勒斯坦的德國家庭。為此，我常常想到美國黑人作家詹姆斯．鮑德溫（James Baldwin）的傳記《沒有人知道我的名字》（*Nobody Knows My Name*）。對我來說，認識別人、認識一個陌生人，並讓他認識我，不管是不是在有意識的狀態下進行，都是非常重要的，或許這是一切的根源。

在我跟第四世界運動來往的過程中，一九七九年算是關鍵時刻。當時第四世界運動

1 譯註：珍．亞當斯（Jane Addams, 1860-1935），以創辦赫爾大廈（Hull House）為世人所知，赫爾大廈是一個幫助勞工階級家庭的機構。出生於富裕家庭的亞當斯，是當時少數幾位自大學畢業的女性之一，她決定要改善她周圍民眾的生活，這項決定也讓她致力於社會改革及世界和平。她因爭取婦女、黑人移居的權利而獲得一九三一年諾貝爾和平獎，也是美國第一位獲得諾貝爾和平獎的女性。

邀請我到聯合國教科文組織的一場國際研討會發表演說，我提到祥柏村（Le Chambon-sur-Lignon）[2]的故事：在第二次世界大戰期間，安德勒・托梅（André Trocmé）和他的太太瑪格妲（Magda）以及其他村民，拯救了數百名猶太小孩。後來在用餐時間，我談到我剛讀過的一本關於托梅家族的書，席間有一個人以豐富的情感為我即時口譯，若瑟神父很專注地傾聽。故事裡的主人翁們為了那些瀕臨絕境的人們，竭盡全力做了不可能達成的事。在遺傳學上稱這樣的人為突變者，他們在芸芸眾生中出類拔萃，在看似絕望之處點燃了希望。事實上，如果托梅一家人做得到，其他人也做得到，那是一種抉擇。這意味著，我們每個人都可以讓這個世界更人性化一點，減少違反人性的行為，讓人類往前走。

在那個殘酷、反人性的制度裡，托梅一家人所作所為脫離常軌，但這家人同時又是那麼充滿人性，他們無法違反人性。他和他的家人一次都沒有猶豫過要不要救這些猶太小孩，他們就只是自然而然地做了該做的事，那正是讓我備感欣賞的地方。若瑟神父也只是做了他該做的事，他不想要任何的獎章，不希冀任何掌聲。一如一名德國婦女，為了替那些躲在她的胡同裡的猶太人把風，好讓他們逃脫蓋世太保的搜索，有兩三年的時間她無法睡覺。當別人問她：你為什麼這麼做？她答說：「哦，事情很簡單，我從來就沒喜歡過希特勒那種人。」這讓我目瞪口呆。在祥柏村的故事裡，還有另一個人吸引我的注意，他是一位貴族，德意志帝國駐守在當地的國防軍團長，每次納粹份子一靠近，他都會通知村民。所以這個故事裡有兩種非比尋常的人：托梅和這位德國軍官。

我用自己的方法向若瑟神父解釋這一切，我直截了當地告訴他，我喜歡這個運動的原因，是因為他為窮人所做的，和托梅在大戰期間為猶太人所做的很像。我們並沒有針對這個議題高談闊論，該說的都已經說了。我記得他一句話也沒說，但是看起來非常感動。他從那時候開始注意到我，我們的合作就打那時候開始。

## 從互相肯定到相輔相成的投身

一九八〇年，我在聯合國的一次展覽中再次見到若瑟神父與奧莉雯，我告訴他們有件事讓我很感興趣，那就是從成功的經驗汲取教導。我也告訴他們，第四世界運動的科學研究工作對英語系國家的民眾來說似乎很難理解。

事實上，我覺得第四世界所說的許多東西都非常有意思，但讓我驚訝的是，我生活圈子裡卻沒有任何人表示出絲毫興趣。不僅如此，他們還表露出輕視的態度，若瑟神父發言時，我看到有人不屑地聳肩。這讓我非常憤怒，我無法接受這種心態。我常常想到

2　譯註：第二次世界大戰時，法國祥柏村的居民收留躲避納粹的猶太人，後被以色列人尊為國際義人。

舊約裡面的梅瑟（摩西）與他的哥哥亞郎（亞倫）[3]：我想扮演亞郎的角色，我希望在我的圈子裡，讓第四世界成員的聲音被聽見。當然，他們跟法國的知識份子有一些交流，但是這無助於他們和其他人進入對話的層次，特別是英語系的社會科學界與社工界。

若瑟神父問我，我想做什麼來彌補這個缺憾？我告訴他，我想收集並寫下第四世界的故事。我對這些故事所啟示的成功經驗有著高度的興趣，我想了解這個運動和最貧窮的家庭之所以成功的後盾與祕訣。我覺得我可以透過這些故事的傳述與撰寫達到目標，但是他的各種論述只會讓我覺得霧裡看花，我就這樣毫不拐彎抹角地跟他說。因此，藉著一次行動研討會的機會，他鼓勵我和我的家人來到運動的總部，他說屆時志願者會說故事給我聽。

多虧兩名第四世界的志願者伯爾納德及何瑪莉，和她們的接觸讓我得以在這條路上挺進。我旁聽了研討會的討論，發現若瑟神父特地為我找來一些口譯員，這表示他真的很看重我。但是兩三天後，我還是連一個故事也沒聽到！而且我不斷重複要求：「你們可不可以告訴我，你們是在哪一種情況下成功的？」但沒有任何故事的蛛絲馬跡。就在這個時候，志願者布魯諾（Bruno Masurel）說話了：「你是說第四世界家庭的成功嗎？」從那時候開始，志願者說出一籮筐的故事。

這個經驗對我來說是一個真正的啟示——志願者沒辦法思考自己的成功，他們只聚焦在非常貧窮的家庭是否成功了。對我來說，那是一個重要的轉折點：家庭的成功才是重點。我花了好幾年才理解到這點，這就是所謂的參考架構的改變。這種改變通常發生在你和隱而不顯的事物有了接觸之後，漸漸地，原本模糊的東西變得清晰了。事實上，這個運動幫我改變了許多原本的參考架構，這只是其中之一。

## 參考架構的改變與由此衍生的經驗

首先，我理解到，這世界存在著一種東西，它的名字叫做「社會性的發明」（social invention）。其次，社會工作者的角色是和那些沒人願意理睬，或者說大家都不知道該如何靠近的人，一起工作。第三，現今的社會需要一種知識，在閱讀完唐納德．舍恩[4]及其他人的著作之後，我稱這種知識為「能夠轉化為行動的知識」（actionable knowledge），或說對行動有用的知識。發展這種知識的基礎是：成功的故

3 譯註：在舊約聖經中，天主派了梅瑟的哥哥亞郎做他的助手，因為亞郎較有口才。

4 譯註：唐納德．舍恩（Donald Schön, 1930-1997）是美國當代教育家、哲學家，美國「反思性教學」的重要倡導人。

事，這是指那些曾經對窮人的生活有正面影響的行動。第四，在理論與實務的張力中，學者的理論並不是「老大」，理論與實務兩者應該是平等的，在造成改變的領域裡，理論的用途在於描述，而非開藥方，但是它已經越俎代庖，其實它不應該指使別人該怎麼做。

我自己還經歷了一個參考架構的重大改變，這也得歸功於第四世界，那就是：窮人有東西要教導這個社會。認為社會能夠為窮人做出貢獻，但窮人貢獻不了，這種想法不但沒有幫助，而且相當荒唐。透過第四世界運動，我發展出來的一個主要概念就是「夥伴關係」。以前，我們習慣說「分享」，這是一個模糊的概念。現在我們用「夥伴關係」或商圈所說的合資企業（joint ventures），來說明這是一種「互惠」的關係，在這樣的關係中，雙方互相影響，互有貢獻；對我來說，這是第四世界運動最原創的想法之一。

這些年來，這個「夥伴關係」的倫理守則在全世界的社工界風行開來。各個機構的「案主」（client）如今被視為「合作夥伴」，這顯示出參考架構的一個深層改變。還有一個想法是我在這個運動裡面學到的，那就是：實務與理論是平等的關係。人與人互為師生，教學相長，必須從人與人的互動關係中學習，而且不應該讓從中習得的新知識屈從於既有的理論與政策。這個想法，被放在耶路撒冷希伯來大學社會工作學院的入門課程中，每一個未來的社工員都必須修這門課。有很長一段時間，這門課由我教授，目前這門課依然繼續傳達這個想法。

最後，還有一個想法讓我心動不已，那就是這個運動有兩個「案主」：至貧的家庭與社會的各個組織。第四世界運動對社會各種組織發出的呼籲，聚焦在社會成員的榮譽感上：如果在這個社會的核心仍有貧窮存在，社會的每個組成份子怎能感到自豪？

所有這些想法，都來自我和這個運動共同經歷的一些經驗與互動，來自一些明確的事件，一些共同分享的時光。讓我印象最為深刻的，是我拜訪過的「窮人歷史紀錄館」（Sommier）[5]，那裡層層疊疊仔細保存了上千個貧窮家庭的歷史資料，在一般的情況下，從來沒有或很少有人要求這些家庭講述自己的生命歷史。這個舉動包含的兩個想法讓我大開眼界：我們可以為一群歷史被漠視的族群寫下歷史；以及，如果一個族群沒有過去，就無法擁有未來。

---

5 譯註：窮人歷史紀錄館已經擴展成「國際若瑟・赫忍斯基中心」（Joseph Wresinski International Center），使命是讓世界各地的至貧家庭有機會意識到他們集體的身分與共通的歷史，這是一個他們跟社會其他成員對話的先決要件；藉此傳承給自己的子女一段充滿勇氣與堅韌的歷史，讓子孫可以自豪，從而得以在社會上取得一個充滿活力的位置。此外，也讓整體社會藉此更新他們看待至貧同胞的眼光，更新抗貧的知識與行動。

為了將歷史重新歸還給這些家庭，我看到這個運動的成員用心收集每一個家庭的生活片段，讓我印象深刻，這個高貴的舉動震撼我心。以我自己當治療師的經驗，我知道邀請一個人寫下他自己的故事，對一個人會有很重要的治療效果，但是這樣的舉動經常只限於一些個別的努力。雖然我來自一個寫作集體歷史的民族，但我卻未曾有意識地思考過：書寫歷史也可以是一個集體的行動。以色列以猶太民族為基礎，建立了自己的國度；第四世界運動也讓窮人得以成為一群擁有共同歷史經驗的子民。我覺得這一點非常重要。我深知，我父親最高貴的地方就在於他是猶太復國主義者，以一群宗教信仰相同的群體為基礎，他跟其他人一起創建了一個民族，這一點攸關我及我們的生存。也因此，窮人歷史紀錄館引起我深刻的共鳴。

總而言之，它表達了對個別與集體尊嚴的敬意。這個社會如果默許貧窮繼續存在，就無法感覺到自豪，這樣的想法讓我看到，這個無名的、遭受批判的群體，非但不該是世人喋喋不休的教訓對象，反而是鞭策社會改造自身的明鏡。

一九八七年十月十七日在巴黎自由人權廣場上的紀念活動，讓我了解到一個原則：至貧同胞值得最好的事物（Only the best for the poor）。那天，第四世界運動設了許多攤位，讓貧困家庭可以體驗平常無從體驗的事物，比如：詩歌朗誦、小提琴演奏、認識與操作電腦，當天提供的活動品質都是最頂級的。我也看過第四世界運動的成員在一個貧困社區，教授當地的孩子莫扎特的樂曲。面對至貧的同胞，唯有獻出文明最出色的部分，才能重新取得平衡。過去我從沒想到過，如果你想要幫助同胞成為這個世界完全的參與者，你不能只是隨意施捨一些剩菜或捐出一點零錢，你只能獻出世界上最好的東西，才足以表達你對他們的敬重。

這個原則充分體現在若瑟神父和每個人所建立的關係上，我記得有一回他跟一個志願者說：「如果你不照顧自己的身體，你就不能復職。」每個人都是世界上最好、最珍貴的，不容任何妥協。還有另外一件事讓我印象深刻，就是當我在撰寫《出離赤貧》（*Emergence From Extreme Poverty*）這本書時，志願者何瑪莉的要求非常嚴格，她要求我筆下的每一個字都必須得到貧窮家庭的理解與認同，她嚴謹的態度讓我大開眼界。在她的審訂校正下，我沒有權利使用任何一個過度修飾的詞語，她大力刪減我那一堆心理學的艱深術語……我們必須找到一種語言，一個共通的語言，它必須對窮人有意義，忠實呈現他們的情況，讓他們可以透過這些文字看到自己，而且也讓別人可以看到他們。

事實上，從那次的經驗之後，我一直努力達成這個要求。從某方面來說，我帶給這個運動一種社會工作及非營利組織的語言。我們共同的挑戰，就是找到一些詞彙來表達這個運動的行動，一方面讓社工與第三部門的人們感到信服，同時也讓他們能夠因此進行變革，甚至達到個人與組織深層的轉化。例如在《出離赤貧》這本書裡面，我說在第四世界運動裡，窮人是「股東」，我相信這是非常真實、原創的想法，因為一般的社會組織將都窮人視為「案主」或服務對象，而非「股東」。如果一個組織把窮人視為股東，這意思並不是說窮人一直以投票的方式來參與決策，而是說任何行動只要是不符合股東的利益，這個組織就不做。這個非比尋常的概念挑戰了組織的理論，挑戰社會組織運作的方式，而且如果我們真要和處境最不利的族群成就些什麼，這個概念顯然是最重要的。這一點很難讓人了解，因為若要實踐這個概念，社工員與組織的行政人員必須放棄或讓出權力與威信，或原本認定的身分。

在跟這個運動合作的過程中，我的要求也很嚴格。有時候，我對志願者非常憤怒，因為他們隱藏自己的成功，或者低估這些經驗，他們不敢說出或寫出他們的作為，這種太過謙虛的態度讓我非常生氣。他們謙讓、不居功，我能瞭解，但是他們表現得好像自己一點都不重要，我就很受不了。如果他們一點都不重要，那麼他們就無法帶給別人任何貢獻。我想讓他們瞭解，我對他們的行事與存在的方式感興趣，而把這個面向介紹給其他人，是另一種服務赤貧家庭的方式。

我想，一直以來我都遵循著兩個大方向在做事：一方面走向大學學府與各個組織機構，另一方面，走向最貧窮的人以及和他們共事的組織，這兩方面的努力是為了打開一扇扇的門，希望雙方都能夠理解彼此。就這一點來看，我是一個中間人，扮演橋樑的角色，為了雙方的好處做事，是一種媒合的志業。就像英國著名小說家E．M．佛斯特[6]所說的：「就只是進行連結（Only connect）。」

但是，這樣的合作形式與夥伴關係有一個先決條件，那就是：雙方都一直處於學習的狀態，並且感謝另一方促成這個雙向的學習。我與很多組織一起合作，不過我和第四世界成員學習到的最獨特的東西，就是他們一直不斷地詰問自己：我們的身分與目標為何？我一直想要解開這種表達方式的密碼，想了解為什麼我一開始無法理解他們的用語，我試著了解背後的意義。我在這個運動不斷有新的發現，透過對話，我有機會弄清楚這些新東西。同時，我也跟他們分享我學習到的東西，這也幫助他們更認識自己。我們共同學習。

最後一件我想提出來的事情，與同理心有關。當志願者貝禾堂（Bertrand Boureau）[7]和我提到他與社工共事的經驗時，我發現他的作為不見得被其他人所理解。

6 譯註：E．M．佛斯特（Edward Morgan Forster, 1879-1970），英國小說家、散文家，曾榮獲英國最古老的文學獎詹姆斯．泰特．布萊克紀念獎（James Tait Black Memorial Prize）。他和朋友組成了英國文學史上著名的布盧姆茨伯里派，該派強調愛、同情、敏感、美的創造和享受、追求知識的勇氣，實際上是流行在上層知識份子之間的人文主義精神。

7 貝禾堂社工出身，曾經擔任過二十年的持久志願者，如今他訓練與移民一起工作的社工員。

對我來說，這也是很費解的一件事，可是我很欣賞他對這些助人專業者的同理心，在某些情況下，這些社工之所以被案主視為敵人，不是沒有道理的。即便如此，貝禾堂了解專業人員的處境也不容易。我同樣激賞若瑟神父的舉動；為了避免社工員從赤貧父母身邊強制將兒童交付寄養，他帶著兩個孩子穿越法國邊界，因為這些家庭與他們的小孩比其他任何事情都還要重要，他根據這個信念展開行動，即便這個舉措很可能違反法令規章。我看到兩個並行的同理心出現在這裡：一個是若瑟神父對這個家庭的關切，一個是貝禾堂對社工的關切。

如果要總結我在這個運動所學習到的東西，我會說，這個運動一直為（for）人而行動，它從來不想去對抗（against）任何人。事實上，那是成就任何事的唯一法門。這就是舍恩與雷恩（Rein）所說的「重新再建構」（reframing），這就是這個運動面對排斥的僵局所選擇的路徑。

我自己現在越來越少使用咄咄逼人的對抗方式，以往，當「黑豹黨」（Black Panther Party）[8]以色列分部參與我們的社會工作行動委員會時，我經常使用這種方式：為了抗議社福部門對待案主的可恥行為，我們釘了木樁，希望迫使他們關閉他們的社會服務中心。現在，我試著和其他人找到一種非指責的表達方式，希望能讓對方看到並理解實際狀況。我遠離了美國社會活動家阿林斯基（Saul Alinsky）激進的社會工作策略，及他所謂的「賦權」（empowerment）模式，這種方式很容易陷入家長式作風（patronizing）[9]：告訴別人該怎麼做人、怎麼做事。我試著遵循對話之路，更勝於進行論辯，這樣的對話就是貴格派（Quakers）[10]所主張的「友善的說服」（friendly persuasion）。

8 譯註：黑豹黨是一個由非裔美國人所組織的團體，其宗旨主要為促進美國黑人的民權，另外他們也主張黑人應該有更為積極的正當防衛權利。黑豹黨在美國的一九六〇年代（也就是民權運動最顛峰的時代）及一九七〇年代間非常的活躍。

9 譯註：家長式作風，或父愛主義、家長式管治，指的是一個指導者（「父親」）代表其他人（「妻子」或「孩子」），替他們做出「為他們好的」決策，即便這樣的決策違背他們的願望。簡而言之，是「管你，是為你好」的思維，是封建家長制的遺風。

10 譯註：貴格派又稱公誼會或者教友派（Religious Society of Friends），是基督教新教的一個派別。貴格會信徒曾受到英國政府迫害，與清教徒一起移民到美洲，但又受到清教徒的迫害，大批貴格會教徒逃離麻塞諸塞州而定居在羅德島州和賓夕法尼亞州等地。該教會堅決反對奴隸制，在美國南北戰爭前後的廢奴運動中起過重要作用。貴格會在歷史上提出過一些很進步的思想，其中一部分現在獲得廣泛接受。

## 與學術界及社會工作專業建立連結

我是否成功地讓英語系的學術界與實務界，對第四世界運動產生興趣？這是很難回答的問題。第四世界運動有很多做事方式，不僅與專業工作者的行動模式大不相同，也與大學的運作方式、科學的發展模式少有交集。行事風格不一樣，會造成一種兩難：如何拒絕在原則上妥協，但又不至於和同業越來越疏遠？

我對第四世界運動的興趣和我們之間的合作，並沒有增加我的學術聲望，但是我因此得以創造一些論辯的平台，這就成為對話的基礎。或許這是我能夠盼望的極限：在社工界、大學學府、研究機構與政府機構間引起論辯，這或許便是造成影響的第一步。這些問題的真實性最後還是帶領大家走向對話，社工員開始深入思考一個悖論：他們為弱勢人群服務，同時也為社會服務，但是讓弱勢者邊緣化的正是這個他所服務的社會。至少有一個理由讓我認為，這個運動本身也是一個極大的悖論，那就是它站在窮人這一邊，卻不譴責這個社會，然而正是這個社會讓窮人無法生存。

有幾條路可以讓社會大眾開始對這個運動產生興趣，並開始以它的視野以及它與赤貧者的作為當做參考架構，而目標都是為了促成一個更人性化、更文明、非暴力的社會。第一條路是論辯，我曾經提出一些論點，卻讓一些人怒不可抑。

歐莉薇雅．史蒂文生（Olivia Stevenson）是我的朋友，也是在這個專業裡很受敬重的一位同僚。在英國一個寄養兒童遭到謀殺之後，她擔任該案調查委員會的領導。她公開批評第四世界運動，說這個運動的志願者應該更廣泛地尋求專家協助，不該自作主張，甘冒風險。我寫信告訴她，說她太迷信專家的能力，因為在赤貧的領域裡，大家都還一知半解，而且第四世界運動的方法確實是一個替代的選擇；而她清楚地向我表示，她的看法和我大相逕庭。不過，現在我們有一個共同的合作計畫，研究英國與以色列的家庭及受虐的兒童。

不久前我去演講，主題是「和至貧者一起工作的社工員，他們的職責為何？」，現場一位大型社會服務中心的負責人當眾宣稱，當他們不知道該如何處理某些個案時，就結案歸檔。我挑戰她的用詞肯定太過嚴苛；我跟她說，她不該如此對待、談論她所服務的對象。她回說，我根本不了解我所談論的對象，我回答說，恰恰相反，如果她願意，我隨時候教。她公開宣稱她會邀請我，我到現在都還在等她的邀請。

還有一次，我和迪納．瓦耳地（Dina Wardi）一起合作，在一個非常貧困的郊區進行一項社會工作計畫，而且我們的工作方式參照第四世界運動的慣例，比方說以當地居民為合作夥伴，但是後來我們被趕了出來。那次之後，這個社區的社福中心負責人在路上看到我，都會刻意避開。儘管如此，我們所做的，還有後來寫出來的報告，都被其他人引用，這是前所未有的。

以我自己的方式來解讀舍恩的話，我會說論辯讓我自己在一種兩難之間奮鬥，一方面是投身於科學的嚴謹要求，一方面是投身在具體的現實中，並且保持平衡，也就是不去貶低一方以抬舉另一方。還是有人肯定這場奮鬥的真誠，即使這樣的奮鬥打亂既定的看法與作風。

論辯之外，還有其他路徑可以讓其他人感興趣，例如，集中在他們已經在做的事情，或者讓他們有機會實踐他們所思考的社會使命的核心。舍恩就是一個這樣的例子，他對這本書的成就有很多的貢獻。第四世界運動能夠跟舍恩展開一場深入的對話，在我看來是很棒的成功經驗。還有另一項成就，就是第四世界運動與舍恩在麻省理工學院的都市研究與規劃學系合作的出版品，也是出自這場對話。這件事是怎麼發生的？舍恩同時是一位哲學家與改革家，他不需要我去驗證他的理論，但是對於像他這樣的人物，第四世界運動讓他有機會去檢視、考核他的理想，去成為社會的改革者，而不只是組織的改革者。

有些人讀了我寫的《出離赤貧》這本書，他們對書中提到的夥伴關係感興趣，其他人則被質性研究[11]的概念所吸引。這就是我想說的第三條路，透過第四世界運動的經驗與行動來形塑他們自己的想法。

還有第四條路，一些助人工作者每天與真實的現況奮戰，和貧困家庭非常貼近，他們被我所描述的第四世界運動的行動原則深深吸引，而且抱持著幾乎是激動的喜悅。就好像一種來自大學裡的權威，「許可」他們放下自己一直被教導的那種冷漠、有距離的專業關係，他們可以准許自己成為真實的人，以真實的心靈與才智，為自己與所面對的人群找到雙贏的機會，其實那就是一種真實的專業關係。

比方說，我在一些幼稚園與護士、社工員合作，他們專門照顧有先天障礙的幼兒，而我們的目標是讓這些人員與幼兒母親的互動能夠更直接、更人性化。我們相信，若消除母親與護士之間的隔閡，同時就也會改善母親與幼兒之間的關係。這些護士們對於能夠從強加在自己身上的所謂專業規範裡頭解放出來，感到非常開心，進而享受並且受益於和這些母親們重新建立的連結。這個做法很成功，所以很快就普及到整個以色列（Rosenfeld and Levy, 1998）。

有一些社會工作者聽我談到第四世界運動的做法，便邀請我跟他們討論棘手的家庭。這些人所在的社福機構，分別位於差異頗大的不同社區裡：宗教性正統猶太人（religious Jews）、阿拉伯人、世俗猶太人（secular Jews）。我們碰面十次，輪流到各個地區，使每個人都有機會踏上別人的地盤，處理共同的問題，這在其他情況下是不太

11　譯註：社會科學研究方法中的「質性研究」，是相對於「定量研究」而論的。

可能發生的。他們很喜歡這樣的工作方式，我們在合作的報告裡向他們的上司提出一項學習計畫：拋開規則和理論的拘束，共同學習，從第四世界運動常見的支持網絡型態裡頭獲益。合作寫一份報告這件事，也是我不曾有過的經驗，過去總是獨立完成，而這件事也是我在第四世界運動的學習之一。

當然，其中少不了失敗的經驗，有些人拒絕接受，特別頑固的正是那些深信方法學的人，對他們來說，重點在於數據資料的有效性及可信度。他們絲毫不肯退讓，不喜歡我做的事情，認為這無關緊要且無足輕重。他們讓我失望透了，我從沒料想到他們竟然會如此的不友善。不過既然他們對於我所致力的議題不感興趣，要與他們開始交談實在很困難。他們眼裡只有方法，沒有實質，也無視後續的影響力。而我基本上只看重影響力，看重這整個反思性的努力，最終是否會改善人類的處境、改善人與人之間的關係和整個社會。

一位著名的社會學家最近出版了一本厚厚的論著，談論所有涉及貧窮問題的已知方法，他是我的朋友，也是第四世界運動的朋友。他和第四世界運動一起工作好幾年了，卻沒有在書中提及他們的方法，這使我感到驚訝。我想我之所以會在我的文章裡引述第四世界運動，並且在課堂上向學生介紹，是因為我真正感興趣的是窮人本身，而非貧窮的現象。對多數人來說，觀察所得總是以現象為基礎，對我來說，則是以人、以對話為基礎。也許正是因為如此，這個運動對我開放，而我也樂於回應，不求任何學術上的報償。

一直以來，很多學者都以高姿態面對這個運動，覺得它有些古怪，帶點民俗學的味道。他們語帶嘲諷地說：「這樣的運動在此時此地誕生真的很有趣，不是嗎？」他們並不理解它以人為優先所付出的努力，因為那對他們來說沒什麼意義。還有一些學者信奉應用理論，或者認為理論應當被實踐。他們喜歡預先做好計畫、審查，對於即興的直覺和創造力帶來的成功不表苟同。

我目前在一個研究機構工作，而過去我從第四世界運動已經學習到，如何使民間經驗與研究機構之間的結合成為可能。那些經驗可以加以開展，用知識份子的方式來闡述，但不使用知識份子的語言，因為這種語言只會阻礙我們與窮人及實務工作者之間的對話，知識份子在這方面應該都很有經驗。我之所以有此意識，是因為閱讀了志願者們每天寫下的紀錄與報告，那些內容都很淺顯，沒有特別難懂的辭彙，所有人都能輕易地閱讀，包括貧窮家庭。

我跟第四世界運動學習到的另一件事，在別處卻從不曾聽說，那就是窮人對於世界也有他們的看法和理論，若有機會被了解，就能有所貢獻。過去我從來沒有聽過這樣的想法。我和唐弟予經常必須面對學者們的質問，要求我們證明窮人如何能夠對知識的建立與累積有所貢獻。關於這個問題，我們想了很多，因為必須建構一個獲得認可的答覆，讓它能夠滿足那些追尋以理論解釋整體現象的學者。這件事之所以會那麼困難，或許是因為我們生活在一個既複雜又試圖避免矛盾的世界。然而窮人的生命卻使其中的矛盾更加突顯，它普遍存在於我們以為平等且民主的社會裡。那些矛盾可以輕易推翻一個理論，無論是我們的或他們的。當然這並不表示窮人已經有他們的定論，不過他們迫使我們開放自己，去聆聽他們的想法與感受，他們催促我們前進，去發明、創造、學習。這對當代科學的新思潮來說並不陌生，它試圖承認複雜性，接受其中的張力，重新檢視「知」與「行」之間的緊密連結。詩人維柯（Vico）說：「人因為擁有創造力才學會如何行動，而各種方法殺死的恰恰是創造力。」

要怎麼學會行動呢？可以從事先沒有計畫、沒有料想到的經驗中學習，從追溯與反思過往，以及種種與他人互動的故事中學習，並且肯定一種學習的泉源：從我們與「他者」的相遇和投身中學習，意即從那個最被邊緣化的他者（the most other）、那個最不同於主流、最不為人所知的他者身上學習。第四世界運動的文化是一種記錄歷史的文化，不是理論性的；那是透過一種存在的方式與態度，學習迎接真實的生命故事，特別是赤貧者的生命故事，為了讓他們得以表述自己，然後讓更多人可以從中學習。

我目前在以色列布魯克達研究中心（JDC-Brookdale Institute）工作，中心主任傑克（Jack Habib）總是勤學不倦，工作人員都很看重這個方法。最近的一個研討會，主題是關於如何向組織提出研究結果，會中舍恩對於護衛者（advocacy）與調查者（inquiry）這兩種角色之間的張力做了很好的陳述，也就是如何一方面保護服務對象，另一方面試圖客觀地了解與認識他們。存在這樣的張力其實是健康、有益的，然而理論派的社會科學家卻選擇忽視它，我們很可能因此忘記這個張力，並且說：「除了純粹的科學，我們不偏袒任何一方，我們所尋求的並非改善社會，我們只想創造一些理論，或是驗證理論。」這是學術界的不孕症，很多人真的相信我們存在的目的是創造理論，所以很難放棄這種信念，這讓人憂心忡忡；要改變這種情況肯定需要時間。

在布魯克達研究中心設於耶路撒冷的兒童中心，我們正著手進行實務面與政策面、組織面之間的連結。我們試著探究，**良好的實踐如何形塑政策，而非受制於政策**。或者，什麼樣的組織型態有助於那些真正適合服務對象需求的實踐：不分層級，彼此平等，以一種強調分享的組織文化為基礎。這很不容易被接受，但還是慢慢地產生一些影響，然而懷疑論者依然不為所動。在我們和社會福利部及耶路撒冷市政府合作的過程當中，我們的研究越來越被看重了。

我無法忍受人類的生命受到糟蹋，我認為每個人都應該有機會實現自己的潛能。我徹底拒絕「人渣」的想法，沒有任何一個人是廢物。不過，原本我認為這只是一種意識形態罷了。第四世界運動讓我發現這種理念是可以實現的，我看見一種存在與行動的方式，能夠體現每一個人的具體貢獻，無論他多麼貧窮，多麼被孤立。第四世界運動也幫助我在面對旁人時不再感到優越，不只是在面對社會邊緣人的時候，也包括面對自己的家人，我學習與大家平起平坐。這說明了為什麼我經常參加底層同胞的聚會（現在越來越多了），似乎他們了解我所說的，並且由此解放了他們發聲的權利。這不斷推著我走向新的學術研究領域，我們在布魯克達研究中心嘗試向成功的案例學習，比如有一些社工成功和底層家庭建立起友善的關係，這讓我們學到許多，後來我們出版了《翻身》（*Out from Under*, Rosenfeld, Schon, Sykes, 1996）這本書。現在，我們也開始在家庭當中收集訊息，嘗試向他們學習如何成功地建立關係。

貧窮的家庭究竟如何面對困境，眼前還有好多可以學習。三年前，我們進行這本書的寫作計畫時，有一天我跟唐弟予去參加一場研討會，與會者多是曾經赤貧或仍然赤貧的成員，他們選擇參與並支持這個運動，運動稱這些人為活水成員（grassroots acticists）。自我介紹的時候，我說我是一名社工員，隨即有一位溫蒂女士（Frau Wendt）說起她的故事：社工員曾經批評她孩子的尿布太髒，她因為沒有肥皂，於是拿了一桶冷水出來對社工說：「好啊，那妳現在示範給我看，怎麼把它洗乾淨？」社工員氣沖沖地離開了。兩個禮拜之後，社工員帶來一瓶酒，後來她們成為很好的朋友。最後，溫蒂女士總結說：「你知道嗎，她過世時，去參加喪禮的人不多，我就是其中之一。」

這個故事對我來說，是又一個例證，證明赤貧家庭和社工人員之間可以彼此學習、互相幫助，只要我們有勇氣打破專業和私領域之間壁壘分明的區隔。

（本章翻譯：楊淑秀、陳彥蓁）

【第二部】

# 盟友的旅程

# 引言

本書第一部的十二個故事，來自三大洲的六個不同國度，說書人來自不同的生活背景，不過，**在原本沒有連結的地方創造連結則是他們的共同點**，他們都試圖超越社會排斥，在看似無路可走的僵局中，闖出一條希望之路。眼看著很多時候，社會體制打擊的不是貧窮，而是窮人，眼看著至貧公民備受忽視和排擠，眼看著他們和社會體制或社群部落之間，存在著一道難以跨越的鴻溝，這十二個所謂第四世界運動的盟友踏上了一條人跡罕至的旅程，卯足全勁，扭轉局勢。在旅程的終點，他們都看到了意想不到的風景；事實上，當社會體制願意為了至貧公民做出改變，變得更平易近人、更公平正義，體制本身就經歷了一個更廣泛的轉化，它重新發現自己存在的緣由與初衷。

在人類的各種關係中，唯有相知相遇，雙向交流，才能互利互惠，才能創造並保持連結。也因此，本書的第二部分試圖解釋這十二位民主工程師，是怎麼達成這種交流互惠的關係。

這種庖丁解牛的手藝是否可以言傳？是否能夠躍然紙上，讓大家在面對類似情境時皆能游刃有餘呢？重讀這十二個故事，我們試著將之視為一趟旅程。一開始，因為底層同胞四處遭受排擠，到處碰壁，找不到出路，到後來，歷經千辛萬苦，促成人與人的相遇相知，達成交流互惠。我們將試著找出旅程的路標；有些屬於個人的倫理層次，有些則需要社會與政策層次的投入。

從這些旅程萃取出來的教導，出自眾人的集思廣益，包括故事裡面的主人翁，他們都是第一線的行動者，也包括其他對這個議題有興趣的學者和實務工作者。其他人可能會萃取出不一樣的心得，希望接下來的這些分析能夠邀請每一位讀者提出自己獨特的見解。

【第一章】

# 旅程的呼喚

如果你想從此處去到未知的他處……

——T・S・艾略特

除非創造機會與條件，讓飽受排擠的底層百姓釋放出他們所能貢獻的，否則你無法讓一群人或社會體制願意為底層的命運長期奮戰。往低處取活水？底層同胞到底能夠帶來什麼樣的貢獻？和至貧同胞相遇是書中每個故事的關鍵時刻，一旦發現他們怎麼如實活著，這些說書人便見證了至貧者的生命質素，一如若瑟神父還有每一位「長期」和底層「遊於形骸之內」（心靈相交）的人，看到了飽含著痛楚、顛沛流離、居無定所、無權無勢、無可奈何、積貧成弱，而且易受暴力侵犯的生命。在這些故事裡面，這些事實的發現構成了「真理的時刻」，是投身旅程中的重要翻轉。

那麼，接下來要提出的問題便是：為什麼從內在辨識出底層遭逢的痛苦會是結盟的源頭，讓大家願意為此長期投入？

在「人生勝利組」長大的人，受到健全的社群與機構保護，擁有身分與權力，比較不容易落入無力、脆弱或痛苦的狀態。和赤貧面面相覷，意識到即便被赤貧損傷，人還是人，尊嚴不滅，這就打開了一條路，讓人勇於面對自己最脆弱的部分，接受自己也有一種無力感，卻不怕因此滅頂。

權力機制裡面的人如果有機會正視這些角落，那麼，原本被權力、行動和心智所遮蔽的心，就有機會找回溫柔的能力，喚醒機構當初創立的初衷，變得更文明、非暴力、更人性。與第四世界運動的連結，讓他們看到，和至貧公民相遇相知，並肩同行，不但不須規避底層同胞的脆弱，也不須遮蓋機構的軟弱，依然可以充分有效地運作。

也因此，如果想要重新發現自己的人性，或許可以參考故事主人翁走過的路，而赤貧家庭擁有旅程的祕徑。為了他們的解放，與之緊緊相連的同時，託他們的福，我們也成就了自己，在旅程中有機會找回真我，成為那個我們一直渴望成為的自己。這本書的十二個故事讓我們發現，立人的同時，我們也立了自己，也因此，不被疼愛的人和備受寵愛的人得以深交，一路相陪，滋養彼此的生命。

【第二章】

# 旅程

林間岔路口，俺取了人跡稀少那條。

——羅伯特．李．佛洛斯特[1]

第四世界運動包含了許多不同領域的行動者，同理，這十二個故事也都有著互異的場景，本質也不盡相同。情境不同，取道自然不同。現在我們要做的是，綜觀這十二條不同的實踐之道，找出重複出現而且沒有相互牴觸的元素。為此，我們將要描述的是，起點與終點的共通之處，以及旅人在路程中，面對岔口時所做的選擇。

1 譯註：羅伯特．李．佛洛斯特（Robert Lee Frost, 1874-1963），美國詩人，曾四度獲得普立茲獎。

## 從無路可走到相遇相知、雙贏共利

一開始我們向每一個訪談者提出的問題，是：「告訴我們一個成功的行動經驗，故事的結局對最受孤立、最被赤貧蹂躪的同胞產生了明確的效果。」我們對成功背後的本質以及後續發生的改變，並沒有任何預設。也因此，我們後來所獲得的答案有點出乎意料之外，甚至和一般對抗貧窮預設的方案目標有某種程度的牴觸。為了進一步說明這點，讓我們更精確地描述一下其中的差別，也就是這些故事都起源於無路可走，結局卻是相遇相知、雙贏共利。

### ◎旅程起點：無路可走，失去連結

耶里哥城門緊緊關閉，無人出入。

——《若蘇厄書》（《約書亞記》），六：一

回顧這十二個故事，我們可以說它們共同的特色就是一開始無路可走，至貧者和想

要幫助他們的體制之間，存在著一條難以跨越的鴻溝；而這樣的現象卻變成「常態」：體制把自己關在門內，至貧者被拒在門外；門裡門外，大家都覺得挫敗、搞不懂對方，不再對彼此抱存任何期待，雙方的關係像一灘死水。沒有新的事情發生，彼此沒有交集，雙方所做的努力在對方眼中都沒有意義，有種注定要失敗的感覺。沒有進展，沒有驚喜，雙方不再交談、不再表達期待。沒戲唱。

如果說，門內和門外的人都有類似的感受，顯而易見，承擔毀滅性後果的，是那些被拒在門外的人。在好幾個故事裡面（第一、三、五、六、九章），我們比較近距離看到赤貧同胞走投無路的經歷，他們似乎深深內化那一連串的挫敗，所以，即使山窮水盡，滿腹辛酸，他們對理當幫助他們的機構卻不再有任何期待，不再提出任何要求。他們最後歸罪自己，認為諸事不順是自己造成的，是命也運也，最後他們一肩挑起這些錯誤，獨自承受罪惡感和自卑感。在本書第一章，一位母親解釋：「我不想讓孩子餓著肚子去上學，要不然，別人又會在背後說一堆閒話。」

面對公立機構，他們好像立在一片蒙塵的鏡子面前，照不出自己真實的面貌。國家機關對所有人做出承諾，赤貧者卻不曾看到承諾兌現；這種現象和雙輸的經驗卻不曾被機構公開表述，至少沒有以赤貧者能夠認同的方式表述過。他們試圖進入體制的努力不被理解，甚至被當成毫無意義，導致他們最後開始懷疑自己的能力，這就再度加深了他們的孤立。針對這些失敗的關係，他們沒有發聲的機會，也就失去了話語權，那麼多難以言說的痛苦變得啞然，更別說要為自己伸張權利了。就這樣，整個底層把自己隱藏在更底層，變成隱形的一個族群。一如美國作家邁克爾・哈靈頓（Michael Harrington）所言：「關於窮人最重要的其中一點，就是我們看不見他們。」（1962）他們別無選擇，或者沉默不語，表面屈從，或者發出無人理解的喊叫，直到發生暴力。

這麼一來，似乎給了體制掩飾過錯與辯解的機會，讓大家以為問題出在弱勢族群拙於提出自己的社會主張，不懂得使用明智的語言跟社會對話，無法成為可靠的合作夥伴。面對底層的沉默，面對底層同胞令人擔憂的現實，社會機制建構各種理論，提出冠冕堂皇的解釋，替自己的失敗辯解。巧辯的結果，讓體制失去真實面對自己、面對底層的機會。這些理論或解釋以不同的形式出現，不過共同之處在於卸責，他們將失敗與行不通的政策單方面歸咎給底層，而底層根本無法辯解。

這些巧佞的理論還有另一個特點，就是向大家暗示，這些被排擠的窮民其實自得其樂，他們並不覺得痛苦，因為他們不知道還有其他的生活樣貌，甚至說這是他自己選擇的、這是他們的自由，「他們有權選擇自己想過的生活，這是他們的文化。」[2]說得好像極端貧窮是多樣化的一種形式，值得慶祝似的。就像本書第一章的故事裡面，第一線的教育工作者在放棄學生時，說出了這樣的話：「他們的父母目不識丁，還不是走過來了，他們的下一代也會找到出路的。」

另一種心照不宣的論述是，底層的行為舉止缺乏理性，令人費解，體制無法應付。這就衍生了兩種負面的影響，首先是，一頭牛被剝兩層皮，困頓的同胞還要回過頭來歸罪自己，懷疑自己的思考能力，到最後大家還真的以為窮人不聰明。體制裡面的人比較少反向思考，極少人會承認，其實是自己沒有足夠的智慧，缺乏能力去面對窮人複雜的處境；表面上，窮人的言行充滿矛盾，不可思議，事實上這是對人類理性的挑戰。面對這些看似不合理性的舉止，體制可以單方面決定說它無法理解這群人，或是說它「沒有時間」為他們停留，而且就算把時間花在這些人身上，也不會有什麼效果。就像本書第十章，在英國的那個村莊，每一個領域的專業人員都承認，一開始他們覺得自己沒有足夠的裝備來面對這個家庭，同時也沒有時間可以花在他們身上。其他的故事亦然，不管是法國電力公司、醫院裡面的工會或是歐盟體制，大家都說他們是特例，超出體制所能應付，應該交由體制外的專家來處理。有多少次，這些來自各領域的盟友以窮人之名走向體制，體制總是回答說：「我們又不是社會工作者。」這樣的藉口讓體制規避自己為全體公民服務的使命，規避了自己將一部分公民排除在外的責任。就像第一章的故事裡

2　美國人類學家劉亦斯（Oscar Lewis）在六〇年代提出了「貧窮文化」（culture of poverty）的說法。

那位學校社工所說的，如果體制一直把「困難的個案」推給社工，那社工最後就只能跟著被排擠的公民一起被孤立。唯一的成功機會，是整個體制一起投入，而不是把最貧窮的公民當成枝微末節。

可是，在體制的檯面上，被排除者的情況被套上其來有自的理由，他們遭逢的痛苦被淡化；體制內的某些人因此而感到挫敗，甚至自責，但是，他們經常只能在非正式場合表達出這些感受。他們感受到有些不正義的事情重複發生，有一些人被他們所處的體制排除在外，並因此飽受痛苦，怎能坐視不管？如果不展開行動抵抗赤貧和社會排斥，怎麼說得過去？

但是，一如被排擠的人，自責最後導致自卑，終究只會讓人陷入更深的沉默。有些人鼓起勇氣，近距離看到了同胞遭逢的苦痛，深入發現之後，充分意識到單打獨鬥根本無法改變這麼嚴重的現象。這樣的發現，可能讓人選擇明哲保身，否則，水壩一旦潰堤，整個機構也可能隨之傾頹。識時務者為俊傑，他們可能決定維持現狀，以求生存。

因此，專業人士即使心知肚明，卻認為自己無能為力，而體制繼續運作，好像它對現狀一無所知。宿命論造成了死胡同：默許現狀，無所作為，沒什麼故事好說。

## ◎旅程終點：相遇相知的曙光

這些故事的結局並沒有發生什麼轟動武林、驚動萬教的革命；而且，我們也無法宣告問題已經徹底解決。相反地，故事的主角總是說還有很多事要做，而且沒有「一舉而竟全功」這回事。這麼說來，這些成功的故事到底哪裡成功了？

跟一開始的情況相比，大家都感覺到現在有些事情鬆動了，時間不再停滯不前。鴻溝的兩邊，開始有了對話，有了一些相互理解，彼此教學相長，有了一些共同的體驗；而且辛勤耕耘後，也結出了幾個新的果實，體制和底層的百姓相互靠近了，這證明了耕耘相遇的平台是值回票價的。雙方都覺得花時間來編織這樣的關係是卓有成效的，共同的歷史正被創造著，而非繼續形同陌路。宿命論已經靠邊站，雙方現在手握證據，證明事情可以變得不一樣，抵抗赤貧和社會排斥是可能的，是必要的，而且是有效的。

看起來雙方都經歷了變化，在每個故事的結尾，我們幾乎都可以讀到這樣的描述：底層的同胞成為客戶、公民、家長或勞工。事實上，他們本來就是客戶、公民、家長或勞工，但是，經過這段旅程，在體制和他們自己的眼中，他們才真正活出本來的樣貌。同理，一些政治家、教師、律師、公務員、牧師、工會成員、記者、企業家或一般的公民，也變得名副其實，更像政治家、教師、律師或公民。「他們找回初衷，並因此感到自豪。」這樣的句子重複在好幾個故事裡面出現。整個體制也因此變得更有活力，更有榮譽感，而且就像歐盟文化總署署長貝約翰所說的，底層公民為歐盟各機構帶來一股新鮮的空氣，更新了歐盟的使命；這樣的結果當然令人驚喜，因為原本有些人害怕這場冒險會對體制帶來損害。

旅程終點最重要的一個特點，是雙方都因為一起走過這段旅程，而感到喜樂和自豪，雙方都打破了沉默，都陳述得出自身為了和對方相遇，經歷了什麼路徑，克服了什麼障礙。每個人都是故事的主體，故事的交流基於公開的對話，一個重新建立、被強化的民主，這樣的民主可以走向一個真正立基於全民的公義。

當然，一步到位是不可能的，相反地，一切才要開始。故事的主人翁似乎常因此感到遺憾，好像成功的故事都應該結局圓滿，好像從此高枕無憂才是真正的成功。在與貧困作戰的領域裡，四處可見這樣的思維潛伏著，好像我們一直想要擺脫這些棘手的問題，看在底層同胞眼裡，我們其實是想盡辦法要擺脫他們。

事實上，如果不同生活圈的人懂得怎麼共存、對話、互為師生、互相面質，那麼物質層面的問題遲早會找到解決的方法；這些故事發展的過程中，底層原本令人難以忍受的生活條件都發生了明確的改變。物質層面的協助或具體問題的解決，經常被當成反貧行動的唯一路徑，可是，最貧窮的同胞最深層的呼籲，卻是一個大家和諧共生、和平共存的民主生活。鬆動固若銅牆鐵壁的社會隔閡，讓原本沒有對話的地方發生對話，一潭死水開始流動，生命重新出現，這才是真正的對抗赤貧，用這個角度來衡量成功，是每個故事主人翁的共識。

## 旅程的四個十字路口：取道何處

一如先前已經提過的，這十二個故事的起點和終點都有一些類似的地方；不過接下來將要描述的這些在十字路口所面對的抉擇，就不見得是每個故事主人翁都有的共同經歷，而且每個人必須做出的選擇也不一定有著相同的優先順序；即便這些十字路口只是事實的大概輪廓，還是指出了旅程中必要的抉擇。這可能是這些旅程非常重要的共同點，所以有必要描述這些抉擇在哪些背景下發生、當下的緊張與兩難，以及抉擇後贏得的內在自由。

### ◎第一個十字路口：讓好奇心引領，和一個運動相遇

在這些故事裡面，每位行動者首先強調的並不是自己遇到的瓶頸，而是自己的人生經歷：在旅程中，他們意識到這個過不去的關卡。他們首先提到自己被一種新的視野所吸引，這個視野扎根於人生經驗，跟過去所見所聞大異其趣。透過一個人、一個句

子、一場展覽、一篇報導、一張賀卡、一場公開的遊行或造勢活動，他們發現了這個視野。有些相遇是他們自己費心尋找的，有些，按他們自己的說法，是偶然的機緣，是運氣好。但是，法國微生物學家路易．巴斯德（Louis Pasteur）說得好，機會眷顧那些準備好的人。而那些搭起橋樑、開啟了好奇心的媒介，並非偶然結出的果實，而是千千萬萬個不可見的小小舉動匯聚在一起，共同承擔赤貧這個議題，創造條件，耕耘相遇的沃土，如果沒有凝聚在第四世界運動內的這一大群人做為支撐，這十二個故事也不會發生。

如果，隨後沒有更私人、更深刻的跟某一位第四世界成員相遇，首次的接觸所激發的興味很可能只維持了三分鐘的熱度。由於帶著開放的心，沒有預設，這樣的相遇經常帶來驚訝，他們本來以為和「貧窮專家」相遇可以得到「開示」，結果所謂的專家提出的追問反而多於解答。沒有肯定的答案當然也帶來挫折，但是，第一印象所帶引出的那個真實可信的視野，又吸引他們更進一步去探索這個運動及其所代表的含意：赤貧是人為的產物，赤貧不是宿命，為了終結赤貧，每個人都可以有所作為。

## 「你自己來看看吧。」

那些選擇更深入了解的人，早晚會受到邀請，或是主動親自到訪，他們遇到了生活在底層的同胞和他們的家人。第四世界運動透過一些具體的行動，創造相遇的平台，例如，街頭圖書館、第四世界平民大學、志願者與底層同胞的鄰里關係，或是公開的集會，如十月十七日世界拒絕赤貧日。很快的，這些來訪的客人理解到，他們不只是來當個外圍的觀察者，他們受邀參與，讓底層同胞也有機會認識他們，雙方經驗到一種平等的互動。即便在此之前，這些訪客極可能已經見過生活在底層的同胞，但是，這些故事在在指出，這些相遇的時刻在他們的生命中留下不可抹滅的痕跡，像是一種重大的發現，迫使他們質疑自己過往的思考與處世方式。

這些故事提供兩個理由，指出這些相遇何以如此獨特。首先，在這些場景相遇時，底層同胞比較自由，和其他場景相較，這樣的相遇比較平等，大家比較容易自在地交談。第四世界的家庭以主人的身分接待訪客，彼此不是施捨的關係。第四世界的行動建立在這樣自由分享的基礎上，讓訪客得以顯露本來的樣貌，關係的建立不在於提供幫助或回應緊急的需要。在這樣的平台相遇，平等的關係得以建立，人和人得以真實遇見彼此，訪客面對的，不再是遇到困難的窮人或是急需處理的問題。他們驚豔於自己的意外發現，本書第六章的主角雅妮說：「如果是在別處，看到這般打扮的人，我只會注意到她脫線的裙襬；但是，在那裡，我看到一名婦女，我聽到她說的話。」之所以會有這樣的看見和聽見，是因為相遇的場景不同，在那場大型集會中，這兩個來自不同生活圈的女人都同樣是人權的護衛者，關係平等。雙方都意識到，除卻生活條件不同，人同此心，心同此理；他們也有喜怒哀樂和幽默感，有自己的敏感度和對世界的看法。從那一刻開始，這些盟友有機會看到底層的深層渴望和實際處境間的落差，也能揣度出他們屢戰屢敗的痛苦。

有了這樣的覺醒，這些盟友不再企圖躲在理論背後，不再滔滔不絕地分析和解讀赤貧，不再避開面對面地直視痛苦。但是，丟棄分析與解讀這塊盾牌，還剩下什麼？肯定是親自和底層同胞接觸，欣喜於超越赤貧處境的相遇，同時也因為目睹這麼多平常隱而不現、不曾聽聞的痛苦而感到不解，歐盟官員潘得城寫道：「我看到一些事情，但是，難以理解。」

接下來的發現會讓初次的相遇展開願景，他們發現有一群志願者在日常生活中和這些處境艱難的家庭非常親近。底層被社會排擠的事實讓他們心痛，他們和底層同胞的友誼指出人性化的關係是可能的，社會排斥並非一種宿命，新的十字路口、新的選擇出現了。

很多人停留在新的十字路口，不再前進，他們說：「這些志願者所做的令人激賞，也有必要，但是，我生活中還有太多放不下的責任和義務。」也有些人就放下原本的生涯，加入志願者團體；另一些人在心中留下一個追問：「我真的沒辦法跟底層同胞建立連結嗎?我的生活圈無法向底層開放嗎?」

◎第二個十字路口:牽連不同生活圈,成為底層的盟友

當然,時間一到,你不得不追問自己:

我可有勇氣?我可有勇氣?

我可有勇氣攪亂既有的秩序?

——T·S·艾略特

「**發現這種經驗的意義,並將之與其他經驗連結起來**」

上述的經驗會在一個人的內心激起強大的張力,如果沒有任何方式可以表達這些張力,如果沒有任何詞語可以激起反思,這些短暫的相遇就只是片段孤立的經驗,不具意義的人生插曲,自然慢慢在意識中消失。但是,在這十二個故事裡面,這些盟友選擇重返舊地,再次咀嚼初遇的味道,再次思考內心激起的追問。

如果他們決定繼續相遇之旅,早晚會發現,重新解讀初遇的經驗,讓他們不得不以新的眼光衡量自己的政治與社會判斷,詰問自己對正義的解讀,還有對人的看法。這

樣的反思經常讓他們回想起其他經驗，那些生命中一直無法解釋、找不到參照的片段經驗，回憶起生命旅程中遇過的赤貧同胞，回憶起被排擠或排擠他者的經驗中所經歷過的無力感或痛苦。讓人印象深刻的是，多數故事主人翁的腦海裡，都重新浮現深藏的記憶，過去曾經發生過的一些事情，在內心，他們深信這些令人義憤填膺的事情根本不該發生；赤貧衍生的不人道顯而易見。但是，事發當時，他們感到無言，沒能真正理解事情的整個脈絡。

能夠反思這些事件，找到足以描述的言語，跟自己的價值觀、倫理與政治思考做出連結，對每個人來說都是一種解放；就好像個人面對貧窮和社會排斥的經驗與追問，再次獲得表述的權利，又像是這些記憶不必再被棄置於角落，也像是內在的藩籬已經逐漸拆除，被隱藏在靈魂深處的某些部分得以現身。也因此，和第四世界的初相遇，變得如此真實可靠。一如聯合國官員亨利・樂農在本書第十一章所言：「第四世界挑戰我們的一些想法，其實骨子裡，大家對此心知肚明。」

也因此，這些反思和回憶帶領我們的訪客回望自己的天地，他們將發現，自己的生活圈與所處的體制，設下一層又一層的藩籬以自保，將底層的赤貧同胞排除在外，而赤貧的存在所控訴的正是這樣的價值觀與人觀（對人的看法）。但是，大家三緘其口，默許這樣的事情繼續存在，體制不動如山，又看不到有人想要移山。這就面對了一個新的選擇，該不該在自己的生活圈追問赤貧的議題？這樣做有用嗎？真要去做了，要涉入多深？真的要被拉下水嗎？

「**勇敢地和底層同胞的希望結合，承認自己手中握有的權力**」

一開始，大部分的人先是這麼想：這個運動既然在幫忙飽受排擠的人群，那我也來幫一點忙，卻萬萬沒想到自己可以對他們的解放扮演重要的角色。不過，如果他們選擇和這個運動保持對話，慢慢地，他們會學到用底層的目光重新觀看自己的生活圈；他們會發現，底層居然對這個將他們排除在外的社會繼續懷抱著不可思議的盼望，而你很難對這樣的盼望無動於衷。

這個希望讓我們的盟友意識到，他們歸屬於各式各樣的組織與團體，他們有專業的聲望，或是在體制擁有一席之地，而所有這些場域卻經常排擠最窮困的公民。他們發現自己在這些場域擁有聲譽、權威與影響力，也因此，有責任要採取立場。對某些故事主角來說，這樣的意識難免伴隨著痛楚。一如本書第六章的作者工會人士雅妮所言：「我發現自己手中握有權力。」

每個人都意識到，他其實擁有某種程度的自由，可以決定要不要採取立場；在他所歸屬的社群或體制，他可以為被排擠者發聲，也可以選擇沉默。沒有人可以替你做出選擇，也沒有人知道到底是在哪個社群或平台，你才有辦法使出全力，對抗社會排斥。一如本書第十章的鄉村牧師保羅所言：「當我決定在信眾面前採取立場，我有一個耕耘已久的平台。」在鄉村傳教這些年，他與人為善，已經贏得不少信用與友誼。

是的，表達立場之時，故事主人翁唯一的盾牌，是他們在生活圈裡面累積的信用與聲望，也正因為如此，同道願意接受他們提出的挑戰，去面對底層同胞遭受排擠的事實。但是，和被排擠者的無邊苦痛面面相覷之時，想與窮人結盟的朋友也可能因此失去信譽，甚至受到唾棄。但是，如果他們太過隨和，壓住填胸之義憤，討好同僚，就可能無法造成任何改變，結果任憑忍無可忍的共犯結構繼續運作；這正是和被排擠者結盟時會遇到的兩難。這樣的結盟關係創造出行動的空間，在那裡，每個盟友開闢出一條真實而獨特的路徑；其中的張力讓當事人處在一種艱難的氛圍，但也正因為無法接受現狀，才有了尋求改變的動力。

這些故事指出，對每個盟友來說，他即將展開的行動計畫源於跟這個運動的相遇，也因此，跟整個運動重新展開對話就變得非常重要，因為未來的路途需要彼此的相互支持。這樣一來，即使前路顛簸難行，充滿未知數，他知道他不會是孤單一人，他總會找到一處避風港，一個可以對話的地方，有人願意和他友善地交換意見，分享困難、失望與挫敗；他可以找到一些安全感，以便針對他的行動進行計劃與評估，好讓處境不利者真正從中獲益，並且不斷陶成自己，好能深刻理解這群子民的處境與盼望。

## ◎第三個十字路口：公民的覺醒

我們得耕耘自己的花園。3

——伏爾泰（Voltaire）

### 「展開對話」

旅程走到這裡，對自己的同事表達立場之後，故事裡的行動者不能只停留在立場的層次，必須展開行動，準備長期奮戰，目標是動員並轉化所屬社群或體制，避免底層同胞繼續遭受排擠。

本書的故事主人翁對自己想達成的目標，都頗有想法，實際上卻不知道該怎麼做才好。為此，他們的第一個反應就是跟別人交談，提出問題，看看其他人是否會有回應。也因此，他們使用第四世界運動出版的刊物、海報和書籍。他們也創造自己溝通的工

3　譯註：伏爾泰名著《憨第德》一書以「我們得耕耘自己的花園」（Il faut cultiver notre jardin）做為結尾。

具，用自己的方式，在所屬的體制內，使用圈內的語言，轉譯底層同胞遭遇的痛苦與懷抱的希望。鴻溝的一邊是體制，另一邊是底層同胞，為了讓雙方理解彼此，必須專注聆聽鴻溝的兩邊，唯有如此，轉譯的努力才能結出果實。本書關於學校、法國電力公司、歐盟或大學學府的故事也清楚指出，這個探索和對話也讓這個運動認識不同的觀點與邏輯思考，承擔複雜的人世，精煉自己使用的語言，並轉化自身。在這層意義上，盟友的工作大大幫助這個運動免於陷入教條主義的陷阱，而教條主義是各種追求正義的社會運動皆難以擺脫的困擾。

為此，盟友首先想辦法聚集幾個同事一起聊聊，以便找到合適的言語，重視底層同胞遭受的苦痛，也尊重體制的文化與倫理。偕同自己的同事，他們嘗試一些可能造成改變的行動，並向體制的政策提出新的問題；他們一起鬆土、撒種、灌溉，一起耕耘相遇的土壤。

一切的行動都是公開的，而不是針對幾個關鍵人物私下展開遊說。無權無勢的族群沒有施壓的裝備，公開行動才能讓一個長期被漠視、被遮蔽的族群浮出檯面。他們舉辦展覽（本書第一、十、十一章），公開演講、召開記者會（第二、四、五、七、八、十一章），使用布告欄、海報、擺攤賣書、賣聖誕卡（第二、五、六章），在公開的會議或整個體制面前表達立場（第三、四、六、八、十、十二章），發表文章（第一、

四、十一、十二章）。慢慢地，這些盟友被視為底層與這個運動在該地的代言人。

「**重新探討自己所歸屬的體制**」

透過這樣的努力，盟友們重新探討自己所歸屬的體制：它在面對極端貧窮與社會排斥時，曾經做過哪些努力？走過哪些歷程？他們也學習對話，超越指責控訴與自以為義的發言，因為這種表述方式只會讓人摀住耳朵，閉上嘴巴。他們和那些曾經試圖和底層公民建立聯繫的同事展開對話，和體制內的主管或曾經試圖穿越瓶頸、開創新路的同僚建立連結；這意味著向他們已經做出的努力學習，即便這些努力大多以失敗收場，而體制並不費心去分析失敗的原因。即使是成功的經驗也經常被漠視，被視為枝微末節，沒有受到體制整體成員的重視。即便如此，這樣的認知非常重要，因為那意味著體制曾經非正式地面對過這個問題，即使沒有正式認可。本書第二章法國電力公司的例子便清楚指出這點，一開始主管部門說他們無法衡量用戶是不是因為貧窮才繳不出電費，可是事實上，他們自己的基層員工根據專業經驗，已經嘗試擬定指標，指出誰是底層客戶。

這些發現的重要性無庸置疑，因為它提醒體制千萬不要遺忘初衷，促使它重新意識到機構追求的價值與目標，重新回憶起當初的理想：追求公益的社會使命，想要減輕痛苦、實踐民主、根除歧視等。這些發現讓機構當初秉持的最高價值露出檯面，也就是說，如果體制排擠了最窮困的公民，這些價值就被踐踏了；也因此，想方設法讓底層融入體制，不再是枝微末節，而是頭號重點，這樣一來，才能強化並鞏固體制的核心價值。

「嘗試互惠的學習方式」

故事主人翁發展出一些行動，到後來創造出一種相互學習的平台，讓體制內外的不同觀點有機會浮出檯面。

- 跟被排擠的族群學習：他們是怎麼看待自己跟體制的關係，為什麼關係無法進展；為了改善關係，他們曾經做過什麼嘗試，他們的困難與期待各是什麼？
- 和體制內的人學習：他們是怎麼努力超越困境的，他們的困難與期待各是什麼？
- 和體制內的高層建立連結，向他們學習：他們是決策者，決定整體方針並負責確保機構的核心價值，他們如何理解困境還有價值的矛盾，政策上可以有哪些作為？

但是，這種學習方式並不是那麼理所當然，要大家互為師生、互相學習，不論階層與背景為何，有其難度，原因如下：

1. 一般來說，很少人會認為赤貧同胞身上有值得學習的知識，也不認為他們可以為政策提供什麼建言。
2. 體制內第一線的專業人員承擔著進退兩難的困境，卻鮮有人邀請他們在體制內分享經驗、表達意見、提出追問。
3. 體制的高層不願喚醒機構創立的初衷，免得被嘲笑成不切實際的理想主義者，或被批評沒有帶頭去實踐理想。

而且這些背景不同的人使用不同的語言，有著截然不同的參考架構，所擁有的知識型態也不一樣，要怎麼相信彼此並從對方的知識找到意義與共鳴？即便困難重重，當大家有機會平起平坐、互相討教，經過對方的肯認，彼此的知識便可以得到更新，變得更可靠，與事實更貼近。例如，第一線的專業人員確認底層同胞說的是真話，被排擠的公民是活生生的證據，證明體制仍須努力，免得辜負它追求的最高價值；而體制的高層則肯定第一線工作人員所分享的經驗。

雖說三人行必有我師，但是，隔行如隔山，為了促成這三種不同知識來源的相遇，第四世界的盟友在不同語言和參考架構中來回穿梭、轉譯，好能產生一種共同的語言，一種不會讓任何一方蒙羞的語言，俾使大家從中得益，互相學習。

以此觀來，本書故事主人翁所分享的旅程告訴我們，每一位行動者用自己的方式，在他們認為恰當的時機，創造了相遇的平台，讓大家在互敬中溝通、對話，而且對話的層級一次比一次高，範圍一次比一次廣。這個運動本身也組織了許多促進相遇的公開活動與平台，並提供別處或過去成功對話的經驗，這樣的交流能夠啟發正在進行的行動計畫。

## ◎第四個十字路口：被排擠的公民和體制建立關係，一起展開行動

開始認識你，開始認識全部的你。4

——羅傑斯與漢默斯坦，《國王與我》

### 新的對話者進入公開辯論的平台

無論故事發展的節奏如何，本書的盟友在採取行動的過程中，有些人在某些時刻必須跟體制取得正式的聯繫。這時，對某些盟友來說就面對一個新的選擇，就是要不要正

式介紹第四世界運動或其他類似的團體給自己所屬的體制，也就是引介一個能夠代表底層公民及其同道的民間組織。

事實上，很多時候，面對底層遭受排擠的困境，機構偏愛由內部自行解決，也不願邀請新的對話者進場。在這樣的情況下，即使事情有所進展，受到排擠的公民卻無法感受到自己對改變做出什麼貢獻，他們被剝奪了參與的機會，無法學習如何發揮影響力；而機構這邊呢，肯定暫時解決了幾個技術層次的問題，或是頭痛醫頭、腳痛醫腳地逐案解決，卻沒有根治沉痾，沒有學會如何避免排擠自己的同胞。

這裡的關鍵，就是讓飽受排擠的公民能夠進入機構內部，以一種清晰、自由、獨立的方式，讓他們在公開的場合發聲；也就是將原本私下進行的交流、互為師生的學習方式，轉化成公開的民主進程。想要開創這樣的對話平台，盟友必須公開表示自己和一個組織的關係，而這個組織和最底層的公民緊緊相連；他不再只是私底下和同事聊聊，而是以專業及公民的身分和機構內部的科層體制交手——這是一個政治的行動，攸關整個機構的投入；這又是一次艱難的抉擇。但是，為了讓赤貧公民得以進入體制，這是唯一

4 譯註：出自美國音樂劇創作搭檔羅傑斯與漢默斯坦（Rodgers & Hammerstein）編曲的《國王與我》（*The King and I*）。

的途徑，他們不再是以個案的身分被逐案處理，而是以整個底層之名和體制對話。

## 邀請對話

所以機構和第四世界運動的代表開始展開公開的會見，一如本書所陳述的，這樣的一個代表團並非清一色的弱勢底層。以本書第二章的法國電力公司或第七章的歐盟為例，每次參與公開會見的代表團經常是廣為包羅的結合體，包括跟機構很接近的人，以及跟底層很接近的人：意即底層本身，或在日常生活中和底層一起奮鬥的人。這樣的結合，這樣的代表團，不只是弱勢的發聲代表，更是一個邀請，指出對話是可能的。

當然，機構不會馬上將這樣一個代表團嚴正看待為合作夥伴，似乎有兩個因素影響著機構代表的聆聽與理解能力。想讓問題得到重視，首先必須注意代表團提出問題的方式，用字遣詞必須尊重機構、參考機構內部已有的問題意識和已採取的行動，並且和機構秉持的價值互相輝映。其次，如果機構代表感受到自己受到尊重，他的回應也會比較正面，那意味著代表團在直率且充滿人性地論及被機構排擠的族群時，在談及底層的痛苦與期待時，他們相信體制內的官員能夠感同身受，理解到在檔案與文字背後的是一個個真實的面容。如果他們能夠感受到這樣的親和力，他們也會以更具人性、甚至是溫暖的方式做出回應，免去客套的官話或太過形式化的對話，就像本書第七章社會事務總署的李察義部長回憶起自己和這樣一個代表團初次見面的印象。

在最好的情況下，這樣的一場相遇會激起機構負責人的好奇心，他們意識到自己聽到前所未聞的樂音，發現了一群不曾相識的百姓；即便如此，他們還是無法馬上看出自己所屬的機構可以扮演什麼角色，因為這群公民的日常生活離他們那麼遙遠。接下來，他們可能提出這樣的問題：「我們可以為你們做什麼呢？」這時候，代表團就會提出要求，確認至少其中一項可以得到正面的答覆，一如本書某章作者所說的，「提出一項機構無法拒絕的要求」。事實上，不論是個人或體制，在面對赤貧的時候，為了踏出第一步並持續前進，大家都需要知道自己可以怎麼派上用場。當然，這樣的會見，需要許多細緻的會前準備，因為得要知己知彼，要先認識機構負責人的個性與經歷，還有機構的現實與展開行動的可能性。

**體制的第一步：拓寬自己的認知**

代表團最初提出的要求，通常是辨識出一個值得共同研究的領域，以便確認體制和生活極端困苦的公民之間，是否存在著難以跨越的鴻溝。如果這個鴻溝確實存在，就必須清晰地勾勒出鴻溝的輪廓，並找出曾經試圖彌平鴻溝的各種努力。這樣的策略讓體制本身可以向自己內部的成員學習，認識到自己的員工如何和被體制排擠的公民交手，彼此的關係如何？過去這樣的經驗可能一直遭受忽略或懷疑。這樣的策略也讓新知得以浮現，讓體制有機會重新檢視這道鴻溝，而且是用被體制排擠者的角度來檢視。一如我們先前已經提過的，如果雙方願意花足夠的時間做功課，以便理解彼此的語言和表述，那麼，這兩種型態的知識就能達到相輔相成、互相加持的效果。

一開始，這些確認的工作通常都由機構內部層級不高的成員展開，但是，這些篳路藍縷的主角會發現，他們掀開的問題必須由整體來回應。本書許多故事在在指出，面對底層，機構內的各個部門很容易對應該肩負的責任互踢皮球；為了真實地面對問題，必須將社會排擠的議題提升到更高的層級，廣泛尋求體制內其他夥伴的支持。一如歐盟官員潘得城所言：「這是一個橫向的問題，不能僅由體制內單一部門來面對，而應該受到歐盟全面的正視。」最後，整個體制都投入，一起面對這個議題，有時候甚至和其他機構一起合作，例如關於法國電力公司那一章，在法國政府的支持下，其他公家單位也投入他們的研究。

一路走來，夥伴的層級不斷擴充提升，走到這樣一個階段，似乎不可能再互踢皮球，這就迫使每個相關單位的夥伴正視問題，不再卸責，而是貢獻自己的知識，大家一起合作，使鴻溝的輪廓越來越清晰，更貼近真相，這就讓行動有了正確的方向。

本書的每一個故事，不管是哪一種方式，走到這個階段，社會排擠的議題不再侷限於機構內，也不再只是幾個專家的責任，而是在機構內慢慢發酵，成為攸關機構初衷與信譽的議題。在本書第一章，學童戈果爾的處境讓人追問：「教育真的是有教無類嗎？」在第二章，底層用戶被電力公司斷電則掀開這個問題：「我們還是公共服務機關嗎？」在第三章，諾瓦集貧困區的居民面質政務官和政治家：「人權的價值何在？」在第四章，在巴塞爾市落腳紮營的吉普賽家庭被謠言中傷，最後被迫遷離，他們迫使記者自我詰問：「我們是客觀的，還是心存偏見？我們是在幫強者欺負弱者嗎？」第八章的主人翁默理則追問所有雇主：「你會拒絕最需要工作的人嗎？」不管場景是在市政府、工會、大學、歐盟體制、司法體系、教會、企業或是聯合國，故事裡的每個行動者都斷然將這個議題提升至最高的層級，跟整個體制交談，找回他們的核心價值。

## 終於展開行動，發現新問題

一旦機構正式學習到這份關於社會排斥的知識，並承認自己從中汲取教導的能力，看出機構和底層之間的鴻溝，願意從被排擠者身上學習，它也就覺察出自己面對飽受排擠者的責任：機構應該一視同仁為他們服務。走到這裡，機構便開始採取一些試驗性的行動，以彌平鴻溝；在最好的情況下，機構願意和先前被它排擠的公民一起合作。這樣的行動計畫才會真正對目標群體的生活產生直接的影響，動員機構的資源，真正觸及到最底層的公民。第四世界的成員，特別是持久志願者，由於獨立與寬廣的行動自由，在計畫執行過程中，他們要確保至貧者能夠參與，確認沒有任何人被遺忘。

這樣的體驗對每一個人來說，都是很強烈的信號，鼓舞他們繼續一起合作。這些共同的行動有時會產生令人驚豔的結果，例如本書第二章，被排擠者和法國電力公司合作後，南錫市一年內斷電的比例戲劇性地降低，或本書第五章，政府與民間合作，進而對該市的貧困區有了前所未有的新發現；還有本書第一章，從街頭圖書館到科學院的合作，產生了未曾有過的學習，這都是因為過去被排擠者與體制之間不曾嘗試過共同行動。對窮人來說，能夠對體制產生正面的影響，也是一個全新的經驗，這就轉化了他們對體制的看法，經常也轉化了對自己與對世界的解讀，對體制來說也是如此，驚訝和喜樂溢於言表。

當然，面對這個新的情勢，很可能會引發新的追問及不曾預料的困難，因此需要開展新的調查和對話。體制因此必須探詢底層公民及他們所屬的協會的意見，這些協會組織也要學習和公部門合作，成為可見、出眾、有用且聰明的夥伴。

## 體制本身的轉化

重複練習這樣的過程，便創造了互相交流與彼此諮詢的慣例，以及一種對話的文化，最後也就創造了共同的歷史。當體制對這樣的過程賦予足夠的價值，並目睹內部的民主出現新氣象，它便也理解到為此必須付出什麼樣的代價，需要創造什麼樣的條件，好讓體制得到活化。凡此種種，將讓這樣的實踐與傳統成為一種慣例，確保機構和最貧窮的族群持續對話，就如本書第十一章所指出的，第四世界運動最後在聯合國贏得第一級的全面性的諮商地位[5]，窮人的聲音受到重視，有了發言權，有權提出議程建議、出席會議、提出書面報告與口頭報告，並從事專案研究。

書中好幾個故事都指出，機構或組織可以加以活化，並建立一套系統、成立部門和論壇，唯一的目的是長出一隻新的耳朵，洗耳恭聽赤貧公民的聲音，並想方設法，創造機會和他們進行有意義的對話。事實上，許多故事顯示，光是「給窮人發聲的機會」無法滿足本書的行動者，例如第一章，在阿哈市的研討會，安瑪莉不肯讓底層家長的發言停留在見證的層次，她擔心窮人發言後會有一種對空氣講話的哀愁。那她到底要什麼？研討會之後，教育體制發生的改變充分傳達出她的期待，那同時也是教育廳廳長克勞德．貝爾的期待：在體制內成立新的常設小組，首要目標就是不斷尋求對話，嘗試在被

5 譯註：第一級的全面性諮商地位（General consultative status），授給歷史悠久、規模龐大、活動涵蓋經濟社會理事會所推動的多數議題的非政府組織，這類非政府組織可對理事會及所屬機構的議題提出建言。

排擠者與融入者之間進行對話，這樣的對話超越體制的藩籬，並引發共同的行動。在好幾個故事裡面，體制撥出資源與人力，想辦法鼓勵這樣的對話機制，將之視為「民主的種子」，望之成長繁衍。

## 不一樣的民主視野

我們對民主的解讀，遠遠超過典型的那種模式：投票選舉，然後由當選的民意代表代替我們議政，以及利益團體組織起來施壓，然後體制在不同壓力團體間做出決策（托克維爾[6]，一九五七）。體制的角色並非消極坐等各種團體前來提出要求。

現在讓我們簡短概述整個旅程發生的事情，而這個過程在民主的政治理論裡面似乎不受重視。可以這麼說，首先，因緣際會，有個人和底層的被排擠者相遇了，他也遇到和被排擠者同行的一群志願者，這場對話讓他詰問自己，內心有了緊張與衝突。他跟自己的同事談起自己的疑問，接著這些追問在他任職的機構蔓延開來。每次邀請新的夥伴進入對話，就能發展出一種新的語言，這種語言打破沉默，不傷害任何一方，並不斷改善對話的品質，促進彼此的學習，直到達成體制內的每一部分和被排擠者都能接受的境地。

這樣的過程創造了民主對話的必要條件，也創造了公開對話的空間，置身其中的每一個人，不論強勢者還是弱勢者，都能有所貢獻；透過這樣的對話，政府可以從人民身上學習，而不同階層的公民也可以互為師生，達成彼此都想要的正義。

這樣一來，民主的運作得到光照，並對公民責任的面向有了新的體認：如何超越社會階層帶來的分裂與隔離，進而展開不分階層的結盟，每個公民都可以投入，和底層最最沉默的同胞同行，一起活化體制的生命，這對全民的民主生活都是一道活水源泉。最後體制主動出手，組織自己，向外尋找這樣的對話與貢獻。

6 譯註：托克維爾（Alexis de Tocqueville, 1805-1859），出身法國貴族家庭，其先輩很多都死於法國大革命的血腥殺戮。《民主在美國》一書正是他對民主制度的觀察，但是托克維爾並非「民主萬能論者」，相反的他也提出了民主制度下「多數暴政」的可能性。許多學者甚至將他和馬克思以及約翰·彌爾並列為十九世紀最重要的社會思想家。

【第三章】

# 旅程學到的功課

在試圖歸納十二個故事的共同點之後，我們想要回到幾個特別的面向，它們或者令人印象深刻，或者令人驚艷，我們想從中汲取一些教導，希望有益於未來的行動，並創造出新的路徑。我們將以本研究不斷出現的兩種視野，來介紹這些面向：

- **行動者的觀點，不論是個人或團體，他們想要展開行動：**這就引發了他們的自我詰問，包括理解的方式、行動的選擇、承擔公民責任以及享受公民權利的意義。
- **集體與體制的觀點：**這個社會想要擺脫赤貧，因此對知識、公民的動員與民主提出政治的問題。

我們努力不讓自己侷限於已經存在的各種理論，而是正視這些真實的故事到底教導了我們什麼，這些故事可以給一般公民與政策負責人什麼樣的啟示。

# 行動的內涵：超越社會排斥的罵名

……這樣我要永遠住在他們中間……

——《厄則克爾先知書》（《以西結書》），四十三：九

想讓自己的行動既有效又有力，盟友首先要接受一個根本的改變：重新思考職務的本質，重新思考行動的機會；要意識到，不管是自己還是體制的生命，不管是私人的生活圈還是專業生涯，都跟底層同胞的遭逢緊緊相連。

他們轉化了排斥的概念，發現了千絲萬縷的糾葛：如果有人被排斥，肯定是其他人做出排擠的舉動，包括這些盟友本身，還有他們所屬的體制、社群與專業，他們沒有將最弱勢的群體充分融入自己的視野與使命。意識到這點，是旅程的開端。

這個轉化出自一段漫長的發現之旅，意識到排斥是極端貧窮的特徵，進而尋求和底層同胞的相遇，並平等相待，承認他們和你我一樣，有著不可抹滅的尊嚴，察覺到他們遭受不人道的對待，而且他們拒絕這樣的對待，屢仆屢起，日復一日抵抗赤貧衍生的苦痛，偏偏苦無盡甘不來。每個故事的主角以自己的方式發現，貧窮、物質的匱乏、強者

欺凌弱者，已經是那麼令人難以忍受。但是，第四世界的家庭每天教導我們的，更是歧視帶來的傷害；別人不斷提醒你：你樣樣不如人，你是寄生蟲，你是沒用的廢物；你甚至被親友鄰居視為不配享有尊嚴的人。這樣的理解讓他們發現到「貧窮與極端貧窮的不同」[1]。

赤貧對人類的傷害是毀滅性的，對抗赤貧，修復的不僅是至貧者的榮耀，更是每個人的榮耀。所有的盟友，所有投身對抗赤貧的人，都是以這個理解為起點展開行動。大家面對的共同挑戰都是：進一步走入底層，社會變得更文明一些。不管是行動的選擇，還是評估行動是否恰如其分，都是為了維護人性的尊嚴；接下來我們要介紹的行動原則，都是在這樣的背景下展開的。

## ◎開創一種鼓勵身分認同與互為師生的語言

> 正是飽受剝奪的子民的沉默，激發我們展開行動。
>
> ——若瑟・赫忍斯基神父

1 Joseph Wresinski, *Blessed Are You The Poor*, 1984, pp.16-17.

論述貧窮的字彙多如牛毛，社會對那些被貼上這些標籤的窮人也有很多看法。但是，這些標籤都是單方面的施與，沒經過討論；被貼上標籤的人或者無法理解這些術語，或者因此蒙受羞辱、覺得被汙名化。最糟糕的是，這樣的汙名損害他們思考自身處境的能力；當你的處境已經如此難以言說，這些標籤讓你更難以和自己、和鄰里展開對話，更不用說要怎麼和那些設計標籤的人進行論辯了。對那些發動排擠的人來說，這些標籤比較像是一個最終的論斷，沒有開放討論的可能性。就如本書最後一個故事所陳述的，這些標籤讓我們可以將這些人分門別類地「歸檔」，讓我們把活生生的人變成一個技術性的問題來處理。

為了超越社會排斥，我們得要發展一種能力，找到雙方都覺得有意義的表述，不管是被排擠者或是排擠他人者。這是一門真正的藝術，更可以說是一種技藝（craft），必須找到一種新的表達方式，既不否認痛苦，也不歸咎任何人；不僅重建被排擠者的尊嚴，也替那些製造排擠的人打開一條新的路徑。這樣一種新的語言，必須忠於事實的嚴重性，卻不羞辱任何人；讓每個人都有表達的機會，並能從他人身上學習。這就創造了一種共同負責的文化，一種集體的責任。本書第七章，歐盟官員潘得城開會遲到的時候，若瑟神父對他說：「窮人沒辦法再等下去。」他想表達的不僅是窮人日常生活不斷遭逢的輕視和忽略，也指出一條改變的路徑。

## ◎了悟共同的尊嚴：善待窮人，就是善待所有人

繼續奮鬥，永不放棄，盼望明天。

——伊葉莎（Hidba El Hadji Sharawni）
一位身處貧困的巴勒斯坦婦女

### 不只是為了窮人，更是為了每一個人

這樣的理解帶來力量和信心，讓本書的行動者鼓起勇氣為最窮困的同胞爭取最好的待遇，同時拒絕那些「為窮人」額外設計的特殊政策，因為這類措施很容易讓一般大眾覺得「這樣對窮人已經夠好了」，而社會上的大多數人並不關心那些為窮人設計的措施。

由於一直以來遭受排擠與剝削，最貧窮的百姓被當成異類，彷彿他們跟我們沒有同樣的需要，沒有同樣的渴望。一開始，面對生活在赤貧中的家庭，體制傾向於忽略他們的希望與要求，而且拒絕給他們一些基本權利，好像窮人沒有權利跟別人一樣。在這些故事裡面，和底層同胞結盟有一個共同的行動原則：赤貧同胞值得我們給他們最好的，而非劣質品；即使不比其他人好，也不能比其他人差。

這個行動的原則成為洗刷羞辱的途徑；過去，別人只給他們廢棄不要的東西，讓他們覺得自己是次等的。這些故事讓我們獲得新的理解：在這樣的原則下，一旦至貧同胞的尊嚴得以回復，其他人的尊榮便同樣能得到滿全，而且一個人的尊嚴遭受蹂躪，就是全人類的尊嚴遭受踐踏。

第三章的主人翁安德魯便體現出最好的例子。若瑟神父在法國經濟社會理事會提出：人人有權得到工資照發的休假，最貧窮的公民當然也包括在內。一開始，安德魯以為自己聽錯了：「搞什麼飛機？他們沒有工作、沒有錢，也沒有自己的房子，還想跟其他人一樣去度假？真是痴人說夢話。」然而接著他卻表示，這個想法一直縈繞在他腦海，揮之不去，最後他問自己：「對啊，為什麼不行？」

安德魯把這段插曲視為關鍵時刻，他這才意識到底層同胞跟他一樣，有著同樣的基本需求，例如休閒；他們跟他一樣，有同樣的渴望，例如歡度家庭時光；結論就是，彼此擁有同樣的權利。他總結道：「這是行動的主軸，漸漸向外擴展，我因此有機會貫徹自己的信念。」

還有其他類似的例子，顯示這個「只給最好」的原則造成了改變，例如外界對街頭圖書館感到驚艷，因為志願者和盟友總是帶著最精美的書本、最高級的顏料和最先進的科技進入最貧困的社區。同樣地，在談到法國電力公司的第二章，盟友也是通過層層關卡，得到各部門主管的同意與注意，讓最窮困的孩子堂堂從大門進入，參觀了電力公司最有趣的部門。第五章的作者伯爾娜德在給市長的一封信裡面寫到：「以若瑟神父命名的道路，如果不是主要大道而是寒酸小巷，我們就不要。」第四章的作者，邀請報社最好的藝術評論記者，去採訪活水成員深歌女士的十字繡展覽；第七章，歐盟官員潘得城則因為同事在接待第四世界代表團時那種怠慢的態度，而感到忿忿不平，於是他跟署長說：「讓那些以窮人之名遠道而來的代表受到此等羞辱，真該感到慚愧。」最後，第六章的工會成員雅妮，面對醫療系統內白領階級爭取到薪資大幅提高，而藍領階級卻只分到一小杯羹時，她萬萬無法接受，她拒絕這種「無魚，蝦也好」的妥協。每一個故事主人翁都拒絕赤貧公民受到次等的對待，他們不肯退讓，不肯將理想打折，這樣的堅持造成了思想與行動上的改變。

這種做法與主流的策略恰恰相反；主流策略只要求「最低限度的權利」、「專屬窮人的權利」，這種作風可能因為錯誤的盤算而取得正當性，也就是誤以為最低限度的要求比較理性，也比較容易達成。事實上，這種盤算不但讓窮人繼續蒙受羞辱，也沒有機會動員其他人；「窮人配得最好的」翻轉了「窮人跟其他人不一樣」這種根深柢固的看法，這種意識的覺醒讓大家領悟到：窮人跟我們有著同樣的尊嚴。為此，大家必須動員起來，獻出自己的最好，獻出各機構、各社群最好的待遇，唯有如此，才能根除赤貧。

## 真實不虛

獻出自己的最好，並不是口號，也不是一種教育方法，更不是一種冠冕堂皇的宣誓。如果真如安德魯所言，若瑟神父很善於挑戰我們的慣性思維，那也是因為他面對著赤貧的現實所給的挑戰，種種的行動都是出自現實的啟發。他之所以替至貧者要求假期，是因為他親眼目睹這些家庭因赤貧造成的疲於奔命而精疲力竭，他們迫切需要休息，與現實保持一段距離，享受一段快樂時光，在還沒被徹底打倒前，找到一條出路。工程師易富要求讓孩子參觀法國電力公司最重要的部門，而且竭力取得各級單位的同意，並不是故意要引起騷動，而是因為他知道這些孩子遭受赤貧烙印，只要有一點點風險、一絲絲疑慮，他們就會受到怪罪、嫌棄，他們的生活就會掀起風浪，就會陣腳大亂，專注與學習的能力就會灰飛煙滅。我們可以在每個例子裡找到同樣的原因，背後都是植根於對赤貧家庭真切的了解。

也因此，想要結盟、串聯彼此，還有一個非常重要的行動原則，那就是：彼此的參考架構並非一種意識形態，而是對底層子民的了解，如實認識他們的生活、受苦與盼望。除非有人真正地投入，親臨現場，懷著真正的同理與慈悲，否則無法取得這種真知。

赤貧烙印在底層同胞身上，留下累累的傷口，為了修復他們的身心，必須要獻出最好的；這攸關人性尊嚴，而人性尊嚴是無法討價還價的。

### ◎找到行動的機會和自由的空間

行者，前方無路，路是走出來的；
行者，路尚未踏出，
只有你的足跡，
只有航行留下的水痕。

——安東尼奧・馬查多[2]

**「對任何人都沒有敵意。」**

書中許多故事，特別是跟學校、工會或堂區有關的章節，都指出，對盟友來說，他們多少必須克制自己，以免自己對某一個機構或社群懷恨在心，即使這個機構或社群的成員對至貧者的痛苦似乎無動於衷，甚至就是至貧者受苦的始作俑者。在發現自己所處

2　譯註：安東尼奧・馬查多（Antonio Machado, 1875-1939），西班牙詩人。

的機構或社群損害了最弱勢同胞的權益之後，一開始，盟友難免忿忿不平，但是震撼過後，他們都再次重新學會愛，而非批判，因為他們都意識到，唯有如此，大家才能走得更遠。一如若瑟神父所言：「如果我們對待富人就像我們聲稱對待窮人那般有耐心和恆心，如果我們也努力去瞭解富人，我相信這個世界會改變。如果我們愛得更多、投入更多，這個世界會不一樣。」[3]

## 超越權力關係，開闢行動的空間

故事中所採取的行動策略，有一個非常值得注意的特色，那就是：即使情況緊急而且令人難以忍受，卻沒有任何一位行動者強迫他人應該怎麼做或怎麼想。不管是若瑟神父面對歐盟官員潘得城，或安納莉絲面對律師米麗安，或者其他故事主人翁，他們都只是表達了一個至關重要的請求，卻沒有強加任何行動或想法；我們可以從中找到兩個理由。首先，不管是若瑟神父、安納莉絲或其他至貧者的代表，他們都心知肚明，對方大可拒絕或婉辭他們的要求，所以強求何益？另一個更重要的原因則出自底層的智慧，他們意識到自己也不知道該怎麼做才好，或是更精確地說，他們不知道對方在其所在的位置上能做什麼？他們只知道他們需要對方，但是還不知道在這場奮鬥裡對方可以做出什麼獨特的貢獻，以促成彼此的交流互惠。也因此，行動的挑戰並非去限定對方該做什麼，或是要對方進入一個沒有討論空間的計畫裡；而是創造空間，讓對方的思想與行動有發揮的餘地。

避免越俎代庖是一種不容易達到的倫理，甚至是一種不容易擁有的智慧。事實上，面對至貧同胞遭逢的不義，我們會心急，認為事況刻不容緩，應該立即改變現狀，這時候我們難免會產生一種誘人的想法，那就是取得權力，藉此強制執行一種解決方案，此外還難以寬容那些抱持不同意見的人，對於解放之路的遙遙無期失去耐心。然而，正是在給出時間之後，才能讓對方有機會油然生出屬於他們自己的義憤填膺，這時候，人們對他人的輕蔑才有機會停止。最貧窮的人在這方面是大師，因為他們日日夜夜、歲歲年年都生活在這種張力中；一方面，事況緊急，必須做出改變，另一方面，也只有人心發生改變，事況才會改變。為此，除了耐心，還得要有信任之心。若瑟神父說過：「赤貧是人為的產物，也只有凝聚眾生，才能根除它。」

跟至貧同胞的互動，如果是一種解放，而不是一種封閉或單方面的灌輸，就是一所至高的學府，在那裡，我們一起學習不將自己認為好的解決方式強加在別人身上。超越

3 譯註：若瑟．赫忍斯基，《親吻窮人：若瑟神父與第四世界運動》（二〇一一）；楊淑秀、蔡怡佳、林怡伶譯（二〇一三），臺北市：心靈工坊，頁三二三。

權力關係的倫理正是如此，沒有任何人會去利用或剝削他人，這樣才能夠動員非窮人一起對抗極端貧窮。在本書的故事裡，如果有時候運用了一些策略，目的都是為了讓矛盾與不一致的情事浮出檯面，減少隔閡，創造相遇的空間，讓不同的挑戰有機會彼此觀照，讓大家有機會更自由地思考與行動。人永遠是行動的主體，而非行動的手段。

### 行動與人分不開，思行即思人

在以反思這十二個故事為主軸的研討會進行期間，美國當代教育學家唐納德・舍恩幫助我們更深入描述這種將行動與人聯繫起來的獨特思考方式。他問大家：「你們的策略是不是找到體制裡面的關鍵人物，一如潘得城之於歐盟？」好幾個人異口同聲回答：「完全相反。」

接著，法蘭絲給了下面這個例子；法蘭絲是在諾瓦集緊急收容營區加入若瑟神父的首批志願者之一。

在那飽受眾人摒棄、充斥著絕望的貧困區裡，這個運動於草創時期最令人難忘的一個行動，是替貧困區的婦女成立了一個美容沙龍。在此之前，有一位女士經常來貧困區幫忙；若瑟神父、志願者或貧困區的家庭想進一步認識她，想知道她平常都在忙些什麼。面對詢問，這個女士看起來很尷尬，總說她的職業跟貧困區的生活一點關係也沒有，最後，若瑟神父使出渾身解數，運用他的真情、幽默和固執，總算讓她說出自己是美容師，若瑟神父立馬歡呼：「太棒了，我們來開個美容沙龍！」

這件事讓營區的家庭印象深刻，因為一直以來，他們總是接受別人不要的東西：別人用過的棉被、二手的衣服、快要過期或吃剩的食物。美容院的存在將重新喚起他們的尊嚴，激發深度的改變。雖然這個小故事被一提再提，但是一直到現在，它還有很多面向沒受到探索：這個行動如何「發想」出來，還有那個想出這個點子的人。這個行動既非來自偶然，也不是事先計劃好的；起初的想法是，先讓人們有機會過來看看，接著，行動會從人與人的相遇中自然生發出來。回顧那段草創時期，若瑟神父總說：「一切都出自於共享的生命，而非理論。」

在我們的故事裡面，行動的發想都源自人與人的相遇，源自無時或忘根除極端貧窮這個最終目標以及每個人的身分兩者間的張力。這樣一來，沒有所謂的上司與屬下，每個人都是行動的創造者，都是某一段故事的作者，只有他自己能寫下這段故事。

**留下足跡**

事實上，行動的發想大大依靠旅程中遇到的同伴；不可諱言，這樣的自由度與不確定感可能讓人害怕，也因此，路上我們當然需要一些安全感、一些地標，還有指南針。

事實上，特別是在赤貧這片土地上，如果不想辦法定期去測定方位，你就無法開創新路，因為這片土地對許多人來說依然是如此陌生、混亂不堪。

本書的故事主角找到的安全感，來自他們在旅程中回顧並反省過往的足跡（Schön, 1983），這個方式有兩個實踐層次：

- **個人層次**：日復一日地書寫、記錄，不是要證明什麼，而是為了理解，一如第十章的鄉村牧師保羅所言：「讓事情變得更具體，慢慢變成自己的一部分……，並看到箇中錯綜複雜的關聯。」換句話說，就是在一片混亂中，抽絲剝繭，找出條理。
- **集體層次**：有機會跟志同道合的夥伴分享，他們懂得傾聽、不輕易下判斷，這樣一來便可以避免一廂情願或各說各話，目標是一起面對重重困境、各種瓶頸和不斷的挫敗。大家並肩，試著更深入理解，訂出可行的目標，找到可行的方向，在細微處發現進展，旅程中大家唯一的指南針是至貧同胞的解放。

保留這些個人與集體行動的足跡，讓經驗有機會累積並得到整理，這些整理過的經驗將成為其他人旅途上的乾糧與靈感的泉源。在本書的各個故事裡面，特別是第八章的小型企業，第四世界運動和創立人過去書寫的故事就帶給主人翁許多鼓勵與啟發，特別在他們感到孤單、沮喪的時候，他山之石可以提供借鑒，幫助他們理解，找到行動的可能性。

## ◎不再各走各的路：公與私的和解

> 只要把平淡與激情連結起來，
> 兩者便都得以揚升，
> 而人類的愛情會達到高峰。不再過著分裂的日子，
> 只要做出連結。
>
> E·M·佛斯特，《此情可問天》（*Howards End*）

志業的核心是要在失去連結的地方重啟連結，對窮人好，就是對大家好，這件事在第一章安瑪莉·杜桑和克勞德·貝爾的故事裡表現得最明顯。如果一位老師（或任何其他專業）不但沒有為底層的學生提供應有的服務，甚至排擠他們，那麼他背叛的不僅是這些學生，更是背叛了自己，同時他也無可避免地背叛了自己的專業與所屬的教育體

制。跟任何其他老師一樣，他可能無知於此舉對孩子、對自己、對專業與體制發生的影響，他可能不去理會這些孩子與他們的家庭懷抱的希望與痛苦，非但沒有試著苦人所苦（亞當．斯密所謂的「同類情感」〔fellow feeling, 1759〕），還跟他們劃清界線，抱怨並歸罪他們。

這個看似無解的死胡同，在何時出現轉折呢？就在克勞德．貝爾親眼目睹這些底層學童和他們的家庭懷抱的痛楚與希望那一刻，他將那些痛楚與希望內化為他個人的痛楚與希望，從而讓自己能稍稍脫離封閉的體制所加諸的角色。於是，他想辦法把這件事搬上檯面，採取行動，讓相關人士還有這些家庭站上舞台，讓大家看到人與體制間出現的張力與兩難。這個張力引領著他，讓他開始幫助自己的教育夥伴們，好讓他們也有機會發現這個兩難的處境，看到行動的空間與自由。接下來我們要詳細闡釋這個過程。

克勞德．貝爾聽到每個老師都在抱怨那些弱勢學童成績總是遠遠落後，指責這些學生家長一點都不關心孩子的教育，對此，他很狐疑：「透過我自己的私人關係，我知道，這些處境最不利的家長一直夢想下一代能夠擁有美好的未來；但是，這件事由我來說比較沒有說服力。」最後，他的私人見聞和他的專業職責之間的拉扯張力讓他做了兩件事：邀請雅各．西蒙，一位代表體制但心胸開放的教育專業人員，來凝聚教育界的相關夥伴；他也建議雅各邀請安瑪莉．杜桑參與，這位長期在第一線的志願者可以公開傳達他私底下所理解的真相。這兩項舉動開啟了一條新路，最後走向舉辦阿哈市的研討會；透過他在私人與專業生活中的經歷，他讓大家有機會聽到底層的聲音。

克勞德．貝爾決定不再獨自承擔公私領域間的矛盾，不再獨自尋求公私間的整合與連結，而是將之搬上舞台，讓他在私領域領悟到的事實分享給整個體制，這便是構成他整個行動的發動機。

在每個故事裡面，我們都可以找到這樣的內在張力，一邊是人與人面對面的理解與友愛，另一邊是各種需求、法律條文、專業或機構的規定。就像第八章的小型企業主歐漢米，他在巴黎自由人權廣場和默理重逢，他說：「默理來到這裡並不是為了和他的前老闆重逢，而是想找到一個和他一樣的公民，一個想要拒絕赤貧的公民。」但是，那個地方是驗證彼此是否真誠的交會處，他不會忘記自己的企業主身分，以及這個身分所代表的工作機會和專業要求，那也是默理所需要的。

公私間的張力、拿捏與和解，開闢出一條行動的路。這讓人回憶起，一九八七年十月十七日首次世界拒絕赤貧日那天，同樣在自由人權廣場，若瑟．赫忍斯基神父向年輕人發出這樣的召喚：「你們將開出一條新路，在那裡，正義和友愛終於達成和解。」

## 行動的政治學：成功的背景和公共的責任

### ◎盟友在什麼樣的背景下展開行動？他們身邊有什麼資源？

我們介紹的這些故事，故事主人翁所展開的行動之所以成功，原因包括他們個人內在與外在的資源，他們所做的選擇，以及某種行動的倫理；當然，他們也受益於某些時空背景，有一些互助網絡支持著他們，他們也竭盡所能，使用已存在的資源，簡而言之，就是中國人所謂的天時地利人和。

現在我們想要舉出幾個支持的要素，好讓每個想要對抗赤貧與社會排斥的公民都能成功地建立連結，在體制、社群部落或各種專業與他們所排擠的公民之間重建連結。換句話說，我們想要指出這些盟友所展開的行動之所以成功，需要哪些基本的「裝備」？哪些行動的要素？哪些已經存在的社會背景？以這些故事為基礎，我們辨識出五項重要的資源。

首先是付出時間，這項資源來自個人的私領域，大部分由行動者本身決定。其他四項資源，耶路撒冷希伯來大學人類學系班亞立教授在研討會上將之命名為「行動的基礎配備」（infrastructure of action），很顯然地，這四項都是外在資源，行動者可以在公領域找到這些資源做為支撐。透過第四世界運動獨特的經驗，我們理解到這些需要；也因此，讓每個公民在需要的時候都可以取得這些資源，就成為每個機構、每個社會都應該努力的政治方向。所以，機構的領導、政治的負責人、政策的制定者及意見領袖們，不得不追問：如何動員一個體制，或更精確來說，如何動員全社會的各種網絡？換句話說，要如何創造一種社會背景，凝聚各種必備的社會資源，以便支持每一個公民展開行動，對抗赤貧與極端排斥，創造祥和的社會？

事實上，社會排斥發生在每一個層次，需要每位公民的投入；而且，沒有任何人可以單打獨鬥，每個人都需要支持，都需要想辦法和其他人一起行動。

## 時間就是資源

故事裡面這些盟友最常使用的資源就是時間，難以計數的時間，一方面，他們為已經展開的行動付出時間，另一方面，需要夠長的一段時間才能看到行動的初步成果。以法國電力公司的故事為例（第二章），花了八年的時間才促成「幾件事情發生具體的改變」，才讓至貧家庭不致於被斷電。

毫無例外地，每個故事都指出，需要時間才能看到行動的果實。這一點都不讓人感到驚訝，想要改變人心、改變想法、改變體制，總是需要很多時間與耐心。想要改變行之有年、根深柢固的心智與體制，改變大家對赤貧某種既定的眼光，就需要更多更多時間了。

但是，論及赤貧的時候，如果社會輿論談的只是急難救助，只是發放物資與緊急安置，一個公民怎麼能夠了解，得花八年的時間才能鬆動一個體制？如果緊急救援、給米發便當的概念如影隨形，年復一年，他怎麼能夠接受需要花時間訓練自己，以便長期投入？如果他找不到任何支撐，看不到希望，如果他只聽到媒體報導各種緊急介入，瞬間即逝，沒有後續，他要怎麼繼續尋找希望，而不感到沮喪絕望？

所以，我們不得不苦口婆心，重複強調：如果沒有長期投入，不可能看到顯著的成果。我們無法匆忙急促地重建人與人的關係，而且這些盟友投入的時間並沒有白白浪費，而是充滿意義，贏得許多新的發現；邊做邊學、記錄及分享，肯定讓他們越發意識到這一切的投入有其價值。

在公領域，需要勇氣才能倡議我們在此汲取的一個教導，那就是：**儘管傳媒效果良好，但是，各種「救急不救窮」的行動，根本無法根除赤貧**。必須提出一種新視野，那就是，除非長久投入、謙卑蹲點，肯認公民年復一年看似卑微的投身，否則，我們不可能和最底層的公民重新建立連結。

**外部資源：行動的基礎配備**

在本書的故事裡面，大家都善用了身邊已有的外部資源，亦即所謂的「行動的基礎配備」，當然，每個故事發生的背景不同，身邊能夠運用的資源也有別，但相同的是，對這些盟友來說，這些資源在行動的不同階段都提供了重要的功能，接下來，就讓我們來描述這些功能。

- 創造和傳播關於貧困的新想法、新知識和新視野

一開始，故事主人翁聽聞一種關於赤貧的新想法與新視野，這個想法包括：極端貧窮是人類共同的挑戰；為了根除赤貧，每個人都可以展開行動。所以，先決條件是這樣的訊息必須先生產出來，並經由各種途徑與不同的媒體傳播；本書提到的例子包括：演講、電影、攝影展、研究報告、報刊上的文章、出版見證、講述行動和大型造勢活動等。

- 創造相遇的平台，與赤貧家庭平起平坐

接著，這些人有機會以一種嶄新的方式，和生活在赤貧中的公民平等且自由地相遇，有機會交流、對話，參與共同的活動，建立連結並一起展開行動，互相學習，造成改變。不管相遇的場景是世界拒絕赤貧日的公開活動、平日的街頭圖書館或第四世界平

民大學，都發揮了橋樑的功能，彌合社會排斥造成的隔閡，發現對方的人性。這樣的平台也讓赤貧公民有機會發聲，表達自己的思想，讓自己被聽到，受到其他人的肯定。每一個凝聚赤貧公民的協會組織，每一個生活圈的人，都可以提供這樣的平台；現實生活中有很多這樣的協會，特別在基層，只是鮮為人知。此外，這樣的相遇、這樣的功能應該得到肯定與提倡。

- **建立支持網絡，以便反思行動，並日久天長持續投入**

當一個人的投入日漸加深，他需要知道自己並不孤單，才能避免心力交瘁。他也需要找到一個能夠分享經驗、反思行動的地方，一些能夠相互陶成的支持網絡，以便重新思考自己面對排斥與赤貧的經驗，發現自己的責任與潛力，進而在自己的社群、部落、職場、體制和被排斥者之間建立連結。事實上，如果一個人沒有一個可以跟別人討論、交流的空間，他的行動肯定難以為繼，無法長長久久。這也意味著，行動的經驗與實踐的知識必須加以記錄、積累，此外，不僅是專業人員需要在職訓練，每一位公民都需要，這樣大家才能從過往與當下的經驗中學習。在此，我們也要特別強調兒童與少年的角色，在好多篇的故事中，他們常是行動的馬達，他們也需要這樣的平台，好將他們的理想付諸行動。

● 建立正式的代表團

最後，當泥土挖鬆，體制準備好要聆聽他們原先排斥的公民，這些盟友們便依靠已經存在的協會組織，代表最貧窮的公民參與正式的對話。

上述提到的這四種功能——創造並傳播訊息；對話的平台以及和赤貧公民連結的協會；提供支持、相互陶成的網絡、經驗的積累；加上形成窮人正式的代表團——就構成了之前提到的投身旅程中的四個十字路口。如果能夠將這些功能鉅細靡遺地陳述出來，並找出其他功能，一定會很有意思，這並非不可行。但我們覺得最重要的，是記取這四個主要原則，並追問這些功能是透過誰，而且如何得以發揮？事實上，在這些故事裡面，許多體制在過程中扮演越來越重要的角色，確保這些盟友可以獲取行動所需要的基礎配備。現在我們就要來研究看看，上述這些功能的發揮如何轉化了體制，並且還讓體制本身積極主動，起而開創新局，對抗極端貧窮，讓社會更進步。例如在本書第五章，一開始波爾多市政府支持第四世界運動的行動方式是提供一個硬體的空間，接著邀請其中一位成員參選市議員，到最後代表波爾多市加入歐洲城市組織網，成為歐洲都會貧困議題的領導人物。

今後，我們將把這樣的過程稱為「行動的政治學」。

## ◎行動的政治學：誰創造了有利的環境

瀏覽本書，初步印象可能會讓人有一種錯覺，認為行動之所以成功，基礎配備的那四個功能都是由第四世界運動在提供。沒錯，這個運動確實提供了不少行動的支架，但是，第四世界運動真的是唯一提供支撐的人嗎？先看看支持與反思的功能。本書第十章，在英國的鄉村，離村子最近的第四世界團隊遠在好幾小時的車程外，事實上，保羅牧師在遇到瑪莉之後，是因為參加了蘇格蘭人類關係學院的小團體，才得以向他人講述自己的無助與慌亂，得到了支持，並進一步思考可行之道。事實上，本書的行動者提到，第四世界之外，有很多不同的組織與協會、很多團體，包括宗教團體，構成他們的支持網絡。

但最值得注意的是，在故事發展的過程中，第四世界扮演的功能慢慢由相關體制接棒。例如第一章，籌辦阿哈市那場研討會的一開始，第四世界的確以非官方的方式，提供基層教師們一個接受陶成的機會，也在教育廳組織教師研習會的時候，提供訓練；此外，「學校和第四世界」這個教育工作小組也是一個重要的平台，教師可以在這裡吐露他們的挫折、疑惑，並互相學習。到了故事的尾聲，這些功能大多由教育體制本身接手，一方面，體制本身替未來教師設計了攸關赤貧議題的課程，強化學校與赤貧家長間的夥伴關係；另一方面，體制內也創建了一個組織，負責探索、蒐集學校和赤貧家長間的合作經驗。

同樣地，第十一章的聯合國外交官亨利．樂農也將「創造並傳達赤貧訊息」的功能轉交給聯合國；到故事的結尾，聯合國機構本身擔負起傳達這項訊息的責任：赤貧是對整體人類的羞辱，根除赤貧是大家共同的責任。為此，聯合國通過一些決議，倡議十月十七日為「世界拒絕赤貧日」，接著還宣布了聯合國系統第一個消滅貧窮十年計畫，並且給予可觀資源，好讓這個想法在國際社會受到重視。

### ◎再次檢視體制的政治角色並探索它廣納百川的海量

這些故事指出，當體制竭力避免社會排斥，體恤全體公民而擬定新政策時，體制內部的操作模式就發生了饒富意義的改變，體制成員的行動就能充分發揮功能。像本書第一章在學校的例子，第三章在法國經濟社會理事會，第十一章在聯合國，我們都看到體制的轉化。當初那些支撐盟友行動的基礎配備，後來由體制接手，結果體制內所有成員都受惠，讓大家在行動時都得到應有的支持，達成共同的目標。

這些改變不只回應了少數幾個公民的行動需求，也造成一些意想不到的結果與深刻的轉化。這意味著，體制不僅意識到自己對被排擠者應負的責任，更發現當自身變得更人性化的時候，對體制本身的倫理、眼界還有功能的運作都帶來許多貢獻。發現到赤貧者、被排擠者的面容，還有這個發現所釋放出來的行動力，讓體制積極投入，起身反對所有矮化人性價值與侵蝕民主準則的情事。

這就是為什麼我們要從這些「民主藝匠」身上汲取教導，因為他們誘發了這些饒富意義的改變。這些改變的建築師是體制的領導者以及決策者，如果沒有他們的投入，盟友的行動再怎麼令人欽佩都無法發生如此廣泛的影響。因為領導階層的投入，整個體制在對抗赤貧的行動上扮演了重要的角色。依循本書的精神，現在我們就要來介紹這些體制的領導者是怎麼展現出他們的「手藝」，造成改變。首先，我們要陳述的是激發並啟動他們投入的因素，接著，他們是怎麼從盟友身上學習，並和他們一起合作，將赤貧家庭迎接到體制的生命裡頭。

體制的負責人之所以願意聆聽這些也是體制一員的盟友，是因為意識到這些盟友的確心繫赤貧公民的權益，而且成功地為窮人和體制成員建立了獲益良多的關係，而與此同時，盟友也盼望徹底實現體制的核心價值。這些連結建立起來之後，體制高層想方設法試著讓被排擠者和體制之間的關係能夠繼續維繫。事實上，在民主社會中，體制的角色正是創造條件，創造各種得以持續展開行動的基礎配備，讓民主生活得以向下扎根、開枝展葉，讓盟友這類的公民行動得到鼓勵與支持。他們的行動彰顯出政治人物的品質與風範，他們理解到，當自己與體制理解並充分扮演自己的角色時，也會鼓勵其他人展開行動，這裡我們就聚焦在先前提過的那四個讓盟友成功達標的行動基礎配備。

1. 首先是**訊息的傳播**，當這些體制的負責人發現到，在赤貧公民眼中，他們身為社會核心價值的保護者是何等重要，而赤貧的存在卻讓這些價值黯然失色，這樣的發現讓他們毅然決然地運用了職務賦予的權威，公開表達他們對赤貧的拒絕，聲明他們遏抑赤貧蔓延的政治意志，動員了體制內每一個成員，也因此，他的發言與價值觀獲得了重申。

2. **創造對話的平台，和赤貧家庭對談**；這些高層的負責人深刻意識到真的迫切需要這樣一個平台，因為他們理解到自己擁有的知識尚不足以根除赤貧這樣的社會沉痾，而這樣的交流平台能夠產生新知，彌補舊知識的不足。他們心中有數，體制內並沒有這樣的平台，而且體制內似乎也無法提供這類對話空間所需要的獨立性與自由度。他們不想錯過向赤貧家庭學習的機會，所以想辦法在體制外尋找這樣的相遇平台，並將學習所得帶回體制內部，分享給所有的專業人員和公民。本書第一章的克勞德．貝爾讓自己的體制和第四世界運動的一個地方性小團體成為平等的夥伴，在這麼做的同時，他便是肯定了地方團體創造的對話空間；接著，他將這樣的親師對話機制引進體制內部，並讓這機制成為一種系統化、持久性的平台。這樣一來，體制的負責人就促進了體制向世界開放，並加強了他向體制外學習的能力。

3. 為了協助自己和體制成員有機會**分享經驗**並認識社會排斥的具體內涵，體制領導人發現，在內部成立一個小組有益於體制的決策，成員可以藉此平台討論社會排斥，並反思自己所執行的任務對赤貧家庭有何影響。這樣的討論小組影響了機構的文化，本書第四章瑞士報社記者梅耶的故事就是有力的證明，他在報社日常的討論中，敦促同事對貧窮與貧困家庭的處境有更多的敏銳度，讓報社同仁不再刊登名聲遭到汙衊的家庭的名字。這樣的政策後來擴展到所有公民身上，成為法律，確保每位公民的隱私權。促成這類討論小組的成立，並邀請每個人積極參與其中，這樣一來，體制的負責人就加深了每位成員的尊嚴，讓大家意識到自己對整體做出的貢獻。

4. 最後，這些充分展現民主的機構決定要提供機會，讓他們服務的公民或客戶群充分表達自己，讓每個群體都有**代言人**，直至最底層、最沉默、最不容易被看見的群體。體制不能繼續被動空等壓力團體來施壓，因為施壓的總是較為有力的群體。體制必須主動去尋找對話的新芽，讓那些最不容易被聽見的聲音在民主的辯論台上被清楚地聽見，讓弱勢者的聲音進入正式且公開的對話，以便擬定新的政策方向，並對各種公共行動進行評估。這樣一來，體制的正式民主程序便能更加鞏固。

事實上，體制的領導人與赤貧者及盟友的互動中所獲得的學習經驗，讓他們成為體制更好的締造者，能夠更完善地實踐體制初衷。就像本書第七章歐盟文化總署署長貝約翰所言，歐盟的使命因此得到振興，讓整個體制因此處於學習的狀態，變得更加平等與公義，整個社會也變得更好。

## ◎任何體制？

這些讓行動結實累累的元素要怎麼擴散到社會各角落呢？這是大家在整個研討會進行的過程中最關心的問題。這些和至貧同胞結盟的行動，可以發生在任何體制或組織嗎？也就是說，結盟對象，可以涵蓋非營利組織、公營或私營的機構嗎？換個角度問，從赤貧公民的視角來看，在他們追求正義與尊嚴的奮鬥過程中，任何機構或組織都是潛在的盟友嗎？

本書之所以會選擇這十二個故事，一方面是因為現成的資料相當豐沛，另一方面則是因為主題與貧窮有關，而且橫跨教育、媒體、就業、工會、醫院、學術界、公共服務、家庭法院、社區生活、城市的公民權，直至國家與國際的層次，這就說明了大部分的組織和機構跟貧困這個議題都脫不了關係。但是，在結盟的過程中，所使用的核心方法一直是喚醒經常被遺忘的最高價值：毫無分別心地為所有的人民服務。按這種說法，讀者可能會覺得只有公立機構才有服務全民的義務，所以理所當然要將窮人中的至貧者考慮進去。事實上，第一章的公立學校、第二章的公共服務、第三章的法國經濟社會理事會、第五章的市政府、第七章的歐盟和第十一章的聯合國，確實都是身負實踐普世價值的公立機構；但是，不要忘記，本書有一半的故事，例如第四章的瑞士報社、第六章的醫院工會、第八章的小型企業、第九章的律師事務所、第十章的鄉村教區，還有第十二章的學術界，都是私人機構，有些甚至是營利的企業，或是目標群體並非全民；即便如此，在和飽受排擠的窮困公民來往的過程中，他們似乎審視並更新了該專業或自身使命的最高價值。事實上，不管是私立還是公立機構，所有的組織都會面臨許多價值衝突：擺盪在包容、反歧視、普及全民的價值與短期效益、考慮多數與程序正義之間。

再一次地，我們可以說，似乎沒有任何原因可以排除任何機構去成為至貧同胞的盟友；我們還可以斷言，跟被排擠者結盟可以在每一個機構激發出最高價值，甚至讓價值的衝突取得更良好、更健康的平衡；即使有些機構一開始擺明歧視與排斥的態度，甚至厭惡民主的價值；即使一開始，這些機構看起來很不容易說服；即使某些組織看起來好像完全喪失公民責任感，或者看起來似乎只關心私利；另一些組織可能強調，和至貧者長期互動，只會讓他們業績下滑。因此，我們可以不要在一開始就期待它們成為對抗赤貧的盟友，而是將之視為負起公民責任與嚮往民主的夥伴，有朝一日，他們終會體認到，和赤貧同胞結盟是值得關心的一件大事。到時候，就可以借力使力，匯聚他們，去面對其他看似對窮人更有偏見的機構。

結語可以這麼說，如果有更多的體制願意前仆後繼，在自身的結構中表達出強烈的政治意願，擬定根除赤貧與社會排斥的行動計畫，那麼整個社會和所有的公民就更有機會一起達成這個共同的目標。就像本書第三章的約翰・安德魯所言，唯有「堅實的社會基礎」才能面對赤貧這樣的巨大挑戰；這樣浩大的文明計畫比賺錢營利還難上千百倍，不可能單單交給某幾個協會來處理，它必須是全民的共識。

每個人都該加入這場奮戰，不只是因為此舉對窮人有好處，而是這麼做，對大家都有好處。我們需要他們，一如他們需要我們；一如赫忍斯基神父所言：「赤貧同胞是人類各種意識形態的泉源，因為人類透過不義認識了正義；透過恨，認識愛；透過鄙視，認識尊嚴；透過專政，認識人人皆平等。」

【後記】

# 和舍恩一起踏尋實踐知識

一九九七年七月十三日，我們可敬的朋友與同事舍恩突然病逝，使得我們無法按照原定計畫完成本書的編輯，因為舍恩在過世前已開始編寫本書最後一章，卻在完稿前離開我們。他的家人把他未完成的手稿交給我們，其中字字句句都反映出我們曾經有過的深度交談，還有本書寫作的過程中那些令人振奮的討論；事實證明，本書的完稿只是新旅程的開端。還有許多其他的故事要採集，好理解其他人是怎麼突破固若金湯的赤貧城池，以便從中汲取更多的教導，不只是為了要描述這個世界的樣貌，更是為了要學會怎麼轉化它：在看似難以翻身的地方激起希望，在封閉與玩世不恭的地方激起投身，在互不信任的地方激起知識的交流與分享，在看似絕境的僵局中激起交流互惠。舍恩留下的手稿有幾個主題非常契合這場共同的學習與探詢，我們想特別強調其中三個重點，希望沒有偏離他的思想。他的手稿是這麼起頭的：「第四世界的計畫有什麼獨特之處？我從中學到什麼？」

由左至右：丹尼爾、唐弟予、羅生福和舍恩於《民主藝匠》研討會，一九九六年，法國。

第一個學習，是區辨貧窮和極端貧窮的差異，因為極端貧窮伴隨著社會排斥，令人蒙羞受辱，舍恩指出，這樣的區辨不僅牽涉到問題的本質，而且應該影響我們的行動：也就是說行動不能只停留在物質層次。他引用若瑟神父的一段話來說明這段反思：「我的母親只有施主，沒有朋友。」

另一個主題，則是不斷尋求用其他的方式和比喻，來描述第四世界運動在各個層次所展開的行動，這個運動如何和最貧窮的家庭並肩同行，同時也和社會體制展開合作。他想指出其中的複雜性，這種同時展開的行動是多層次的，但卻不是一種事先設計好的行動計畫，不是一種機械式的模式。如果用「資本主義」的比喻來形容這樣的實踐經驗，我們可以說這個運動投入大量的人力資源，用很長的時間，和人建立信任與友誼。這樣的實踐，在每一個層次，都要求極大的慷慨與寬大，不管是面對個人、團體或體制；這樣的「投資」得到的「回報」是一種全新的財富：一個互信的對話，彼此互為師生，互相學習成為可能。舍恩用這些我們不曾使用的語彙來描述第四世界，這表示我們可以、也應該從這些故事汲取更多的教導。

舍恩的手稿最後一個清楚表達的主題，很可能也是最重要的，就是我們經常提出的追問，同時也是一個值得繼續深思與探索的問題：對行動的思考，怎麼從各種行動中汲取教導，從而建立並檢驗這種實踐知識；他將之稱為「對理論化的抵抗」（Our resistance to theorizing），他說這點讓他最為震撼。這個觀點讓他不斷面質自己，因為他看到這個關鍵點對自己的研究有著深遠的影響。

他在手稿上是這樣寫的：「在這場對行動進行反思的研討會上，實踐知識似乎經常來自貧窮家庭或若瑟神父，而不是『我』這個陳述行動故事的人。」

接著，他用不同的方式來描述這個發現背後的弔詭之處：

一方面，赤貧家庭有理由聲稱知道這個知識並得以主導：「我必然知道，而且我的確知道」，因為，如果要達成根除赤貧的目標，至貧者的知識不可或缺。

另一方面，他們也聲稱「我不知道」；但別人知道，因此知道的人得以主導並必然握有某種知識的掌控權。這意味著，我們在使用知識的時候，不應該將知識與那些發展出知識的人分開而論，這門知識屬於他們。

在企圖創建出一個有益於行動的知識時，第四世界運動的成員不管在個人或集體的層次，都得要面對這個兩難，而這個兩難促使他們不斷開闢新的路徑。

事實上，本書的整個編寫過程，這個兩難一直縈繞不去。一邊是飽受赤貧折磨的同胞，一邊是目睹這個痛苦的局外人，面對這麼敏感幽微的議題，怎麼確保這場思考的努力不致於成為一道心智的藩籬，不致於將對方當成客體，不致於阻礙彼此的投入。我們希望，這些故事以及從中汲取的教導，對每個人都有助益，並激勵大家繼續勇於相遇，分享彼此的生命，這樣的分享是行動與實踐知識的泉源。

【附錄】

# 個人、體制和故事：方法學的評論

艾爾・班亞立[1]

本書包含十二個成功的故事，主人翁費盡心思，奮力對抗貧困和社會排斥，本書也分析了在實踐與組織的層次，我們可以從主人翁身上學習到什麼樣的教導。在這個簡短的附錄中，我試著檢視並審查這些敘事方法的意義，為此，我提出兩個問題：首先，從行動者、行政人員以及因赤貧而受苦的人們身上汲取意義和訊息的過程中，這些故事扮演了什麼樣的角色；接著，第四世界運動對內對外傳播這些敘事的教導時，故事又發生了什麼樣的作用。

說故事是人類最熟悉的活動之一，敘事總包括了情節、人物和事件。故事可能是人

1 班亞立是耶路撒冷希伯來大學組織人類學教授。

類用來組織經驗和賦予個人或團體意義最常見的方式之一（Zilber, 1998; Lieblich, Tuval-Mashiac and Zilber），不管有意還是無意，在聽眾或讀者面前，說故事的人經常會描述、報告、傳授、喚起或建議各種信息和想法。好故事的力量在於它們具有雙重或矛盾的特質，本書的敘事就是很好的例子。例如，好故事總是既簡單又複雜：它們簡單易懂，「任何人」都可以理解；複雜則是因為故事是開放的，經常邀請大家進行多樣化的解讀。換句話說，這樣的敘事結構依循著世界各文化中非常基本的模式進行著，而且還充滿了人物個性的具體細節和社會生活中各種複雜的分工。擁有這種特質的好故事容易獲得聽眾或讀者的共鳴，進而將其中蘊含的訊息和理想付諸實踐。

基於這些考量，讓我簡要地描述本書收集的這些敘事的特徵。在此，我想強調，在現實中這些特質都是相互關聯的，以下我分開陳述的要點只是為了便於分析。

一、從最簡單的層次開始談，我們會發現本書的故事以一種非常謙遜的方式在描述成功。看到各種事件和投入其中的人物報導，讀者可能會把這樣的故事視為成功心法。以這種觀點來解讀，第一篇故事敘述學校和原本「缺席的」父母的奮鬥，第十一篇故事講的是窮人的代表進到聯合國，兩者都針對過去的成就提供了豐富的實例，包括不同公務體系的行政管理人員、志願工作者和非常窮困的社會成員的成就。從這個角度來看，這些故事提供了豐富的細節和材料，讓唐弟子和羅生福建構實用的行動手冊。不過，事情複雜多了。

二、成功的故事讓人感到自豪，因為它們體現了普世價值，並提供具體實例，指出令人激賞的行為方式。因此，這些故事明確指出價值與理想值得追求，並指出追隨、仿效的方法。第八篇故事就是很好的例子，透過經驗的陳述，說明一家小型企業的業主如何理解並實踐自己的核心價值，同時也清楚表達他們看待社會的視野。從更具體的層次來說，這樣的故事讓讀者通過值得認同的行為模式來討論和展現個體身分的各種面向。這些敘事的力量，就在於透過特定行為的描述，讓人理解到更寬廣的理想和信念。

三、第二點聚焦在行動和價值觀的認可，第三點則與舍恩（Donald Schön, 1983）所說的「能夠轉化為行動的知識」（actionable knowledge）有關。好故事不僅包含可靠的描述，或者能和讀者的經驗及信念產生共鳴，也包括行動處方，這樣的敘事包含可以付諸實現的行動計畫或建議。聽到這樣的報告，我們會進入仿效模式：通常，我們會無意識地搜索故事和我們自身經驗相似的地方，想得到某種行動的指南（Kets de Vries and Miller, 1987）。本書第四章關於窮人在瑞士報紙發聲的故事，以及第六章關於清潔工人如何加入醫院的工會，都是很好的例子。

如果聚焦在「知識能否轉化為行動」，故事的鋪陳就顯得特別重要。透過敘說不同行動者所面臨的困難和僵局，聽眾與讀者能夠更全面地理解這些知識的生成，是透過主人翁在旅程中不斷克服不確定因素，並在錯失機會與緊抓良機中鍛鍊出來的。對大多數的人來說，書到用時方恨少，而且他們對現存的實踐知識也只有非常模糊的概念。然而，這些知識又如同這些報導所描述的，是不斷積累出來的。此外，走向成功的旅程日誌也告訴讀者，那種隨時準備好要抓住機會的作風，如何強化擴大了一開始並不起眼的成功，而且透過這個機制成為可以更廣泛使用的行動模型。本書第二部側重分析，在那裡，唐弟予和羅生福明確陳述了十二個故事裡面所包含的「能夠轉化為行動的知識」。

四、第四點與上一點息息相關。一個好的故事不只會描述人類的力量與勇氣，也會提到他們的脆弱和缺陷。藉此我們可以獲得一個圖像，就算是最窮的人對自己的狀況也有某種掌控權，故事可以帶領我們對他們的生命產生感同身受的理解。例如第十篇故事所描述的那個在英國鄉村教區被厭棄的家庭。古魯默—內沃（Krumer-Nevo）[2]推薦大家閱讀這樣的故事，她認為，透過這些故事對人類生命錯綜複雜、糾結難解的描述，完整呈現了情境中的人們，幫助我們不只將窮人當成剝削制度下的受害者，或因道德淪喪而罪有應得的人，而是在理解他們生命困境的同時，也看到這些人和環境拚搏所展現的力量。這些故事讓我們得以近距離瞥見在命運強大陰影下求生是怎麼一回事。

五、在理解窮人的困境時，我們不只需要擁有同理他們的能力。在更深的層次，這些故事幫助我們理解窮人與我們是多麼的「相似」。這些故事既沒有將窮人妖魔化，也沒有企圖要聖化他們。我們看到的這些關於窮人的圖像適用於每個人；他們也會受傷、有榮譽感、偶爾也會犯錯，跟每個人一樣，都在生活中掙扎。正是透過這樣的人物描繪，還有我們從中獲得的理解，才形成聆聽和行動的先決條件。也因為理解到我們和他們的人性本質如此相似，才有了聆聽的可能；也因為用心聆聽，我們或許有辦法承擔應有的責任，打破我們和赤貧者之間原本充滿權力關係的互動模式（Krumer-Nevo, 1998）。描述電力公司的第二篇故事和第七篇歐盟的故事就是最好的例子，在在說明握有權力的官僚在學會聆聽之後，如何以窮人的聲音為基礎，展開行動。

六、現在，讓我們轉個話題，談談「說故事」這件事。說故事是一種社會行動，這個行動本身就在創造關係。說故事有一個簡單卻經常被忽略的層面，那就是閱聽人灌注於說書人的一股重要能量：專注力。透過「專注」這個簡單的行動，閱聽人和說書人之間產生關鍵的連結。有些人，一輩子都沒遇過認真聽他們說話的人，對這些人來說，講一段個人故事可以是克服排斥的方法，他們可以藉此用自己的觀點來說故事。或許可以用這個角度來理解本書第三篇故事，其中被剝奪各種基本權利的家庭對政策的制定做出

2 編註：古魯默—內沃是以色列內蓋夫本—古里安大學（Ben-Gurion University of the Negev）教授，致力以質性研究法探究窮困者的生命，強調與窮人同行，開展抗貧行動。

了貢獻，展現為《赫忍斯基報告》。

本書多篇故事所描述的都不是日常生活會遇到的場景，但是，這些日常生活中很少遇到的不平等、歧視與偏見卻是至貧同胞生命中的家常便飯。但也如同唐弟予和羅生福在引言中所強調的，透過故事的陳述和專注的聆聽，說書人和聆聽者的關係有了不同的可能性，一種較為平等的新關係呼之欲出。還有一點也很重要，這些故事告訴我們，這個運動的行動者創造出來的空間與時間，讓有權有勢的人有機會面對自己的脆弱和人性。所以，收錄在這本書的許多故事都是以對答的方式書寫，以期喚起雙方的對話和討論。

七、好故事邀請並激發公開和個別的反思，因為說故事能夠讓另一方成為聽眾，而且同樣重要的是，說故事的人也成為自己的聽眾（Kapferer, 1986）。說故事的時候，這些敘事轉化成可以被分析、檢視、流傳和保存的「文物」（artifacts）（Orr, 1996）。用比較抽象的說法就是，故事成為可以用來討論和反思的「客體」（objet）。這樣一來，過去發生的情況與問題可以被自己和聽眾一起公開檢視。此外，個人的經驗也可以被其他人仿效和使用（Orr, 1996, 126）。按照舍恩的說法，這樣的故事讓我們得以建構並確認自己的知識，幫助我們意識到原本憑著直覺知道或理解的事物。

八、擁有這些特質的好故事，便可以幫助讀者改變既定的眼光，唐弟予和羅生福稱之為重新建構（reframing）、重新體驗、重新發現或重貼標籤（參照 Omer, 1994）。這些故事之所以充滿潛力，能夠改變閱聽人的解讀系統，是因為這些故事寓意豐富，而且可以在許多不同的層次進行解讀（Kets de Vries and Miller, 1987）。舉例來說，第一篇關於學校與家長間的對話，包含許多不同的角度，讓讀者可以用不同的觀點來看待事情（Bruner, 1986）。總之，重新建構之所以能夠發生，是因為故事包含了之前提過的這些特質：帶來理解，讓讀者能夠將心比心；成為可以被檢視和討論的客體，並以各種不同的方式獲得理解。

九、不管在任何機構或運動，說故事都是一種有力的傳播方式，因為這些個人或團體的故事應該被看見，用舍恩（1983）的話來說，這是第四世界運動刻意建構的學習系統，故事是這個學習系統的一部分，這個運動的活水成員、盟友和志願者都藉此得到一個可資參考的行動寶庫。不僅如此，這些故事也可以成為運動以外的專業人員、社福工作者和學者的學習寶庫，這也是本書最重要的目標。這些故事有著不可置疑的重要性，就是把那些原本僅屬私人且無法取得的知識，那些故事主人翁所懷抱的知識，予以公開化。

十、最後，這十二個故事集合在一起，也描繪了這個運動的集體故事（Zilber, 1998）。這並不意味著第四世界運動有一個官方版的正式故事，而是在集結了十二個故事之後，透過開場與結論，構成了這個運動長年耕耘和收割的複雜畫面。這樣的集體故事有著強大的力量，不僅有助於汲取教導、學習和聆聽，也有助於傳播、參與和傳授這運動對其成員和他人的知識及承諾。

（翻譯：楊淑秀、徐維廷，校正：楊淑秀）

## 參考文獻


Bruner, J. (1986). *Actual Minds, Possible Worlds*. Cambridge, Mass.: Harvard University Press.

Kapferer, B. (1986). Performance and the Structuring of Meaning and Experience. In V.W. Turner and E.M. Bruner (eds.): *The Anthropology of Experience*. Urbana: University of Illinois Press.

Kets de Vries, M.F.R. and D. Miller (1987). Interpreting Organizational Texts. *Journal of Management Studies* 24(3): 233-47.

Krumer-Nevo, M. (1998). What's Your Story? Listening to the Stories of Mothers from Multi-Problem Families. *Journal of Clinical Social Work* 26(2).

Krumer-Nevo, M. (forthcoming). A Literary Approach to the Issue of Multi-Problem Families. Hebrew University of Jerusalem. Manuscript.

Lieblich, A., R. Tuval-Mashiach and T. Zilber (forthcoming). Narrative Research: Reading, *Analysis and*

*Interpretation*. Newbury Park: Sage.

Omer, H. (1994). *Critical Intervention in Psychotherapy: From Impasse to Turning Point*. New York: Norton.

Orr, J.E. (1996). *Talking About Machines: An Ethnography of a Modern Job*. Ithaca: Cornell University Press.

Schön, D.A. (1983). *The Reflective Practitioner: How Professionals Think in Action*. New York: Basic Books.

Zilber, T. (1998). Life Stories of Organizations as a Research Tool. The Hebrew University of Jerusalem. Manuscript.

# 參考書目


Agee, J. and Evans, W. (1980). *Let us now praise famous men*. Boston: Houghton Mifflin Company.

Alinsky, S.D. (1946). *Reveille for radicals*. Chicago: University of Chicago Press.

Andrieu, J. (1980). *Vous avez dit Laique?* Paris: Le Sphinx/Rupture.

Argyris, C. (1993). *Knowledge for action: A guide to overcoming barriers to organizational change*. San Francisco: Jossey Bass.

ATD Quart Monde. (1984). *Literacy training in Europe*. Luxembourg: Office for Official Publications of European Communities.

——and Schön, D.A. (1974). *Theory in practice: Increasing professional effectiveness*. San Francisco: Jossey Bass.

Baldwin, J. (1961). *Nobody knows my name: Notes of a native son*. New York: Dial.

Camus, A. (1996). *The first man*. Translated by David Hapgood. New York: Vintage Books.

Cloward, R.A. and Piven, F.F. (1979). *Poor people's movements: Why they succeed, how they fail*. New York: Pantheon Books.

Crijns, Leo. (1987). Les programmes européens de lutte contre la pauvret. In: *La Revue Quart Monde No. 124*, 26-34.

de la Gorce, F. (1992). *L'Espoir Gronde*. Paris: Editions Quart Monde.

——(1999). *Un Peuple se Lève*. Paris: Editions Quart Monde.

de Vos van Steenwijk, A. (1996). *Father Joseph Wresinski: Voice of the poorest*. Translated by Charles Sleeth. Santa Barbara, CA: Queenship Publishing Company.

——(1977). *The Fourth World: Touchstone of European democracy*. Landover, MD; London; Paris: Fourth World Publications.

Despouy, L. (1996). *The realization of economic, social and cultural rights*. Final report on human rights and extreme poverty. Geneva: Commission on Human Rights, United Nations, E/CN.4/Sub.2/1996/13.

Dufourny de Villiers (1967). *Cahiers du Quatrième Ordre, No. 1*, 25 April 1789, reprint. Paris: Edition Histoire Sociale.

Egner, C. and Cretinon, D. (1998). Libraries in the Street: Reconnecting to the Community. In:

*Poor People and Library Services*, Karen Venturella (ed.). Jefferson, NC: McFarland & Co.

Fanelli, V. (1990). *The human face of poverty: A chronicle of urban America*. New York: Bootstrap Press.

Fanelli, V. and Tardieu, B. (1987). *Passport to the new world of technology*... computers. Landover, MD; London; Paris: Fourth World Publications.

Ferrand, F. (1996). *Et vous, qu'en pensez-vous?* Paris: Ed. Quart Monde.

Forster, E.M. (1910). *Howards end*. New York: Signet.

Fourth World Movement. (1973). Frimhurst: An experience of freedom. *IGLOO-Revue Quart Monde No. 77-78-79*.

——(1991). *The Wresinski approach: The poorest – partners in democracy*. Landover, MD; London; Paris: Fourth World Publications.

——(1995). *This is how we live: Listening to the poorest families*. Written for the United Nations Secretariat for the International Year of the Family. Landover, MD; London; Paris: Fourth World Publications.

——(1996). *Talk with us, not at us*. Landover, MD; London; Paris: Fourth World Publications.

——(1999). *Tapori children of courage series: Melissa, Mario, Boureima, Deepika, Matute, Jacinto, Manuelito, Raphael*. Landover, MD; London; Paris: Fourth World Publications.

Freire, P. (1970). *Pedagogy of the oppressed*. London: Penguin Books.

Gaines E.J. (1993). *A lesson before dying*. New York: Vintage Books.

Gandhi, M. (1991). Non violent social and political action. In: Raghavan, I. (ed.). *The essential writings of Mahatma Gandhi*. Delhi: Oxford University Press.

Hallie, P.P. (1979). *Lest innocent blood be shed*. New York: Harper Colophon.

Harrington, M. (1962). Rev. ed. 1969. *The Other America: Poverty in the United States*. New York: Macmillan.

Hobbes, T. (1996). *Leviathan*. Oxford; New York: Oxford University Press.

Join-Lambert, L. (1981). Quart Monde. In: *Encyclopedia Universalia, Themes et Problemes*, 341-344.

Kahane, D. (1998). Struggles for Inclusion: Implications of the Arras Colloquium for Democratic Theory. In: Tardieu, B. (1998) *Including the Excluded Poor in Democracy: Constructing Dialogue Between All Parents and the School System*. Harvard University Center for European Studies Working Paper Series No. 68, 56-60.

King, M.L. Jr. (1964). *Speech accepting Nobel Peace Prize*, December 11, 1964, Oslo.

——(1986). *A testament of hope: The essential writings of Martin Luther King, Jr.* Washington, M.J. (Ed.). San Francisco: Harper & Row.

Kozol, J. (1995). *Amazing grace: the lives of the children and the conscience of a nation*. New York: Crown Publishers, Inc.

Krumer-Nevo, M. (1997). How can assistance help? : A new perspective on assistance for women from multi-problem families. *Society and Welfare,17 (3)*, 261-281.

Labbens, J. (1969). *Le Quart Monde*. Paris: Ed. Science et Service.

Levinas, E. (1985). *Ethics and infinity: Conversation with Philippe Nemo*. Translated by Richard A. Cohen. 1st Ed. Pittsburgh: Duquesne University Press.

Levy, J.A. (1975). *Cesar Chavez: Autobiography of la Causa*. New York: W.W. Norton.

Lewis, O. (1966). *La vida: a Porto Rican Family in the Culture of Poverty–San Juan and New York*. New York: Vintage Books.

Liebow, E. (1995). *Tell them who I am: The lives of homeless women*. New York: Penguin

Lukas, J.A. (1986). *Common ground*. New York: Vintage Books.

Michaels, A. (1996). *Fugitive pieces*. New York: Alfred A. Knopf.

Miller, S.M. (1998). *The legagy of Father Joseph Wresinski*. Presidential Scholar Progam and Peace and Justice Lecture at Boston College, April 21, 1998.

Monnet, J. (1976). *Mémoires*. Paris: Fayard.

——(1988). *Clefs pour l'action*. Paris: AJM.

Pair, C. (1998). *L'Ecole devant la grande pauvreté*. Paris: Hachette.

Orwell, G. (1961). *Down and out in Paris and London*. New York: Harcourt Brace Jovanovich.

Putnam, R.D. (1993). *Making democracy work*. Princeton, N.J.: Princeton University Press.

Redegeld, T. (1987). L'action d'ATD Quart Monde auprès des instances communautaires. In: *La Revue Quart Monde No. 124*, 10-21.

Richard, I. (1987). Plus ils sont pauvres, moins ils sont entendus. In: *La Revue Quart Monde No, 124*, 40-43.

Rosenfeld, J.M. (1964). Strangeness between helper and client: A possible explanation of non-use of available professional services. *Social Service Review, 38 (1)*, 17-25.

——(1983). The domain and expertise of social work: A conceptualization. *Social Work, 28 (3)*, 186-191.

——(1989). *Emergence from extreme poverty*. (With a monograph by Brigitte Jaboureck).

Landover, MD; London; Paris: Fourth World Publications.

——(1997). Learning from success: How to forge user-friendly social work. *Society and Welfare17(4)*, 361-377. (Hebrew). Also in: An opening lecture at Forum on "Learning from Success." Alice Salomon Fachhochschule. Berlin, September 25, 1996. (English reprint available).

——(1999). *Social work and social exclusion: From impasse to reciprocity*, 18th Annual Helen Harris Perlman Lecture, School of Social Service Administration at the University of Chicago.

——and Goldman, M., with Namir, O. (1997). *"Beyond impasse": A learning project with child and family workers in three social welfare bureaus in Jerusalem*. Jerusalem: JDC-Brookdale Institute. (Hebrew).

——and Levy, B., with Namir, O. (1998). *Being a "good enough" parent: Children at risk and their families: A pilot learning program for public health nurses (1991-1996) towards its dissemination in the public health service*. Jerusalem: JDC–Brookdale Institute.

——, Schön, D.A., and Sykes, I. (1996). *Out from under: Lessons from projects for Inaptly Served children and families*. Jerusalem: JDC–Brookdale Institute.

——and Sykes, I. (1998). Toward good enough service to inaptly served families and children: Barriers and opportunities. *European Journal of Social Work.*

Schön, D.A. (1971). *Beyond the stable stat*e. New York: Basic Books.

——(1983). *The reflective practitioner: How professionals think on action*. New York: Basic Books.

——and Rein, M. (1994). *Frame reflection*. New York: Basic Books.

——, Sanyal, B. and Mitchel W. (eds.) (1999). *High Technology and low-income communities: Prospects for the positive use of advanced information technology*. Boston: MIT Press.

Smith, A. (1759). The theory of moral sentiment. In: Himmelfarb, G. (1992). *Poverty and compassion*. New York: Vintage.

Tardieu, B. (1991). Bridget and Norma. In: *The Fourth World Chronicle*, 24-29. Landover, MD; London; Paris: Fourth World Publications.

——(1997). The human rights of children growing up in extreme poverty: What lacks of basic securities? *Eurosocial 62*, 209-226.

——(1998). Including the Excluded Poor in Democracy: Constructing Dialogue Between All Parents and the School System. *Harvard University Center for European Studies Working*

*Paper Series No. 68*, 56-60.

——(1999). Community computer. In: Schön, D.A., Sanyal, B. and Mitchel, W. (eds). *High technology and low-income communities: Prospects for the positive use of advanced information technology*, 287-314. Boston: MIT Press.

——(1999). De l'impasse à la réciprocité: comment forger l'alliance entre les plus demunis et la societé. In: *Entre systémique et complexité, chemin faisant: Mélanges en l'honneur du Professeur Jean-Louis Lemoigne*. Paris: Presse Universitaire de France.

Titmus, R. (1973). *The gift relationship*. Harmondsworth: Penguin.

Tocqueville, A. de (1957). *Democracy in America*. New York: Vintage Books.

UNESCO/NGOs "Culture and Development" working group (1997). *Culture, a way to fight extreme poverty*. CLT-97/ws/8. Paris: UNESCO, Section of the Cultural Dimension of Development.

UNICEF–Fourth World (1996). *Reaching the poorest*. New York: UNICEF Press.

Wilson, W.J. (1987). *The truly disadvantaged: The inner city, the underclass and public policy*. Chicago: University of Chicago Press.

——(1995). *Poverty, inequality and the future of social policy: Western states in the new world order*. New York: Russel Sage Foundation.

——(1996). *When work disappears: The world of the urban poor*. New York: Alfred A. Knopf.

Wresinski, J. (1977). Appeal for solidarity. In: *IGLOO-Revue Quart Monde 97-98*.（編按：中文版《對全民的呼籲》，參看若瑟・赫忍斯基中文網站：http://www.joseph-wresinski.org/zh/article287287/）

——(1983) *Les Pauvres sont l'Eglise*. Paris: Le Centurion.（編按：中文版《親吻窮人：若瑟神父與第四世界運動》，心靈工坊，二〇一三）

——(1984) *Public Conference*. Archives in Joseph Wresinski House, 1J, 28-33.

——(1986). *Les Pauvres rencontre du vrai Dieu*. Paris: Cerf/Quart Monde.

——(1987). *Interview, audio tape* (coll. "Les grands témoins de notre temps"). Paris: Malesherbes Publications.

——(1992). *Blessed are you the poor*. Landover, MD; London, Paris: Fourth World Publications. (Translated from *Heureux vous les Pauvres*. Paris: Cana, 1984.)

——(1994). *Chronic poverty and lack of basic security: The Wresinski Report of the Economic and Social Council of France*. Landover, MD; London; Paris: Fourth World Publications.

(Translated from *Grande Pauvreté et Precarité Economique et Sociale: rapport présenté au nom du Conseil Economique et Social*. Journal officiel de la République Francaise. Avis et rapports du CES, No. 6, 1987.)

——(1994). *The very poor, living proof of the indivisibility of human rights*. Landover, MD; London; Paris: Fourth World Publications. (Translated from *1989 – Les Droits de l'Homme en question*, Commission Nationale Consultative des Droits de l'Homme, Paris, La Documentation francaise, 1989, 221-237.)（編按：中文版《赤貧公民，人權不可分割性的啟示者》，參看若瑟．赫忍斯基中文網站：http://www.joseph-wresinski.org/zh/article414414/）

# 第四世界專用語彙編

## 盟友、結盟（Allies, Alliance）

第四世界的盟友來自各個生活圈，他們決定要成為至貧者的朋友，與最貧窮的家庭結盟。他們來自各行各業，不僅貢獻自己的專長，也借助自己的人脈，彌平社會與赤貧家庭漸行漸遠的鴻溝。他們樂意接受陶成，以便充實自己對極端貧窮的認識。他們的責任是在自己的專業領域、公民與社會生活中促進大家對赤貧同胞的理解，喚起每一位公民對至貧家庭的團結關懷。

他們追求公義，試圖為赤貧同胞在各領域打開原本關閉的每一扇門，改變「人微言輕」的遊戲規則，賦予赤貧者的聲音應有的重量。結盟有兩層意義，首先是第四世界運動分佈世界各地的盟友編織起來的同盟，其次這也是這個運動的全球動員方式，廣結善緣，動員所有的公民與社會體制一起面對極端貧窮對弱勢同胞造成的嚴重傷害，一起戰勝社會排斥造成的分裂。

## 盟友日誌（Ally "travel log" or Ally diary）

一九八九年的第四世界運動全球盟友深根大會（assembly）決定，每個盟友都要養成書寫日誌的習慣，記錄自己在職場的所見所聞，記錄周遭環境中與極端貧窮、社會排斥以及歧視有關的人事物，記錄自己為此展開了哪些行動。這樣的日誌變成一個日常行動與思考的重要工具，幫助盟友理解自己能夠做什麼，該怎麼繼續。盟友們開始跟這個運動分享這些日誌的摘要，為了借重盟友的不同角度來理解極端貧窮與社會排斥的意義，第四世界運動在國際若瑟．赫忍斯基中心審慎保存了這些紀錄。本書的每一篇故事都是以這些日誌為基礎寫成的。

## 第四世界行動研究中心（Fourth World Institute of Action）

行動研究中心的角色是支持派駐世界各地的志願者，幫助他們反思自己的行動，深入理解赤貧家庭的生命，認識他們最深的渴望。中心幫助這些志願者團隊計劃、評估行動，並從各種行動經驗學習，汲取、發揚終結赤貧的行動方法。地方行動的計畫與評估是一種和赤貧者及所在社區之間的合約，以便建立下一波行動共識；評估的時候，參與者追問：行動是否觸及社區最貧窮的居民？行動是否讓至貧者與社區全體獲享更多的權利與責任？他們是否變得更自由、更幸福？他們一起商定客觀的指標。第四世界志願者的行動是否達成目標，端視赤貧家庭是否能夠獨立自主、贏得自由，如果沒有，志願者就應該改變路徑。

## 第四世界人際關係研究暨訓練中心（Fourth World Institute of Research and Training for Human Relations）

該中心創立於一九六〇年，旨在對赤貧家庭的處境建構一份科學的認識，分析第四世界的家庭被排斥的結構性因素，並提出解決方式。

研究中心也提供定期的訓練，對象不僅是運動的成員，也包括所有願意和赤貧者一起奮鬥的人士或專業人員。研究中心以經歷赤貧者的經驗為基礎，匯聚了一群對赤貧議題有興趣的學者；研究中心成立初期，歐洲社會對極端貧窮的存在若不是存有爭議，就是一概否認。當時為了證明赤貧繼續存在於繁華的西歐，研究中心必須與知名的社會學家、心理學家和經濟學家合作，一起執筆為文，引起關注。稍後，該中心擴展領域，進入歷史、教育與認知科學、醫學、兒童發展、法律、政治科學、人類學、哲學和神學的研究。鑒於極端貧窮頑固地存在，卻沒有人好好解釋過，研究中心邀請各領域的專家重新檢視自己的理論。慢慢地，研究中心促成赤貧過來人和學者、實務工作者、政策制定者與企業負責人一起合作研究，進行「知識的交流互惠」（The Merging of Knowledge），進而為這個過去不曾被開發過的領域引入新的洞見，並為這個具有遠景的領域奠定了基本規則。中心也定期出版《第四世界期刊》（*La Revue Quart Monde*），在法語世界發行。

## 第四世界平民大學（Fourth World People's Universities，或譯為第四世界開放大學）

一九七二年，第四世界平民大學由第四世界運動創立人若瑟・赫忍斯基所創建，這些分佈在世界各國的平民大學是一個肯定赤貧者的場域，一個陶成他們成為社會夥伴的地方，對許多活水成員來說，平民大學是他們練習發言、貢獻自己與維權的必經之路。

平民大學奠基於若瑟・赫忍斯基的直觀，他深知赤貧是一種聞所未聞、難以置信的經驗，一種未曾刊行的知識。生活在赤貧中的同胞是第四世界平民大學的主要成員，但也包括了來自其他生活圈的成員。每個參與者先自行研究主題，接著在地方小組討論，最後在全體大會交流，形成共識。他們研究的主題與抵抗赤貧的經驗有關，並將這個經驗和其他各門知識與行動連結起來，特別是教育、民主進程、生物倫理、心理學、兒童發展、立法、經濟、文化、移民、性別、青年與世界局勢等。第四世界平民大學也提供各種工作坊，諸如電腦、藝術、合唱、戲劇與閱讀寫作等。

第四世界的平民大學是一個大家一起「生產知識」的地方，而一般平民大學或社區大學卻經常聚焦於「傳授知識」。這樣的平民大學有一個非常重要的特性，就是發展「一起思考」的能力。除非我們和遭逢赤貧的同胞一起思考，否則我們無法達成國泰民安的夢想。如果我們無法理解這個世界，如果我們無法以赤貧同胞的經驗與想法來理解世界，要怎麼改造這個世界？在第四世界平民大學，他們和其他人一起建構知識，因為赤貧者的見解得到了重視，世界有了更豐富的面貌。

## 第四世界持久志願者——第四世界持久志願者團體（Fourth World Volunteers - the Fourth World Volunteer Corps）

第四世界持久志願者選擇和貧窮家庭的生命相連結，隨時準備出發到需要他們的地方。截至二〇一七年一月，全世界共有四百多位長期全職投身的志願者，分佈在各大洲的三十多個國家，他們來自四十多個不同的國籍，有著不同的職業、宗教與社會背景，有些獨身，另一些則已成家。

通常在經過一年的陶成之後，他們被派遣到各地的志願者團隊，分享赤貧家庭的日常生活，投身在許多不同的行動計畫中，並和其他人建立夥伴關係。所有的志願者，不論年資深淺，每月領取相同的津貼，以維持基本生活所需，藉此表達與赤貧家庭的團結關懷。通常每三到六年會轉換一次使命，他們不斷地以赤貧家庭的生命培訓自己，並日復一日地書寫他們從最被排擠的族群中所學習的一切：讓他們受到傷害的是什麼？讓他們得以前進的又是什麼？這些紀錄建立了第四世界的行動基礎。

### 第四世界活水成員（Grassroots leaders）

第四世界活水成員意指積極參與第四世界運動的赤貧過來人，他們在經歷極端貧窮的時候與第四世界運動建立了連結，並決定在這個運動扮演積極的角色。他們之中有些人是第四世界運動在一九五七年成立時的共同創立人，是若瑟神父早期的夥伴。有些活水成員的使命是幫助這個運動尋找更貧窮的人，促使這個運動保持初衷，忠於赤貧家庭，並與這些家庭保持緊密的連結。他們也協助來自其他社會背景的成員了解在赤貧中度日意味著什麼，並成為這個運動與這群子民的代言人，特別是為那些仍然無法替自己發聲的同胞代言。

### 以色列布魯克達兒童與青年研究中心（JDC-Brookdale Institute）

布魯克達研究中心成立於一九七四年，是以色列人類服務應用研究的領導性研究機構，它首要的目標就是透過全國與地方層次的計畫與評估，來改善以色列的社會服務實務及政策。

## 街頭圖書館（Street Libraries）

一九六八年法國學運的時候，第四世界運動開始在大巴黎地區發起「街頭圖書館」，企圖在貧困地區打開閱讀與相遇之門，並促進不同階層間的相遇，藉此對抗社會排斥。

今天，街頭圖書館是第四世界運動在全球發展得最為普遍的一種文化行動，一個禮拜一次，由幾位成員帶著美麗的課外圖書去到兒童與他們父母居住的當地，可能是歐洲的某個貧困區、亞洲寄居在墓園的貧困家庭，或是中美某座垃圾場的角落；可能在運河邊或是行人道，也可能是社會住宅的樓梯口或非洲大陸黃昏市場的路燈下。在那些地方，他們隨地鋪起一方藺草席，擺上一籃又一籃的書，和孩子們共讀一兩個小時，也會有音樂、美勞、電腦、戲劇、科學等活動。年復一年，雙方一次又一次赴約，創造共讀的樂趣，編織相遇的場域。藉著街頭圖書館，志願者與盟友能夠接觸到在其他結構性活動中缺席的兒童。

因為街頭圖書館在戶外進行，也就掌握在社區居民手中，如果社區接受它，它可以成為整個社區的一種表達，父母可以藉此看到希望，為孩子出色的表現感到自豪。

街頭圖書館雖然不會出現轟轟烈烈的場景，卻證明文化能夠凝聚彼此，特別當書與人一起走出館外，進入赤貧現場，便深刻地向貧窮與社會排斥發出戰帖，打破赤貧造成的孤立，重新找回一方和諧的綠洲與赤貧孩子學習的興味。

## 塔波里兒童運動（Tapori）

塔波里是一股以友誼與理解為基礎的兒童運動，希望所有的兒童都能擁有同等的機會，並相信兒童從小就有能力關注身邊最貧窮、最孤單、最容易被冷落的小朋友，大家可以不分貧富在友誼中相遇、互助。

塔波里兒童運動起源於一九六七年，由第四世界運動創立人若瑟・赫忍斯基神父發起。當時他應德蘭修女之邀，去印度回訪。旅程中，他在孟買火車站與一群非常貧窮的孩子相遇，這些小孩徘徊在火車上，撿食旅客丟棄或剩下的食物，他們互相幫助，讓所有的小孩都可以果腹；若瑟神父希望跟這群小朋友講話，但是他的翻譯卻告訴他：「不需要浪費唇舌，他們只不過是一群塔波里。」

回到法國後，他向一群來自不同生活圈的兒童說道：「我常想到那群小小的塔波里，他們雖然一無所有卻生存下來，而且懂得互相幫助。在你們關心他人、與人分享的時候，你們也是勇敢的塔波里。小朋友擁有的雖然不多，但是，你們可以找到辦法，用你們的友誼，攜手建立一個沒有赤貧的世界。」

為了紀念這群即使生活艱難卻依然互相友愛的孩子，若瑟神父將第四世界兒童運動取名為塔波里，他希望所有的小朋友都能一起拒絕不公平的事，並且以他們的方法和別人一起活出內心深處的夢想。就這樣，塔波里以最貧窮的兒童為核心，成為一個國際性的兒童運動。今天，塔波里分布在世界各大洲，總部設在瑞士的日內瓦，除了塔波里月刊（*Tapori newsletter*），也出版一系列勇敢小孩的迷你書，中文版由台北輔仁大學外語學院師生協助翻譯，請參看塔波里多語網站：http://www.tapori.org/site/。

## 世界拒絕赤貧日（World Day to Overcome Extreme Poverty）

一九八七年十月十七日，來自世界各地的十萬名人權護衛者聚集在巴黎自由人權廣場，他們為極端貧窮的犧牲者獻上了一塊紀念碑，碑文寫著：

> 一九八七年十月十七日，來自世界各地的人權及公民權之護衛者聚集在這個廣場上，他們向飢餓、無知及暴力的犧牲者表示敬意。他們一致聲明赤貧並非宿命，他們強烈地表達願與全球為摧毀赤貧而奮鬥的志士團結一致。
>
> 哪裡有人被迫生活在赤貧中，那裡的人權就受到侵犯。團結起來使人權受到尊重是我們神聖的義務。
>
> ——若瑟．赫忍斯基神父

這塊碑文很快在世界各地複製，包括美國紐約聯合國總部、比利時布魯塞爾歐洲議會廣場、布吉那法索、菲律賓馬尼拉、德國柏林等地。一九九二年，聯合國響應若瑟・赫忍斯基神父與全球人權護衛者的號召，宣佈每年十月十七日為「世界拒絕赤貧日」。

## 若瑟・赫忍斯基神父（Father Joseph Wresinski, 1917-1988）

若瑟・赫忍斯基神父是第四世界運動的創立人，他於出生於法國昂熱（Angers）一個非常窮困的家庭，父親是波蘭人，母親是西班牙人。他十三歲就離開學校，成為一家糕餅店的學徒，後來加入勞工運動。一九四六年，被祝聖為神父，他隨即加入工人神父運動，不斷尋找當地最窮困的勞工家庭。一九五六年，他的主教建議他到巴黎近郊的諾瓦集貧民窟，在這個充滿泥濘與垃圾的地方住了兩百五十多個貧窮家庭，他和這些家庭一起創立了第四世界運動。一九九〇年開始，來自不同國家、不同文化、不同信仰與社會背景的年輕人陸續加入他的行列，他們被他摧毀赤貧的堅定信念所吸引，一起建立了國際持久志願者團體。

他在不同的生活圈找到盟友，他們來自不同國家，歸屬於不同的社會體制，他邀請他們和赤貧家庭結盟，不再把極端貧窮當成不可避免的宿命。他成為法國窮人中最貧窮的人的代言人，並成為法國經濟社會理事會的成員，該理事會素有法國「第三議會」之稱。他在那裡寫下著名的《赫忍斯基報告》，影響了法國與歐洲對抗赤貧的立法，並轉化了聯合國對抗極端貧窮的概念與行動。他的事蹟和著作現在被許多傳記作家、哲學家、神學家、社會科學家和文學家廣泛研究。位於法國的國際若瑟·赫忍斯基中心保存了他生平所留下來的文獻與史料，旨在促進各種與貧窮有關的行動研究與出版工作。

# 延伸閱讀

- 《德蘭修女沉思錄》（封聖紀念版）（2017），德蘭修女（Mother Teresa）著，劉宏信譯，心靈工坊。
- 《下一個家在何方？驅離，臥底社會學家的居住直擊報告》（2017），馬修・戴斯蒙（Matthew Desmond）著，胡訢諄、鄭煥昇譯，時報。
- 《倒帶人生：一個劍橋遊民的生命啟示課》（2017），亞歷山大・馬斯特（Alexander Masters）著，溫澤元譯，時報。
- 《垃圾天使：清潔隊裡的人類學家》（2017），羅蘋・奈格爾（Robin Nagle）著，高紫文譯，左岸文化。
- 《街頭生存指南：城市狹縫求生兼作樂的第一堂課》（2017），人生百味著，行人。
- 《做工的人》（2017），林立青著，賴小路攝影，寶瓶文化。
- 《窮人》（2016），威廉・福爾曼（William T. Vollmann）著，徐麗松譯，八旗文化。

- 《無家者：從未想過我有這麼一天》（2016），李玟萱著，小姜繪，台灣芒草心慈善協會策劃，林璟瑋、楊運生攝影，游擊文化。
- 《窮人的經濟學：如何終結貧窮？》（2016），阿比吉特・班納吉、艾絲特・杜芙若（Abhijit V. Banerjee, Esther Duflo）著，許雅淑、李宗義譯，群學。
- 《窮忙：我們這樣的世代》（2016），大衛・K・謝普勒（David K. Shipler）著，趙睿音譯，時報。
- 《階級世代：窮小孩與富小孩的機會不平等》（2016），羅伯特・普特南（Robert D. Putnam）著，李宗義、許雅淑譯，衛城。
- 《靜寂工人：碼頭的日與夜》（2016），魏明毅著，游擊文化。
- 《公門菜鳥飛：一個年輕公務員的革新理想》（2016），魚凱著，夏仙繪，網路與書出版。
- 《無緣社會》（新版）（2015），NHK特別採訪小組著，鄭舜瓏譯，新雨。
- 《蝗蟲效應：暴力的暗影——為何終結貧窮需要消滅暴力？》（2015），蓋瑞・豪根、維克多・布特羅斯（Gary A. Haugen, Victor Boutros）著，楊芩雯譯，馬可孛羅。
- 《窮人村的姊妹創業家：一個母親的全球脫貧事業》（2014），史黛西・艾德格（Stacey Edgar）著，鍾玉玨譯，時報。

- 《真實的貧窮面貌：綜觀香港社會60年》（2014），周永新著，中華（香港）。
- 《親吻窮人：若瑟神父與第四世界運動》（2013），若瑟．赫忍斯基（Joseph Wresinski）著，楊淑秀、蔡怡佳、林怡伶譯，心靈工坊。
- 《教宗方濟各：親吻窮人的伯多祿》（2013），馬力歐．艾斯柯巴（Mario Escobar）著，龔嘉華譯，今周刊。
- 《「無窮」的盼望：香港貧窮問題探析》（2013），黃洪著，中華（香港）。
- 《德蕾莎修女：一條簡單的道路》（2012），Lucinda Vardey 編，高志仁、曾文儀譯，立緒。
- 《崩世代：財團化、貧窮化與少子女化的危機》（2011），林宗弘、洪敬舒、李健鴻、王兆慶、張烽益著，台灣勞工陣線。
- 《富足世界不是夢：讓貧窮去逃亡吧！》（2011），穆罕默德．尤努斯（Muhammad Yunus），曾育慧譯，博雅書屋。
- 《終結貧窮：可以在 2025 年以前達成》（2010），傑佛瑞．薩克斯（Jeffrey D. Sachs），鐵人雍譯，臉譜。
- 《解放神學：脈絡中的詮釋》（2009），武金正著，光啟。
- 《德蘭修女：來作我的光》（2009），布賴恩．克洛迪舒克神父編著，駱香潔譯，心靈工坊。

- 《我 100 歲，我有 7 萬個小孩：以馬內利修女回憶錄》（2009），以馬內利修女（Sœur Emmanuelle）著，林德祐譯，心靈工坊。
- 《大地上的受苦者》（2009），弗朗茲．法農（Frantz Fanon）著，楊碧川譯，心靈工坊。
- 《黑色吶喊：法農肖像》（2008），艾莉絲．薛爾齊（Alice Cherki）著，彭仁郁譯，心靈工坊。
- 《黑皮膚，白面具》（2007），弗朗茲．法農（Frantz Fanon）著，陳瑞樺譯，心靈工坊。
- 《尤努斯與鄉村銀行：創造免於貧窮的世界》（2007），亞希夫．多拉、狄波．巴魯亞（Asif Dowla, Dipal Barua），洪鑫譯，寶鼎。
- 《活著，為了什麼？》（2005），以馬內利修女（Sœur Emmanuelle）著，華宇譯，心靈工坊。
- 《貧窮的富裕》（2003），以馬內利修女（Sœur Emmanuelle）著，華宇譯，心靈工坊。

心靈工坊 PsyGarden

Caring 091

# 民主藝匠：公眾、赤貧家庭與社會體制如何結盟，攜手改變社會？

Artisans de démocratie – De l'impasse à la réciprocité : comment forger l'alliance entre les plus démunis et la société ?

原著—約納・羅生福（Jona M. Rosenfeld）、唐弟予（Bruno Tardieu）
譯者—楊淑秀

出版者—心靈工坊文化事業股份有限公司
發行人—王浩威　總編輯—王桂花
責任編輯—徐嘉俊　特約編輯—鄭秀娟
通訊地址—10684台北市大安區信義路四段53巷8號2樓
郵政劃撥—19546215　戶名—心靈工坊文化事業股份有限公司
電話—02）2702-9186　傳真—02）2702-9286
Email—service@psygarden.com.tw　網址—www.psygarden.com.tw

製版・印刷—中茂分色製版印刷事業股份有限公司
總經銷—大和書報圖書股份有限公司
電話—02）8990-2588　傳真—02）2290-1658
通訊地址—248新北市新莊區五工五路二號
初版一刷—2017年9月　ISBN—978-986-357-099-8　定價—600元



國家圖書館出版品預行編目資料

民主藝匠：公眾、赤貧家庭與社會體制如何結盟，攜手改變社會？/ 約納.羅生福(Joan M. Rosenfeld), 唐弟予(Bruno Tardieu)著；楊淑秀譯. -- 初版. --
臺北市：心靈工坊文化, 2017.09
面；　公分 -- (Caring ; 91)
譯自：Artisans of democratie - De l'impasse a la reciprocite : comment forger l'alliance entre les plus demunis et la societe?
ISBN 978-986-357-099-8(平裝)

1.社會正義　2.社會運動　3.貧窮

540.21　　106014849

心靈工坊 PsyGarden 書香家族 讀友卡

感謝您購買心靈工坊的叢書，爲了加強對您的服務，請您詳塡本卡，
直接投入郵筒（免貼郵票）或傳眞，我們會珍視您的意見，
並提供您最新的活動訊息，共同以書會友，追求身心靈的創意與成長。

書系編號—CA 091　書名—民主藝匠：公眾、赤貧家庭與社會體制如何結盟，攜手改變社會？

姓名　　是否已加入書香家族？ □是 □現在加入

電話 (O)　(H)　手機

E-mail　生日　年　月　日

地址 □□□

服務機構　職稱

您的性別—□1.女 □2.男 □3.其他

婚姻狀況—□1.未婚 □2.已婚 □3.離婚 □4.不婚 □5.同志 □6.喪偶 □7.分居

請問您如何得知這本書？

□1.書店 □2.報章雜誌 □3.廣播電視 □4.親友推介 □5.心靈工坊書訊
□6.廣告DM □7.心靈工坊網站 □8.其他網路媒體 □9.其他

您購買本書的方式？

□1.書店 □2.劃撥郵購 □3.團體訂購 □4.網路訂購 □5.其他

您對本書的意見？

□ 封面設計　1.須再改進 2.尚可 3.滿意 4.非常滿意
□ 版面編排　1.須再改進 2.尚可 3.滿意 4.非常滿意
□ 內容　1.須再改進 2.尚可 3.滿意 4.非常滿意
□ 文筆／翻譯　1.須再改進 2.尚可 3.滿意 4.非常滿意
□ 價格　1.須再改進 2.尚可 3.滿意 4.非常滿意

您對我們有何建議？

□本人同意＿＿＿＿＿＿＿（請簽名）提供（真實姓名/E-mail/地址/電話/年齡/等資料），以作為心靈工坊（聯絡/寄貨/加入會員/行銷/會員折扣/等之用，詳細內容請參閱http://shop.psygarden.com.tw/member_register.asp。

廣 告 回 信
台北郵政登記證
台北廣字第1143號
免 貼 郵 票

心靈工坊 PsyGarden

10684台北市信義路四段53巷8號2樓

讀者服務組 收

免 貼 郵 票

（對折線）

# 加入心靈工坊書香家族會員
# 共享知識的盛宴，成長的喜悅

請寄回這張回函卡（免貼郵票），
您就成爲心靈工坊的書香家族會員，您將可以——

⊙隨時收到新書出版和活動訊息

⊙獲得各項回饋和優惠方案